国家社科基金重点项目"我国收入逆向转移影响分配差距的机制及控制研究"(项目号：14AJY011)

国家社科基金丛书
GUOJIA SHEKE JIJIN CONGSHU

我国收入逆向转移影响分配差距的机制及控制研究

The Research on How the Converse Transfer of Chinese Income
Influences Distribution Gap and is Controlled

乔榛 著

人民出版社

前　言

　　本书是我承担的国家社科基金重点项目——我国收入逆向转移影响分配差距的机制及控制的结题成果。本书从收入分配的理论和现实出发,重点分析了我国收入分配中存在的收入逆向转移现象,并揭示其发生的机理,提出控制其扩大的策略。

　　收入分配是人类社会生产关系的重要环节。人类合作生产的产品经过分配才能进入消费,因此,分配是从生产到消费的中介。分配的这一地位,决定了它受生产的支配,不同性质和水平的生产,决定的分配性质和水平也不同。在生产力水平比较低且进步缓慢时,人们更多地关注分配;在生产力水平比较高且进步加快时,生产成为人们关注的重点。这一变化的节点便是近代工业革命。在工业革命之前漫长的人类社会演进中,生产力发展长期处于停滞状态。工业革命之后,生产力才得到快速发展,仅一百年的进步就相当于以前历代的总和。在生产力快速增长时,人们的主要兴趣集中在生产或经济增长,如已故经济学家罗伯特·卢卡斯曾讲的,一旦一个人开始思考经济增长问题,他就不会再考虑其他问题了。不过,这是有其时代根据的。当生产力达到一定水平,人们又会把注意力放到分配问题上。但这绝不只是一种逻辑的回归,而是分配问题凸显使然。

　　自 20 世纪 70 年代起,第二次世界大战后的经济高速增长,以及得益于凯恩斯经济政策的实施而使收入差距出现缩小趋势,转向经济"滞胀",一方面经济增长停滞,另一方面失业率高企。为扭转这一局面,西方资本主义国家另谋新策,重新举起了自由主义大旗。减少国家干预、复活自由市场经济,成为发达资本主义国家施策的主流。如此产生的一个结果便是收入差距不断扩大。从20世纪70年代末开始,中国开始实行经济体制改革,计划经济体制及其包含的按劳分配制度成为改革的对象。一个曾经实现了近乎平均主义的收入分配局面被打破,收入差距逐步扩大受到人们越来越多的关注。进入21世纪之后,无论是西方资本主义国家,还是改革后的社会主义国家,都出现了收入差距扩大而引发经济社会失衡的问题。2008年爆发的国际金融危机就与收入差距过大有关。我国目前表现出来的收入差距问题,不只关系到人们之间的平等问题,而且还影响着经济可持续发展。

收入差距扩大、收入分配问题凸显,引起学者们对它的关注和研究。对我国收入分配问题的研究,主要集中在四个方面:一是引起收入差距的原因;二是对收入差距的测度;三是收入差距的影响;四是缩小收入差距的策略。在这四个问题中,分析收入差距的原因和缩小收入差距的策略受到的关注更多。在学者们已有的丰富研究的基础上,本书关注了一个收入分配的特殊现象,即收入逆向转移。人们借助一定收入分配形式获得的收入,分为挣得收入和转移收入。挣得收入是指在初次分配环节,不同要素所有者根据掌握的生产要素以及因此所处的地位来分配生产产品或价值。转移收入是在挣得收入基础上借助一些渠道形成的收入重新转移的现象。转移收入有正向转移和逆向转移。正向转移是一种正常的收入转移形式,目的是缩小人们在初次分配中形成的收入差距。逆向转移则是一种不正常的收入转移形式,它是处于相对较低地位或处于劣势的人们向地位较高或处于优势的人们进行的收入转移。这种收入转移加大了收入差距并加重了分配不公,所有国家都着力抑制这种分配形式的扩大。不过,收入逆向转移又是在所有社会都难以克服的现象,严重时对分配差距的影响较大。

　　我国在经济体制以及分配制度改革过程中,由于政府与市场的关系没有厘清,收入分配制度尚不完善,收入逆向转移的现象比较普遍,成为影响我国分配差距的一个重要因素。本书针对这一现象,研究收入逆向转移影响分配差距的机制,最终达到控制收入逆向转移现象的目的。围绕这一研究对象,本书结构安排如下:(1)研究的背景;(2)收入分配的概念和理论;(3)中国收入分配差距的现实梳理;(4)中国收入分配差距的原因;(5)中国收入逆向转移的历史和现实;(6)中国收入逆向转移影响分配差距的机制;(7)中国收入逆向转移的控制。

目　录

绪　　论

一、收入分配问题的凸显

收入分配是人类基本经济活动的一个重要环节。人类要生存,首先要进行物质资料生产,这是人类生存活动的基础或起点。通过生产获得的产品,又必须经过分配才能成为人们的消费品。随着人类经济活动越来越复杂,在生产到消费之间还加入了交换的环节。在这一由生产、分配、交换、消费组成的人类经济活动中,分配有着特殊的地位。尽管分配受生产决定,但是当收入分配差距变得突出并影响到人们的生活时,分配问题不仅会受到社会的高度重视,而且也会成为经济学研究的一个重要课题。因此,人们对收入分配的关注具有阶段性的特征。20 世纪 70 年代后,收入分配问题又成为一个世界性的话题,在中国也随着改革开放不断深入越来越受到人们的关注。

(一) 国外的事实

进入 20 世纪 70 年代后,信息技术的突破和信息革命的深化,推动世界经济一体化达到了一个新的高度。世界经济一体化的历史可以追溯到 16 世纪的航海探险及殖民贸易,不过,新一轮的经济一体化或全球化是在 20 世纪后期开启的。这一世界经济一体化趋势是由相互联系的两个层面的一体化共同推进的。一个是地区经济一体化,是指区域内两个或两个以上国家或地区,在一个由政府授权组成的超国家的机构指导下,通过制定统一的对内对外政策,消除国家之间阻碍经贸发展的一些障碍,实现区域内的互惠互利、协调发展和资源优化配置,最终实现区域福利最大化的目标。另一个是全球范围内的经济一体化,是指世界各国之间彼此开放市场,形成互相联系、互相促进、共同发展的有机体。在这两个层面的一体化之间,有着区域一体化发展促进全球一体化进程,全球一体化进程推动区域一体化深化的相互关系。因此,这种世界经济一体化是被寄予厚望的。借助世界经济一体化实现的自由贸易、关税同盟、共同市场和经济联盟,可以大大地扩展市场范围,推动国际分工,更加充分地获取经济自由带来的好处。然而,事情并没有像人们预想的那样发展。世界经济发展变得更加不平衡,不仅世界各国之间在分化,而且各国内部也没有实现平衡,不平衡或收入差距显得更加突出。

首先,世界各国经济发展在全球经济一体化背景下并没有实现平衡。按照西方主流经济学的经济增长理论,世界各国经济发展的差距,在一体化的背景下可以实现发展收敛,并最终达到一种平衡。然而,这样的一个理想并没有变成现实。呈现在人们面前的是一个更加不平衡的世界。米拉诺维奇(Milanovic,2012)运用世界银行的数据测算了1988年、1990年、1998年、2002年、2005年五年全球收入不平等状况和发展趋势。王原君和游士兵测算这五年的基尼系数分别为0.684、0.699、0.694、0.706、0.707。[①] 这说明世界各国收入不平等程度非常高,而且呈上升趋势。进一步测算世界各比例人口所占世界总收入的比重,收入最低的10%人口拥有全球总收入的0.4%,低收入的50%人口只拥有全球总收入的6.5%,低收入的80%人口也只拥有全球总收入的24.6%,而收入最高的10%人口拥有全球总收入的55%。[②] 这进一步表明世界性收入不平等问题非常突出,而且,在这两组收入不平等的数据中,穷国和富国之间差距是世界收入不平等的主要原因。

---

① 王原君、游士兵:《收入不平等问题最新研究热点分析》,《经济学动态》2014年第5期。
② 王原君、游士兵:《收入不平等问题最新研究热点分析》,《经济学动态》2014年第5期。

其次,发展中国家在全球经济一体化形势下发生分裂。第二次世界大战后,一系列过去的殖民地国家取得独立,并开始发展自己的经济,因此形成了一个广泛的发展中国家阵营。在最初的一段时期,受工业化国家的拉动,这些发展中国家实现了经济快速发展。但进入 20 世纪 70 年代后,发展中国家间的不对称和不平等进一步深化。人口稀少的石油出口国与其他发展中国家整体之间的鸿沟加大。通过"石油危机",这些产油国获得了他们的战略化商品价值的更多份额,变成了地球上的"新富",这些国家的人均收入超过了工业化国家的人均收入,在发展中国家中成为一个特殊的群体。东亚和东南亚国家及地区在 20 世纪 70 年代较好地利用了全球化机遇,经济增长速度达到了比较高的水平。如 1970—1977 年,韩国经济年平均增长 17%,印度尼西亚增长 13%,泰国增长 10%,菲律宾、新加坡和马来西亚增长 9%。① 拉丁美洲国家在 20 世纪六七十年代也获得了经济高速增长机会,但由于经济发展战略的失误和国内政策的偏差,使得这种增长态势并没有延续,陷入"中等收入陷阱"难以自拔。在发展中国家中,发展最差的是非洲和亚洲的一些穷国。这些国家并没有在全球经济一体化中获得应有的发展机会,与发达国家的差距不仅没有缩小,反而进一步扩大。此外,发展中国家的分化在 20 世纪 90 年代后又出现了一个新的特点或趋势。一些实施经济改革的国家,也被称为新兴市场国家,经济增长速度迅速提高,表现出比发达国家更好的发展势头。典型的如"金砖四国"(中国、俄罗斯、印度、巴西),成为进入 21 世纪后世界经济增长的重要引擎。

最后,发达国家在推动全球经济一体化进程中也出现了收入分配差距重新扩大的趋势。资本主义国家在第二次世界大战后的重建中形成了一个经济显著增长期,并且带动全世界经历了一个从未有过的强劲的工业生产和世界贸易增长期。在这个时期的资本主义世界中,美国由于作为战胜国并没有遭

---

① ［法］米歇尔·波德:《资本主义的历史——从 1500 年至 2010 年》,郑方磊、任轶译,上海辞书出版社 2011 年版,第 271 页。

受战争破坏,甚至大发战争之财,因而在战后初期可谓一枝独秀,经济地位也达到了顶峰。与此同时,其他的发达资本主义国家也在战后的恢复中实现了经济快速增长,与美国的差距不断缩小。特别是战后的各资本主义国家由于实行国家干预政策,其经济增长的成就在一定程度上得到全社会的共享,因此,各资本主义国家都出现了国内收入分配差距缩小的态势。然而,20世纪七八十年代后,资本主义世界在全球化的背景下又出现了自由主义复苏的趋势。20世纪80年代,自由主义回潮首先在英国和美国出现。撒切尔夫人执政期间英国实行了新自由主义经济政策,如减少政府干预的领域、私有化、放松管制,减少社会保障、攻击工会等等。里根总统上台后,也大力推行自由主义经济政策,包括对社会开支的大幅削减、减税和增加公共赤字等。当然,这种自由主义回潮并不仅仅体现在英国和美国的政策中,它还导致了意识形态和政治气候的变化,并逐步形成了一个世界性的新潮流。这种全球化和自由主义思潮对资本主义国家内部产生的一个直接影响,是这些国家内部出现了新的不平衡,表现在收入分配差距重新扩大。如美国,20世纪50—70年代,表示收入差距的基尼系数保持平稳而较低的水平,1950年其基尼系数为0.360,到1975年微降至0.344,且都低于国际警戒线。但到了2000年,其基尼系数提高到0.408,不仅有较大幅度的上升,而且还超过了国际警戒线。[1]

(二) 国内的事实

自20世纪70年代后我国收入分配出现了新的变化,不仅使收入分配问题重新回到人们的视野并得到广泛关注,而且其带来的影响也越来越突出。中国改革开放前后,收入分配差距呈现出两种不同的态势。改革开放前,中国的收入分配差距比较小。改革开放后,一方面中国经济增长进入了一个快车道,另一方面出现了收入差距不断扩大。

---

① 王小鲁:《国民收入分配战略》,学习出版社2013年版,第23页。

新中国成立以后,随着社会主义经济制度和计划经济体制的确立,按劳分配成为中国社会主义社会的基本分配制度。本来,按劳分配是要实现"多劳多得,少劳少得,不劳动者(有劳动能力的)不得食"的分配机制,但在具体贯彻按劳分配时,实行了一套平均主义的分配形式,如工资制、工分制,到1977年,用基尼系数衡量的收入差距只有0.3左右。① 自20世纪80年代起,中国启动了包括收入分配体制在内的经济体制改革。这给中国经济注入了强大的活力,中国经济增长因此取得了举世瞩目的成就。中国从一个低收入的国家逐步发展到一个中等偏上收入的国家,2019年,中国的人均GDP超过1万美元。然而,在我们充分肯定改革开放给中国经济增长带来巨大红利的同时,也必须看到在人均收入不断提高的背景下出现分配差距扩大的现实。

中国自20世纪80年代开始的收入分配体制改革,目的是要打破过去的"大锅饭",调动广大劳动者的积极性。收入分配制度改革是对原有单一按劳分配的收入分配体制进行的改革。在三十多年后,中国逐步建立起以按劳分配为主体、多种分配方式并存,以及按劳分配与按生产要素分配相结合的收入分配体制。随之出现收入分配方式多样化,居民收入来源多元化的格局。这种分配方式多样化引起了收入分配去平均化,收入差距呈不断扩大的现象。体现在城乡居民的收入差距持续扩大,地区之间的收入差距越来越明显,行业间收入差距逐步扩大,整体居民的基尼系数超越国际警戒线并长期处于高位,自2000年以后,中国的基尼系数一直高于国际警戒线,国家统计局公布的2016年中国的基尼系数为0.465。

中国收入差距不断扩大的现象,以及收入差距达到的程度,已经对经济和社会的发展产生了一些负面影响。在居民收入整体提高的情况下,一部分居民还没有解决贫困问题,成为社会不稳定的一个因素。居民收入差距不断扩大,对社会公平产生严峻的考验,对社会和谐形成一定的挑战,并对经济和社

---

① 陈宗胜、周云波:《再论改革与发展中的收入分配——中国发生两极分化了吗?》,经济科学出版社2002年版,第25页。

会发展有着不利的影响。

收入分配对经济发展的影响是一个较为复杂的问题。虽然不能简单地做出收入分配差距对经济发展到底是有利还是有害的判断,但中国收入差距已经给经济发展带来不少负面影响。收入差距扩大影响到居民消费增加,因此制约着消费需求的增长,进而影响到中国经济增长方式的转变。同时,消费需求增长缓慢还影响到消费与投资的比例,或者说,投资比重相对过高,助推了出口的增长,进而影响到中国外贸增长方式的转变。收入差距扩大还会影响到人们的积极性,这主要是因为目前的收入分配存在着许多不合理问题,一部分人获取收入的手段既不是源于自己在经济活动中的贡献,也不是国家正常的转移支付,而是借助权力寻租获得收入。因此极大地挫伤了人们的生产积极性,影响了经济增长潜力的发挥。

收入分配对社会发展的影响更是一个突出问题。收入分配体现着公平和效率的关系。对收入分配的最大期待是实现公平和效率的统一,但这是一个难题。因为要想使收入分配发挥提高效率的作用,就必须保持一定的收入差距,但收入分配一旦形成扩大收入差距机制,就会触发自动加强的功能,从而使得收入差距扩大到人们难以接受的程度,社会因此变得失去公平。这种以效率为出发点的收入分配制度构建,最终导致收入差距扩大,社会不公加剧,社会稳定受到挑战。

中国改革开放之前实行的收入分配制度缩小了收入差距,但却陷入了一种"贫困的陷阱",进而极大地挫伤了人们的生产积极性,生产效率因此受到很大影响。改革开放后,收入分配体制改革拉开了人们的收入差距,这在一定程度上起到了调动人们积极性的作用,然而,随着收入差距不断扩大,特别是一些不合理因素引起的收入差距,使人们对收入差距的接受程度越来越低,收入差距引发的问题越来越多。在这样的背景下,我们必须调整对收入差距的认识,应该看到它已成为影响中国社会稳定和可持续发展的重要因素。

收入分配及其差距的国内外状况表明,自 20 世纪七八十年代起,世界各国收入分配差距都经历着一种逐步扩大的趋势,而且体现出对经济和社会发展的不利影响。我国在改革开放形势下出现的收入差距扩大问题,不仅是一个新问题,而且显示出比较复杂的特点,对其研究有着比较强的理论和实践意义。

二、收入分配研究不同视角的梳理

收入分配既是一个与人类历史相伴生的经济现象,也是一个经济学始终关注并研究的重要课题。围绕收入分配展开的研究不仅历史悠久,而且内容丰富。收入分配的依据,收入分配的差距或不平等问题,影响收入分配差距的因素,收入分配与其他经济现象的关系,收入分配差距对经济和社会发展的影响,以及用来测度收入差距的指标,等等,都是研究收入分配所关注的对象。

(一) 关于收入分配依据的研究

劳动生产物或收入按照怎样的依据分配给社会各群体或各个体,这是一个与人们生存或生活密切相关的问题。亚当·斯密在他的经济学奠基之作——《国民财富的性质和原因的研究》中,论述了劳动生产力增进的原因,并论述了劳动生产物分配给各阶级人民的顺序。[①]"在资本积累和土地私有尚未发生以前的初期野蛮社会,获取各种物品所需要的劳动量之间的比例,似乎是各种物品互相交换的唯一标准","在这种社会状态下,劳动的全部生产物都属于劳动者自己所有"。[②] 当资本在个别人手中积聚起来,并雇佣劳动组织生产时,劳动的全部生产物就不能都属于劳动者,而要有一部分由资本所有

---

① [英]亚当·斯密:《国民财富的性质和原因的研究》(上卷),郭大力、王亚南译,商务印书馆 1972 年版,第 5 页。

② [英]亚当·斯密:《国民财富的性质和原因的研究》(上卷),郭大力、王亚南译,商务印书馆 1972 年版,第 42 页。

者占有。"一国土地,一旦完全成为私有财产,有土地的地主,像一切其他人一样,都想不劳而获,甚至对土地的自然生产物,也要求地租"①。亚当·斯密关于劳动生产物分配的顺序是一种基于逻辑的分析,并成为西方经济学研究收入分配的理论起点。

斯密关于收入分配顺序的理论是经济学研究收入分配依据的理论起点。之后的经济学家或经济学流派以此发展,扩展或深化对收入分配依据的研究。新古典经济学作为对古典经济学继承和发展的一个流派,对收入分配研究的一个重要方面就是扩展了斯密的收入分配循序或商品价格构成的分析。在商品经济条件下,每一件商品的价格或交换价值,都由工资、利润和地租三个部分全部或部分构成。所有商品的价格总和又构成一个国家的全部收入。这种商品价格构成或收入构成从另一个方面来看也就是收入分配的依据。正如斯密所讲的:"工资、利润和地租,是一切收入和一切可交换价值的三个根本源泉。一切其他收入归根结底都是来自这三种收入中的一个。"②新古典经济学在斯密这一观点的基础上有所推进的是,把劳动、土地、资本作为生产要素,并强调它们在商品价值创造中的共同作用,进而把收入分配的依据看作是这些生产要素在生产商品时所作出的贡献。如新古典经济学的集大成者——马歇尔(George Catlett Marshall),认为国民收入是生产要素共同创造的,因此收入分配问题,就是如何把国民收入分解为各生产要素的贡献份额的问题。如何确定各生产要素的贡献? 要素的收入由产品价格决定,各生产要素收入的总和正好等于纯产品的总价值。那么,纯产品的总价值按什么原则分解为各生产要素的收入呢? 马歇尔认为,对各种要素的服务的边际需要决定了他们的收入份额。决定要素收入份额的边际需要,是由要素的边际生产力(边际纯

---

① [英]亚当·斯密:《国民财富的性质和原因的研究》(上卷),郭大力、王亚南译,商务印书馆 1972 年版,第 44 页。
② [英]亚当·斯密:《国民财富的性质和原因的研究》(上卷),郭大力、王亚南译,商务印书馆 1972 年版,第 47 页。

产品)和要素的成本(要素的价格)共同决定的。边际生产力决定了企业家们
对要素的需求价格,而要素的成本取决于要素的供给价格。于是要素收入的
份额问题便归结为要素的均衡价格问题,归结为要素的供求问题。① 马歇尔
提出的收入按生产要素的贡献进行分配,以及用边际生产力和要素成本的均
衡决定要素收入份额的思想,在美国经济学家约翰·贝茨·克拉克(John
Bates Clark)那里得到了系统化处理。克拉克主要分析了静态条件下的分配
问题,并形成了收入分配的边际生产力理论。克拉克不再把土地作为一种与
劳动和资本并列的生产要素,而把它看作是一种特殊的资本货物,和其他资本
货物处于同等的地位,而地租成为一种特殊的租金。在此前提下,他的边际生
产力理论可概括为三个方面的内容:(1)在静态条件下,自由竞争会促使工资
趋向于劳动要素的边际生产力,利息则趋向于资本要素的边际生产力。(2)
由于边际生产力递减规律,当劳动和资本在对方保持不变时逐渐增加,会导致
工资或利息的下降。(3)在静态条件下,资本边际生产力决定的利息乘以资
本量等于资本要素的总收入,劳动边际生产力决定的工资乘以劳动量等于劳
动要素的总收入,两种要素收入之和等于两种要素在一起所生产的收入总
和。② 由古典经济学开创,经新古典经济学发展的收入分配以生产要素的贡
献为依据的理论,在现代的收入分配依据的研究中被归结为功能性收入分配
问题,并得到深化。功能性收入分配探讨的是各种生产要素是否能按照各自
在生产过程中的贡献获得相应的份额,它同生产的效率和分配的公平性直接
相关,涉及的主要是初次分配。功能性收入分配在实质上反映了对自由市场
经济的绝对信念,以及对这种分配制度内含的公正性的肯定。从这个意义上
讲,新古典经济学的收入分配理论构成功能性收入分配的基础。因此形成的
功能性收入分配的核心观点包括:(1)在完全竞争的环境下,各个生产要素都
根据它们在生产过程中所作出的边际贡献或边际产出获得报酬;(2)在规模

---

① 张旭昆编:《西方经济思想史18讲》,上海人民出版社2007年版,第339页。
② 张旭昆编:《西方经济思想史18讲》,上海人民出版社2007年版,第380页。

收益不变的情形下,完全竞争环境下的分配可以实现收入总额等于产出总额,也就是全部产出正好分配给各要素所有者,即所谓的"耗尽原理"①。这种收入分配有着一个貌似完美的结构,更有深意的是,从这种收入分配结构中引出一种社会和谐的结论。体现在:每种生产要素恰好依各自贡献得到各自收益,各生产要素之间不存在剥削、不存在剩余、不存在冲突;自由竞争市场上的功能性收入分配,不仅是"公正的",而且是同"效率"兼容的,不存在效率和公正、经济增长和成果共享方面的冲突;市场在生产和分配方面是有效的,政府不应干预自由市场。

功能性收入分配在新古典经济学那里得到了一种简洁而逻辑一致的形式,因此该收入分配原理被作为一种标准并得到拓展,作为所有生产要素获得收入的一种根据。至此,收入分配的依据似乎成为一个已被解决的问题。20世纪五六十年代,随着经济学界将目光从凯恩斯的短期分析转向经济增长等长期问题,功能性收入分配理论再次得到重视,其研究也取得重要进展。如索罗(Robert Solow,1956)等借助于柯布—道格拉斯生产函数(1928)而提出的简洁的增长模型,为新古典经济学功能性收入分配理论提供了所谓简洁而优美,且便于经验应用的成熟形式,并成为现代经济学的重要组成部分或参考基准。柯布—道格拉斯生产函数是用于分析经济增长的标准模型。在完全竞争条件下,资本(K)和劳动(L)的边际收益等于边际产出。在功能性收入分配中,资本份额和劳动份额分别为 a 和 1-a,二者相加等于 1。显然,"边际收益等于边际产出","资本份额和劳动份额保持稳定",这成为功能性收入分配理论的核心观点。然而,这一用理论推导的结论在现实中有多少契合度,却是一个需要检验的问题。鲍利(Bowley,1920)最早注意到了劳动份额相对稳定的事实,人们将这一经验发现称为"鲍利法则";凯恩斯(John Maynard Keynes,1936)也在一定程度上承认这一事实的存在;卡尔多(Kaldor,1958)则在论文《资本积累

---

① "耗尽原理"是英国经济学家菲利普·威克斯蒂德于 1894 年发表的论文《论分配法则的协调》中提出的一个重要思想,是对边际主义收入分配理论的一种拓展。

与经济增长》中,将该现象作为经济增长的六大"典型事实"之一。不过,自 20
世纪 70 年代以来,一些主要国家在收入分配领域出现的新变化,又开辟了功
能性收入分配研究的新领域。从 20 世纪 70 年代末 80 年代初开始,主要发达
经济体的劳动份额开始表现出持续下降的趋势,大多数发展中国家至少在 20
世纪 90 年代也开始表现出类似的趋势性变化,劳动份额乃至功能性收入分配
重新引发了人们的关注。据此,20 世纪八九十年代,经济理论界出现了一轮
经济理论创新浪潮,如新增长理论、新贸易理论等,为人们探讨功能性收入分
配问题提供了新的理论基础。而且,过去几十年间,对功能性收入分配进行
经验分析所需要的数据不断积累和丰富,以及可以利用的计量技术得到快
速发展,这有助于人们对功能性收入分配领域的旧命题和新问题展开经验
研究。

格雷耶罗(Guerriero,2012)运用 1970—2008 年 89 个经济体的非平衡面
板数据绘制了世界各国劳动份额的变动趋势。胡怀国(2013)运用 1992—
2008 年 60 个经济体的面板数据也绘制了发展中国家经济体和转轨经济体劳
动份额的变动趋势。[①] 从结果来看,就世界各国平均而言,未经调整的劳动
份额经历了显著的下降,对自雇者进行调整后的劳动份额降幅略小,但在 20 世
纪 80 年代和 21 世纪以来经历了两波明显的下降趋势。近几年来,以劳动份
额为切入点的功能性收入分配研究形成了大量文献。其中心是结合社会经济
发展的现实背景和制度背景,对各国普遍出现的劳动份额持续下降作出解释。
20 世纪 80 年代以来的科技进步是引起劳动份额下降的一个原因。这主要是
因为技术进步虽然有利于高技能劳动者的报酬提高,但却造成低技能劳动者
的报酬减少,从总体上来看,劳动者报酬并未有多少提高。而这一技术进步创
造出的新的投资机会,提高了企业的盈利能力,进而造成资本份额的大幅上升
和劳动份额的相对下降。此外全球化也被引入功能性收入分配的研究中,并

---

① 胡怀国:《功能性收入分配与规模性收入分配:一种解说》,《经济学动态》2013 年第
8 期。

作为影响劳动份额的因素。因为全球化带来的主要是资本的自由流动,相对地,劳动力的流动还是受到不少限制。这会提高资本的议价能力和话语权,进而在全球化中获得更多的收益,但劳动者不管是发达国家的还是发展中国家的,都属于获益最少的,这自然会引起劳动份额的下降。还有,无论是20世纪70年代中后期的金融创新浪潮,还是20世纪80年代的私有化浪潮和福利国家政策的调整,都在一定程度上影响或弱化了劳动者的议价能力,提高了资本所有者的地位和权力,结果自然使劳动报酬相对资本收入下降。当然,引入上述因素分析对功能性收入分配的影响,还不仅仅停留在机制分析,更多的研究是对这些影响机制加以经验分析。如胡怀国(2013)借用新增长理论的外部性模型或知识外溢性模型,探讨功能性收入分配问题。得出的结论是,就单个企业而言,同新古典经济学的情形非常相似,如边际产出等于边际收益、要素份额稳定等,但从整个社会来看,进一步提高资本份额有助于提高经济效率、实现更快的经济增长。① 中国长期实行按劳分配制度,对按要素分配持否定态度,导致学术界忽视或回避要素收入分配理论的研究。直到党的十四届三中全会才首次提出,"允许属于个人的资本等生产要素参与收益分配"。党的十五大进一步细化为,"允许和鼓励资本、技术等生产要素参与收益分配"。党的十六大又强调,要"确立劳动、资本、技术和管理等生产要素按贡献参与分配的原则,完善按劳分配为主体、多种分配方式并存的分配制度"。随着中国收入分配制度的调整和改革,学术界对收入分配的研究有了一个新的取向,特别是20世纪90年代中期以来劳动收入份额持续下降,这引起了学术界的广泛关注。同时,国家统计局先后公布了几类系统性初次分配核算资料,又为深入开展要素分配的经验研究提供了数据基础。在此背景下,中国国内要素收入分配研究不断丰富和深入,并形成了几个重要的研究方向。

作为基础性研究,许多人关注要素份额的测度和国际比较。肖红叶和郝

---

① 胡怀国:《功能性收入分配与规模性收入分配:一种解说》,《经济学动态》2013年第8期。

枫(2009)分别从国民经济和行业层面考察了中国要素分配结构及其变化趋势,并相应地进行了国际比较。得出的结论是,中国劳动份额不仅明显低于发达国家,也低于发展中国家平均水平,其主要是由非农产业劳动份额偏低所致;中国劳动份额持续下降,且与人均 GDP 呈相反变动关系,既有产业结构变动的影响,也有资本掌握要素配置主导权的作用。① 白重恩和钱震杰(2009)从统计数据的视角细致考察了中国要素分配的结构。得出的一个基本结论是,中国劳动份额 1978—1995 年基本稳定,但此后明显下降,尤以 2004 年最为剧烈。引起这一变化的主要原因是产业结构转型。② 罗长远和张军(2009)从产业角度探寻中国 1993—2004 年劳动份额变化的原因,分析的结论进一步证明了白重恩和钱震杰的结论,即产业劳动份额与产业结构变动互相强化,加剧了国民经济劳动份额变动。③ 随着该领域研究的持续深入,研究分工的不断细化,经济学界对中国劳动份额水平及其变动趋势的研究出现了较大的分歧与争论。围绕要素分配指标测度,学者就数据来源、数据质量、统计口径、指标定义、调整方法等开展讨论。肖文和周明海(2010)基于收入法国内生产总值和资金流量表计算中国劳动份额,发现 1992—2007 年变化趋势迥异,前者持续下降,后者则相对稳定。出现这种不同趋势的原因在于,前者的不稳定源于产业内部效应与产业结构效应同向变动,而后者的稳定性则源于部门内部效应和部门结构效应的反向变动。④ 张车伟和张士斌(2010)借鉴约翰逊(Johnson,1954)的方法,分解中国城乡自雇劳动者的混合收入。其调整结果显示,中国初次分配的最大问题并非劳动份额显著下降,而是其陷

---

① 肖红叶、郝枫:《中国收入初次分配结构及其国际比较》,《财贸经济》2009 年第 2 期。

② 白重恩、钱震杰:《国民收入的要素分配:统计数据背后的故事》,《经济研究》2009 年第 3 期。

③ 罗长远、张军:《经济发展中的劳动收入占比:基于中国产业数据的实证研究》,《中国社会科学》2009 年第 4 期。

④ 肖文、周明海:《劳动收入份额变动的结构因素——收入法 GDP 和资金流量表的比较分析》,《当代经济科学》2010 年第 3 期。

入低水平稳定状态。这与英国、美国、日本、韩国等国相应发展阶段的劳动份额变化模式完全不同。[1] 李琦(2012)基于收入法国内生产总值数据,对指标口径、数据质量和分解方法进行了一系列调整,重估中国1993—2007年劳动份额。发现无论以何种口径衡量,中国劳动份额在1995年后均呈明显下降趋势,已跌入"低水平陷阱"。[2] 是什么原因造成中国自20世纪90年代后劳动收入份额持续下降? 中国学者从发展阶段、技术因素、市场结构、国际联系、制度因素等五个方面加以分析。如李稻葵等(2010)[3]、石涛和张磊(2012)[4]认为在中国二元经济结构下农业劳动力无限供给对劳动份额具有较强的抑制作用。白重恩和钱震杰(2010)发现,有偏技术进步在1985—1995年促使劳动份额提高,但1996年以来对劳动份额变化无显著影响。[5] 黄先海和徐圣(2009)认为劳动节约型技术进步是劳动份额下降的主要原因,而资本深化对劳动份额的拉动作用被乘数效应所削弱。[6] 产品市场和要素市场发育程度及其均衡性对要素分配具有重要影响。如常进雄和王丹枫(2011)认为,产品市场垄断程度是导致劳动份额偏离劳动贡献的重要因素。[7] 而龚刚和杨光(2010)认为经济转型过程中,劳动供需关系影响劳动议价能力,进而决定劳动份额变化模式,完善劳动力市场以协调谈判能力有助于改善要素分配格

① 张车伟、张士斌:《中国初次收入分配格局的变动与问题——以劳动报酬占GDP份额为视角》,《中国人口科学》2010年第5期。

② 李琦:《中国劳动份额再估计》,《统计研究》2012年第10期。

③ 李稻葵等:《我国现阶段初次分配中劳动收入下降分析》,《经济理论与经济管理》2010年第2期。

④ 石涛、张磊:《劳动报酬占比变动的产业结构调整效应分析》,《中国工业经济》2012年第8期。

⑤ 白重恩、钱震杰:《劳动收入份额决定因素:来自中国省际面板数据的证据》,《世界经济》2010年第12期。

⑥ 黄先海、徐圣:《中国劳动收入比重下降成因分析——基于劳动节约型技术进步的视角》,《经济研究》2009年第7期。

⑦ 常进雄、王丹枫:《就业增长、投资与初次分配中的劳动报酬占比》,《经济管理》2011年第3期。

局。① 此外,在资本市场方面,白重恩和钱震杰(2009)发现银行向国有经济倾斜的信贷配给导致的要素市场扭曲显著影响资本份额,而产品市场不完全竞争的影响并不显著。② 中国改革开放后加入全球化的程度不断加深,这无疑也影响到要素收入分配。如罗长远和张军(2009)发现,外商直接投资(FDI)不利于劳动份额提高,这是因为"谈判力量"机制在地区招商引资竞争背景下发挥作用的结果。③ 当然,研究中国要素收入分配必须考虑体制改革产生的影响,也就是制度因素对要素分配所具有的作用。罗长远和张军(2009)指出,国有企业战略性退出使民营化加速,其对劳动份额的负效应与劳动力供给的正向冲击以及"工资侵蚀利润"现象被扭曲有关。④ 翁杰和周礼(2010)研究发现,国有企业改革深化是导致劳动份额下降的重要原因。⑤ 应该讲,以上各因素对要素分配都有一定的影响,但各个因素发挥作用的程度有所不同,而且密切联系、互为补充。如果考虑到不同地区和不同时期,这些因素的作用就更为复杂。因此,讨论中国要素收入分配的依据是一个比较复杂的问题,并不能以某种解释作为最后的答案。因为要素收入分配本身在不同地区和不同时期会有不同的表现。对该问题的研究也就成为一个持续的理论挑战。

(二) 关于收入分配不平等的研究

收入分配不平等或收入差距一直都是经济理论和经济实践关注的命题。收入分配不平等或收入差距与收入分配依据或要素收入分配既有联系,也有

① 龚刚、杨光:《论工资性收入占国民收入比例的演变》,《管理世界》2010 年第 5 期。
② 白重恩、钱震杰:《国民收入的要素分配:统计数据背后的故事》,《经济研究》2009 年第 3 期。
③ 罗长远、张军:《劳动收入占比下降的经济学解释——基于中国省级面板数据的分析》,《管理世界》2009 年第 5 期。
④ 罗长远、张军:《劳动收入占比下降的经济学解释——基于中国省级面板数据的分析》,《管理世界》2009 年第 5 期。
⑤ 翁杰、周礼:《中国工业部门劳动收入份额的变动研究:1997—2008 年》,《中国人口科学》2010 年第 4 期。

不同。二者的联系体现在,不同要素受各种因素的影响,或者对收入的形成有不同的贡献,或者在收入分配中处于不同的地位,最终取得的收入有所差别,甚至有较大差别,从而产生收入差距问题。收入平等分配只能是生产力极度低下的原始社会的分配方式,自文明社会以来,任何国家的收入分配都存在一定差距。因此,研究收入差距或收入不平等也成为经济思想史中的一个普遍性的课题。

在亚当·斯密的《国民财富的性质和原因的研究》中,通过商品价格的组成分析了收入的三个来源。在此基础上,斯密进一步分析了三种收入内部存在的差距。就资本利润来说,其极易变动,可能受他所经营商品的价格变动,也可能受他的运气,甚至竞争者和顾客运气好坏的影响,从而使获得的利润有所差别。[1] 就劳动工资来说,其内部的不均等更是受多种因素影响。有起因于职业本身性质的不均等而形成的差距:第一,职业本身有愉快的有不愉快的;第二,职业学习有难有易,学费有多有少;第三,工作有安定的有不安定的;第四,职业所须担负的责任有重有轻;第五,成功的可能性有大有小。[2] 此外,工资的差异还源于政策的不均等:第一,限制某些职业中的竞争人数,使其少于原来愿意加入这些职业的人数;第二,增加另一些职业的竞争,使其超越自然的限度;第三,不让劳动和资本自由活动,使它们不能由一个职业转移到其他职业,不能由一个地方转移到其他地方。[3] 就地租来说,不问土地的生产物如何,其地租随土地肥沃程度的不同而不相同;不问其肥沃程度如何,其地租又随土地位置的不同而不相同。[4] 由于亚当·斯密所处的时代正是资本主义

---

① [英]亚当·斯密:《国民财富的性质和原因的研究》(上卷),郭大力、王亚南译,商务印书馆1972年版,第81页。

② [英]亚当·斯密:《国民财富的性质和原因的研究》(上卷),郭大力、王亚南译,商务印书馆1972年版,第92页。

③ [英]亚当·斯密:《国民财富的性质和原因的研究》(上卷),郭大力、王亚南译,商务印书馆1972年版,第112页。

④ [英]亚当·斯密:《国民财富的性质和原因的研究》(上卷),郭大力、王亚南译,商务印书馆1972年版,第140页。

工业革命时期,因此,亚当·斯密关注的重点在于生产问题,即财富的增长问题。收入差距或不平等只是他分析生产和价值问题的一种延伸。但在资本主义工业革命,或者英国的工业革命基本完成后,借助工业革命,资本主义生产得到快速发展,积累的财富也达到空前的水平。但是,广大劳动人民并未公平地享受到经济发展的成果,依然处于贫困状态。在这样的背景下,人们开始关注收入分配及其公正问题。因此,收入差距成为经济学研究的重点。

大卫·李嘉图(David Ricardo)作为英国古典政治经济学的最后的伟大代表[①],他提出把分配问题作为研究的重点。而且,他是建立在劳动价值理论的基础上研究分配问题的。因为李嘉图生活在工业革命迅速发展的机器大工业时期,当时资本积累的规模依赖于利润的大小。因此,工业资产阶级要求社会纯收入的绝大部分由利润构成,这导致工业资产阶级和贵族地主阶级之间,为争夺社会纯收入的份额而展开了激烈的斗争。不仅如此,工资和利润、劳动和资本之间也存在对立,在分配上也是此消彼长。这成为西方经济学中较早关注收入分配对立问题的理论,也是研究收入分配差距的一个重要出发点。

大卫·李嘉图之后,西方经济学走向如马克思所讲的庸俗化,体现出来的一个明显特征是为已经建立起来的资本主义制度辩护。收入分配无疑是他们关注的重点。对此,他们一方面不能无视资本主义建立初期极为严重的收入差距,另一方面又设法从理论上寻求某种合理的解释。让-巴蒂斯特·萨伊(Say Jean-Baptiste)是要素收入分配理论重要倡导者,他以要素价值论为基础阐述他的收入分配理论。萨伊的基本观点是:收入分配与生产要素分配二者密切相关,处理收入的专有权利乃是生产手段专有权利的结果。[②] 萨伊关注了当时的收入分配不平等现象,他也憎恨当时社会中存在着的贫富不均。他认为,研究政治经济学的一个重要使命就是克服这种现象。但他把这种现象归咎于重商主义干预政策的结果,并且以此猛烈攻击重商主义的干预政策,极

---

① 《马克思恩格斯文集》第 5 卷,人民出版社 2009 年版,第 16 页。
② 张旭昆编:《西方经济思想史 18 讲》,上海人民出版社 2007 年版,第 192 页。

力推崇自由放任的资本主义制度。然而,在新古典经济学诞生之后,作为新古典经济学的创立标志的边际学派,对收入分配差距的研究发生了重要转向。如杰文斯(William Stanley Jevons)在分配理论方面的一个重要观点是,否定了李嘉图的要素收入之间对立的论点,认为在工资和利率之间并不是此消彼长的,而是可以同向变化的。[①] 这就是说,收入差距即使有,也是偶然的现象,而不具有内在的必然性。

新古典经济学关于收入差距认识的一个重要特点是,努力回避现实的收入差距包含的对立和矛盾,并力图在理论上找到一个合理解释。当然,在新古典经济学的理论中,收入分配差距并不是其研究的重点。19世纪末和20世纪初,帕累托(Pareto)、洛伦兹(Lorenz)、基尼(Gini)等提出了规模性收入分配的有关概念和思想后,尤其是20世纪60年代以来,随着调查方法的发展,微观数据和计量工具的丰富,规模性收入分配研究得到了快速发展,出现了大量关于收入差距或不平等的度量方法,如排序和占优法、统计分布法、社会福利函数法等。而用于度量收入差距或不平等程度的指标也在不同的研究中形成了不同的指标,如极差、标准差、变异系数、对数方差、库兹涅茨指数、阿鲁瓦尼亚指数、基尼系数、阿特金森指数、泰尔指数等。

基尼系数是衡量收入差距最重要的指标。在收入分配领域,很少有别的术语能与"基尼系数"相提并论。现代收入分配理论的奠基人、意大利经济学家基尼早在1912年出版的一部著作中提出了测度收入差距的基尼系数指标。该指标在之后的时间里被人们普遍使用。在学术研究之外的现实经济生活中,基尼系数几乎成为收入分配、收入差距或不平等的代名词。关于基尼系数的研究有许多。仅基尼系数的计算就有很多种方法,其中最为简便直观的算法是按照分位数函数或洛伦兹曲线,将洛伦兹曲线之下的面积与45°绝对平均线之下的面积的比值作为基尼系数的量值。基尼系数的主要优点在于:第

---

① 张旭昆编:《西方经济思想史18讲》,上海人民出版社2007年版,第268页。

一,它取值为 0 和 1 之间的数字,简单、明确、直观,便于人们准确理解和横向纵向比较;第二,它可以满足作为一个理想度量指标所应满足的良好性质或基本原则,如匿名性、齐次性、人口无关性、标准化等;第三,它便于人们对其含义的准确理解,并便于交流和比较。

20 世纪 70 年代,一些学者,如阿特金森(Atkinson,1970)将基尼系数引入价值判断。他将收入不平等指数与社会福利函数联系起来,明确了收入不平等指数所必须满足的"洛伦兹相容性"。[1] 阿特金森的研究引发了研究收入不平等的兴趣,许多学者为收入不平等的研究增添了多个视角的分析,如森(Sen,1976)提出的贫困测算的公理化方法,为贫困问题的研究开创了新的途径。[2] 科威尔和库加(Cowell 和 Kuga,1980)对满足可加性的收入不平等指数的研究。[3] 而收入不平等的最新研究和最重要的进展体现在两个方面:一是邦费罗尼曲线与指数研究;二是不平等指数的分解研究。

邦费罗尼(Bonferroni)与基尼一样,也是意大利人。邦费罗尼曲线与指数是他在 1930 年发表的著作中提出来的,直到 1981 年这一曲线和指数才为英语学术界所知,而对它的更多关注只是近十多年来的事。邦费罗尼曲线建立在洛伦兹曲线的基础上,它是由洛伦兹曲线除以低收入端人口比例形成的,具体表示为:$B(p) = L(p)/p$,其中,$B(p)$ 表示邦费罗尼曲线,$L(p)$ 表示洛伦兹曲线,p 表示低收入端人口比例。邦费罗尼曲线还可以简化为低收入端人口的平均收入与总平均收入的比。因此,与洛伦兹曲线一样,邦费罗尼曲线也容易被普通民众理解,特别是在分析贫困问题时,邦费罗尼曲线还具有一些优势。根据邦费罗尼曲线也可以得到邦费罗尼指数,该指数的取值也在 0 和 1

---

① Atkinson A.B., "On the Measurement of Inequality", *Journal of Economic Theory*, Vol.2, 1970, pp.244-263.

② Sen A., "Poverty:An Ordinal Approach to Measurement", *Economerica*, Vol.44, No.2, 1976, pp.219-221.

③ Cowell F.A., K.Kuga, "Additivity and the Entropy Concept:An Axiomatic Approach to Inequality Measurement", *Journal of Economic Theory*, Vol.25, No.1, 1980, pp.131-143.

之间。越接近于 0 越平等;越接近于 1 越不平等。

收入不平等指数分解研究主要关注或考察的是两种可分性:第一,关于人口群体的可分性,即研究不同人口群体的收入不平等对加总不平等的贡献;第二,关于收入分量的可分性,即研究不同收入分量的收入不平等对加总不平等的贡献。

国内对收入分配不平等的研究是随着改革开放后居民收入差距不断扩大的现实而兴起的。近些年来,由于中国经济处于转型期,收入分配发生了重大变化,相对于其他国家,中国收入分配的不平等程度是比较高的,而且也呈现出十分鲜明的特点。根据国家统计局测算,2016 年中国的基尼系数达到0.465,有的研究机构更是测算出中国的基尼系数高达 0.61,①无论是哪个数字,都高于 0.4 这一国际警戒线水平。这样的背景下,对中国收入不平等研究的文献迅速增长。而且基于中国地域广大、人口众多、经济发展不平衡、收入分配的转型特征的事实,理论界考察中国收入不平等时特别注重分解分析,通常研究中国农村和城镇之间、农村内部与城镇内部之间、不同行业之间、不同区域之间的收入不平等,在此基础上进一步分析总人口的收入不平等。

城乡之间的收入分配在改革开放后发生了较大的变化,而且由于城乡之间的联系日益加强,这种收入差距受到的关注更加明显。中国改革开放后的城乡收入差距呈现出明显的阶段性特征,1979—1994 年,城乡收入差距较小,全国泰尔指数的平均值为 0.062;1995—2004 年,城乡收入差距相对较大,全国泰尔指数的平均值为 0.118。② 城乡收入差距扩大是中国改革开放后的一个基本事实,但如何准确地评估这种差距,成为深化对城乡收入差距研究的一个取向。萨瑟兰和姚(Sutherland 和 Yao,2011)分析了国外文献中对中国城乡

---

① 西南财经大学中国家庭金融调研中心发布报告称,2010 年,我国基尼系数为 0.61,在全世界处于较高的位置,2010 年全球基尼系数的均值为 0.44。

② 王少平、欧阳志刚:《我国城乡收入差距的度量及其对经济增长的效应》,《经济研究》2007 年第 10 期。

收入差距数字的质疑,认为这种差距中有低估的成分,例如城镇人口通过户籍制度得到的好处没有被统计在内;但也有高估的成分,例如城乡的价格水平是有差别的,城镇的价格通常要比农村高35%以上。此外,在城乡差别的测算中,排除了在城镇居住的农村人口,这部分人口的收入高于在农村生活的人口,但低于城镇人口,若考虑这一因素,则城乡收入差别可能会下降;还有,城镇与农村的界限可能并不总是非常明晰,一些经济迅速发展的乡村已经城镇化,但可能仍被统计在农村之内。这些因素对城乡收入差距的影响取向不同,因此学者们的研究结论也不相同,有些学者认为,中国的城乡收入差距在整个国家的收入差距中已经不是最重要的因素。① 地区间收入差距也是中国收入差距分解的一个重要方面。伴随着经济高速增长,中国区域间收入差距呈现先下降、后上升的趋势。对此,经济学界从两个方面进行了分析,一是从产业结构的角度,指出第二产业对地区差距的贡献较大。20世纪90年代以来地区差距扩大,主要是第二产业份额过高以及非农产业向东部沿海地区集聚所致。二是从地区结构的角度,认为改革开放以来东部、中部、西部地区之间的收入差距持续扩大,而各地内部省份之间的收入差距呈现缩小的趋势。② 对于地区间收入差距的成因,众多学者都从新古典增长理论出发,探讨了引起地区增长的各种投入要素或外部特征因素对收入差距的影响。这些因素既是形成地区间收入差距的因素,也是缩小地区间收入差距的出路。如林毅夫和刘培林(2003)认为,乡镇企业发展的地区差异、重工业发展战略决定了地区发展的差距以及收入差距。③ 马拴友和于红霞(2003)提出,开放程度的地区差异、交通等基础设施的地区差异对地区收入差距的影响明显。④ 范剑勇和张

---

① 王原君、游士兵:《收入不平等问题最新研究热点分析》,《经济学动态》2014年第5期。

② 范剑勇:《产业集聚与中国地区差距研究》,格致出版社、上海三联书店、上海人民出版社2008年版,第10页。

③ 林毅夫、刘培林:《经济发展战略对劳均资本积累和技术进步的影响——基于中国经验的实证研究》,《中国社会科学》2003年第4期。

④ 马拴友、于红霞:《转移支付与地区经济收敛》,《经济研究》2003年第3期。

雁(2009)基于新经济地理学理论,从需求视角探讨了地区收入差距的形成机制,并提出地区收入差距形成的主要路径是,劳动力跨区域流动的障碍是导致沿海地区劳动力短缺的重要原因,同时,这也导致沿海地区的市场准入远高于别的地区,从而抬高了该地区的工资水平。[1]

　　行业间的收入差距是解读中国收入差距不能不考虑的一个因素。因为它已经成为城镇居民日常感受最直接、最明显的一项收入差距。近20年来,中国各行业间的收入差距迅速扩大,对中国居民整体收入差距扩大起到了重要的推动作用。1990—2008年间,以基尼系数计算的中国行业收入差距由0.067提升到0.181,扩大了近两倍,年均增长为6.1%,而同期全国居民收入差距的基尼系数年均增长为1.5%。如果不考虑从业人员比重,仅以行业计,中国行业收入差距的基尼系数进一步上升至0.257。[2] 这样的水平在国际上也是比较高的,这意味着,人们因行业选择所带来的收入差距变得很大。为什么行业间的收入差距会如此大?在新古典经济学的分析框架中,行业间的劳动力报酬的差距决定于三个因素,即劳动个体间的质量差异,主要由劳动者的人力资本所决定;行业特点,如一些劳动强度较高、危险性较大行业的工资水平相应地较高;劳动力市场的分割程度和非竞争性强度,具体地讲,就是由于技术专用性、内部人、工会等因素的存在,不同行业所面临的劳动要素市场往往具有不同的市场结构,从而行业间劳动要素报酬要受到劳动要素非竞争性程度大小的影响。这三个因素作为解释行业间劳动报酬不同的原因,在一定程度上都是显著的。不过,在现实中还会有一些情况是这些因素无法解释的,如同一职业的跨行业工资差异现象,就无法用这三个因素中的其中任何一个来解释。对此,理论上可以从效率工资和垄断的存在加以解释。不过,就中国来讲,垄断行业的高收入又有着一些特殊的原因。归结起来主要有:(1)公有制企业普遍存在着所有者缺位的问题,其代理人在近乎无监管的环境下进行

---

①　范剑勇、张雁:《经济地理与地区间工资差异》,《经济研究》2009年第8期。
②　武鹏:《行业垄断对中国行业收入差距的影响》,《中国工业经济》2011年第10期。

经营,没有控制企业工资水平的严格外部约束。(2)公有制企业经营者大多无法根据经营绩效按比例地提取经济收益,因此其很多时候宁可将利润转化为职工工资或福利等收入形式。(3)公有制企业的人事制度僵硬,解雇在多数情况下并不是可选择的制约员工的手段,当无法采取有效的手段对员工加以惩罚时,企业就只能偏向于使用激励措施。(4)较高的工资意味着员工流动的较高的机会成本,由于企业主要领导在职工工资方面具有决定权,这有利于企业领导通过高机会成本的威胁而维护自己的权威,保障自身权力的通畅运行。(5)升迁是公有企业经营者的重要激励和目标,当经营者的升迁受群众意见或民意影响时,经营者很可能选择高工资来获得民心。①

(三) 关于收入分配的公平与效率研究

财富和收入分配以及与此相关的公平与效率是一个古老的话题。追求收入分配的公平,这是人类以社会形态存在而产生的一种诉求;使收入分配具有效率的意义,则是由人的生产活动需要激励这样的因素决定的。无论是哪一方面都在经济学说史上留下不少印记。

大卫·李嘉图是经济学说史上将收入分配纳入经济学研究主题的经济学家。大卫·李嘉图遵循了亚当·斯密的一个研究思路,即资本积累是增进分工和增加劳动者人数的推动力量,而节俭则是资本积累的主要手段,把发展论的主题转换成价值论和分配论的主题。他认为,在工人只赚取维生工资的条件下,要依靠工人的节俭来积累资本是不现实的。而地主阶级的挥霍天性,也不能指望其来积累资本。这样,唯一能履行积累职能的便是资本家阶级,积累的源泉便只能是利润。因此,收入分配便成为支配资本积累的一个主要因素。② 李嘉图的这一观点,赋予了收入分配的效率意义。这表明,在工资、地租和利润的分配结构中,利润对资本积累,进而对经济发展的贡献最大。当

---

① 　武鹏:《行业垄断对中国行业收入差距的影响》,《中国工业经济》2011 年第 10 期。
② 　张旭昆编:《西方经济思想史 18 讲》,上海人民出版社 2007 年版,第 9 页。

然,大卫·李嘉图的这一观点并没有完全否定工资对资本积累的意义,但他在指出工资低下这一现实后,并没有要改变工资现状的意思。

马克思作为马克思主义政治经济学的创始人,他的阶级立场和研究取向决定了收入分配的重要地位,他对资本主义制度下的收入分配不公平以及因此造成的效率损失进行了深刻的分析。资本家在劳动力市场上购买了劳动力,在生产资料市场上购买了生产资料,然后,在工厂中组织生产,生产出来的商品在商品市场上出卖。这个过程实际上是价值增值过程,或剩余价值生产过程。在这个过程内部,劳动力是价值的创造者,生产资料则将自己的旧价值转移到新商品中。在这个过程的外部,也就是分配环节,凭借对生产资料的所有权和对劳动者劳动力的使用权,拥有产品以及收入的分配权,资本家付给工人的是劳动力价值或工资,自己则占有劳动力创造的剩余价值。从价值创造的角度来看,资本家无偿占有了工人的剩余价值,实质上是一种剥削关系;从收入分配的角度来看,资本家因为雇佣较多工人获得了较大的剩余价值量,而工人只能得到勉强养家糊口的工资,二者的收入差距会随着资本积累不断扩大。这是马克思关于收入分配公平性的基本观点,也是对资本主义收入分配不公平的深刻揭示。

马克思不仅深刻分析了资本主义制度下收入分配不公平的本质,而且也在微观和宏观两个层面分析了资本主义收入分配的效率问题。在微观方面,资本家为了获得更多的剩余价值,不断地积累资本,或者用于增加对工人的雇佣,或者用于设备更新和技术改造,这都有利于提高生产效率。马克思对于资本主义制度生产力发展方面的肯定,主要是源于对这一资本主义生产机制的肯定。在宏观方面,资本主义的这种收入分配格局则会造成对经济发展的灾难性的影响。资本的不断积累造成财富越来越向一小部分资本家集中,而贫困越来越成为工人阶级摆脱不掉的阴影。这种分配关系最终会引发生产过剩的资本主义经济危机,并造成对社会资源或财富的极大浪费。因此,马克思对收入分配效率的认识是全面而客观的。

大卫·李嘉图和马克思之后,对收入分配的公平和效率的研究,基本形成两个演进方向。一个是新古典经济学基于对自由市场配置资源的高度信任,认为通过市场分配形成的利润、工资和地租,反映了它们的来源资本、劳动和土地对生产所作的贡献。因此,这种分配是公平的,而且也是最有效率的。另一个是凯恩斯经济学基于有效需求理论,认为资本主义经济社会的最大缺陷在于,不能提供充分就业,以及财富与所得之分配有欠公平合理。[①] 凯恩斯打破了古典经济学的一个教条,即资本积累源于个人储蓄动机的强弱,大部分资本的增加是从富人过剩所得中储蓄而来。相反,凯恩斯提出,在当代社会中,财富的生长不仅不系于富人的节约,而受制于这种节约,因此,主张社会上应当有财富分配不均的观点再也站不住脚了。由于收入的边际消费效应,缩小收入分配的差距,有利于增加有效需求,进而有利于实现充分就业和经济增长。这意味着凯恩斯把缩小收入分配差距与经济增长和充分就业相联系,因此,在理论上把收入分配的公平和效率也联系起来了。

收入分配的公平与效率问题,不仅是一个经济学命题,同时也是其他社会科学关注的课题。其中道德哲学家围绕收入分配的公平或正义问题展开的讨论和争论较为典型。从大的方面来看,道德哲学家讨论收入分配的公平或正义主要分为两个大的派别,一个是功利主义,另一个是契约主义。

功利主义用快乐或效用来衡量幸福,并把追求最大多数人的最大幸福确立为基本原则,进而去判断人的行为或某种制度是否是正义的。如边沁,他作为功利主义的主要代表,形成了功利主义的基本理论。边沁在他的《道德与立法原理导论》中提出了功利主义的两个基本原理,即功利原理或最大幸福原理和自利选择原理。功利是基于快乐和痛苦确定的一种主观效应。人的行为都是趋利避害的,所以任何正确的行动都必须使最大多数人获得最大幸福,并且将痛苦减少到最少,甚至在必要的时候可以牺牲少部分人的利益。如果

---

① ［英］凯恩斯:《就业利息和货币通论》,徐毓枬译,商务印书馆1983年版,第321页。

把功利主义的这一原理延伸到对收入分配的公平和效率的考察,那么我们可以推断出两个不同的结论。一个是当收入分配差距扩大有利于整体效用的增加时,那么这种不平等是符合公平正义原则的。另一个是当总收入一定时,那么缩小收入差距会由于收入的边际效应递减而增加整体的福利。因此,功利主义将收入分配的公平和效率统一到一起,不论是收入差距扩大,进而提高效率,还是收入差距缩小,进而影响效率,只要最终提高了总的效用,不管是哪种情况,都是公平正义的。

契约主义介入收入分配研究是约翰·罗尔斯(John Bordley Rawls)的一个重要贡献。他倡导每个人都拥有一种基于正义的不可侵犯性,这种不可侵犯性即使以社会整体利益之名也不能逾越。因此,正义否认为了一些人分享更多利益而剥夺另一些人的自由是正当的,不承认许多人享受的较大利益能绰绰有余地补偿强加于少数人的牺牲。① 这样的一种理念决定了罗尔斯在收入分配上坚持一个差别原则,即社会和经济的不平等只要其结果能给每一个人,尤其是那些最少受惠者的社会成员带来补偿利益,那么就是正义的。这一原则使罗尔斯的契约主义分配理论区别于功利主义分配理论。因为罗尔斯的这一原则拒绝为那些通过较大利益总额来补偿一些人的困苦的制度辩护。即使减少一些人的所获能够促使其他人发展在策略上是可取的,但却不是正义的。在一个社会合作的体系下,由于每一个人的幸福都依赖于这种合作,没有这种合作,所有人都不会有一种满意的生活,因此利益或收入的分配就应当能够导致每个人自愿地加入合作体系中来,包括那些处境较差的人们。如果把契约主义的原则运用到对收入分配的公平与效率的判断,那么实现收入分配的平等具有正义性较功利主义更加明显,而对收入分配不平等的容忍一定是这种分配能否带来对最劣势群体境遇的改善。

以上从经济学说史上对收入分配公平与效率的不同观点的检索,可以表

---

① [美]约翰·罗尔斯:《正义论》,何怀宏、何包钢、廖申白译,中国社会科学出版社1988年版,第3—4页。

明一个历史事实,收入分配的公平与效率受经济社会发展阶段的影响,而且也烙有社会制度的印记。而从收入分配的正义性角度考察其公平与效率,又可以在功利主义和契约主义的不同原则下得到不一致的结论。因此,试图在收入分配的效率与公平上得出一个确定的结论,不仅有着理论上的巨大挑战,而且在实践上也得不到有力的证明。因此,选择从一种具体的实践来探讨收入分配的效率与公平是一种更好的研究取向。

中国在计划经济体制下因为采取了一种平均主义分配形式,收入差距大大地缩小了,但因此导致了生产效率处于较低的水平。改革开放以来,我们在坚持按劳分配的基本原则下,不断地引入市场化的分配方式,收入差距呈扩大的现象。对此,中国的学者从不同的角度讨论了这种收入分配变化引起的公平与效率问题。

检索中国改革开放后对收入分配的公平与效率研究的不同观点,可以发现,随着改革开放的不断推进,对收入分配的公平与效率的认识也在变化。在改革开放之初,在结束了以阶级斗争为纲的路线后,经济建设被作为党的基本路线的中心,提高经济效益也因此成为经济工作的核心。在这样的背景下,改革分配制度,克服平均主义,允许一部分人先富起来,是收入分配的基本取向。在这一时期,学者们坚持的一个基本观点是,在收入分配的效率与公平的关系中,应该是效率第一,公平第二。随着改革开放不断走向深入,收入差距扩大开始超过了人们的心理承受能力,收入分配不仅对公平形成巨大的挑战,而且在一定程度上不利于提高效率。在这种情况下,学者们调整对收入分配的公平与效率关系的认识,首先是将效率第一、公平第二的观点调整为效率优先、兼顾公平,进一步又提倡兼顾效率与公平。2006 年 10 月召开的党的十六届六中全会通过的《中共中央关于构建社会主义和谐社会若干重大问题的决定》,调整了"效率优先,兼顾公平"的原则,强调要在经济发展的基础上更加注重社会公平。党的十七大和十八大又进一步提出并坚持初次分配和再分配都要处理好效率与公平的关系,再分配更加注重公平。

这样的文献检索好像有些概括,但凝结在党的重要文件中的思想,反映了社会上相关研究的共识。如果我们把一些具有代表性的观点进行综述,那么坚持构建效率与公平相统一的收入分配制度已经成为当下中国学者的一个普遍共识。如中国人民大学的卫兴华教授和张宇教授就提出,实现效率与公平统一是发展中国特色社会主义的本质要求,为此在初次分配和再分配中都要处理好效率与公平的关系。但要处理好这二者的关系,必须要拿捏好分寸。强调分配公平,缩小收入差距,绝不是要回到平均主义分配去,不能把平均主义看作公平,将二者混淆;强调分配公平,不是要"劫富济贫",富人可以更富,但穷人不能更穷,应该使改革与发展的成果让广大人民共享。① 实现效率与公平的统一,对于任何一个社会来说,都是希望达到的目标。然而,要实现效率与公平相统一,又是一个巨大的挑战。对于中国来说,在经历了"让一部分人先富起来",进而极大地提高了人们的生产积极性之后,随着收入差距的扩大,对公平的期待越来越突出。因此,在这样的背景下,一个更高的目标便是要达到收入分配的效率与公平的统一。如何才能较好地达到公平与效率的统一? 这对中国确实也是一个考验。如有的学者指出,要实现在继续保持经济较快增长的基础上缩小收入差距或达到公平,需要做六个方面的努力:(1)进一步改革开放,转变经济发展方式,改变经济结构,大力发展第三产业;(2)大力推进人力资本投资,特别要重视教育,进一步健全资本市场,形成一个数量较大的中产阶级;(3)继续推进以市场经济为取向的经济体制和政治体制改革,进一步转变政府职能,减少政府官员对经济资源的控制,最大限度地遏制或消除腐败现象;(4)努力打破企业垄断和行业垄断,在初次分配和再分配领域里建立更加科学、合理的工资形成机制;(5)加强二次分配领域的税收调节,充分发挥政府调节分配和实现公平的作用;(6)加快政治体制改革,建立

---

① 卫兴华、张宇:《构建效率与公平相统一的收入分配体制研究》,《现代财经(天津财经大学学报)》2008 年第 4 期。

完善的社会制衡机制。①

（四）关于收入分配的逆向转移研究

收入逆向转移作为转移收入的一种形式,受到关注的时间并不算长。在我们没有对逆向转移做全面分析之前,只从收入逆向转移的一些典型现象出发,来归纳一下对该现象研究的观点。我们把寻租看作是收入逆向转移的典型事实。这个事实虽然很早就存在,但经济学对这一现象关注并进行理论化研究却是 20 世纪 70 年代的事情。

20 世纪 70 年代,美国学者克鲁格(Anne Krueger)、巴格瓦蒂(Jagdish Bhagwati)和斯瑞尼瓦桑(Srinivasan)等人从国际贸易入手建立了寻租模型,来探讨寻租或腐败对于社会福利、经济发展的影响。这些学者选择从国际贸易的角度去分析寻租或腐败问题,主要是因为发展中国家的国际贸易中存在的贸易限制或管制导致大量的寻租活动。当然,由于政府干预在其他领域也发生类似的寻租活动,这使得围绕寻租活动的研究成为经济学的一个重要研究方向。

寻租实质上是一种权钱交换,拥有权力的人和希望得到权力关照的人之间进行的权和钱的交换,这个过程是不直接创造财富的,只发生一种收入转移,而且也不发生转移收入应起到的调节收入分配,进而实现缩小收入差距和达到社会公平目标的结果。因此,这种收入转移具有逆向的性质。20 世纪 90 年代,一些学者开始关注寻租或腐败对收入分配影响机理的理论分析。如坦兹(Tanzi,1995)的研究,指出腐败会扭曲政府再分配职能,并使与腐败相关的收益被那些与政府官员联系密切的群体享有,这些群体大多属于高收入阶层,因而扩大了收入差距。② 布莱克本和普契奥(Blackburn 和 Forgues-Puccio,

---

① 袁志刚:《再谈收入分配中的效率与公平》,《探索与争鸣》2006 年第 9 期。
② Tanzi V., "Government Role and Efficiency of Policy Instruments", *IMF Working Paper*, No.95/100,1995.

2007）又将腐败的收入分配效应进行了模型化处理，它们在一个动态模型中证明了腐败与收入不平等之间的正相关关系。其解释的机制是，在腐败的环境下，高收入居民可以通过向腐败官员行贿来逃避税收，政府税收的减少弱化了其再分配功能，此时，高收入居民与低收入居民之间的收入不平等将高于非腐败环境中的收入不平等。[1] 与这些理论研究相比，对腐败与收入分配关系的经验研究成果较为丰富。古普塔（Gupta）等对 1980—1997 年间的跨国数据进行分析，发现腐败同时恶化了不平等和贫困率，腐败指数的提高会导致基尼系数的上升，同时，腐败通过阻碍经济增长、扭曲税收制度和对低收入居民有利的公共计划、恶化人力资本差距、增加要素积累的不确定性等方面促进收入不平等和贫困率的增加。而李等（Li 等，2000）[2]基于 1980—1992 年以及崇和卡尔德隆（Chong 和 Calderón，2000）[3]基于 1982—1995 年间的跨国数据所做的分析发现，腐败与收入不平等之间体现为一种倒"U"形曲线的关系，即：高收入国家的腐败与收入不平等之间正相关，低收入国家的腐败与收入不平等之间负相关。其中，按照李等（Li 等，2000）的分析，腐败与收入不平等之间存在倒"U"形曲线关系的主要原因是：低腐败国家中的寻租收益很低，人们将会专注于现代部门的生产活动，结果使经济增长和平均收入达到一个高水平均衡，全社会的收入分配会更平均；高腐败国家中的寻租收益高过了其他生产性活动，人们会选择从事更多的寻租活动，这将会降低现代部门的生产率，直到其同传统部门的生产率相等，结果使经济增长和平均收入达到一个低水平均衡，全社会的收入分配也比较平均；中等腐败国家的经济增长和平均收入则同时存在高、中和低三种均衡，结果是收入分配比低腐败国家和高腐败国家更加

① Blackburn, K., G. F. Forgues-Puccio, "Distribution and Development in a Model of Misgovernance", *European Economic Review*, Vol.56, No.6, 2007, pp.1534–1563.

② Li H., L.Xu, H.Zou, Corruption, "Income Distribution, and Growth", *Economics and Politics*, Vol.12, No.2, 2000, pp.155–82.

③ Chong A., C. Calderón., "Institutional Quality and Income Distribution", *Economic Development and Cultural Change*, Vol.48, 2000, pp.761–786.

不平等。此外,在相关文献中,我们还可以发现有人采取不同于上述用主观调查指数来度量腐败水平的方法,而采用一种客观指标度量腐败,进而分析这种腐败与收入不平等的关系。如格莱塞和萨克斯(Glaeser 和 Saks,2006)①、丁哲尔和古娜拉(Dincer 和 Gunalp,2008)②以及阿佩吉斯等(Apergis 等,2010)③在对美国腐败问题的研究中使用了被判决犯有腐败犯罪的政府官员人数这一客观指标来度量腐败,结果同样发现腐败是导致美国收入不平等的一个重要原因。

以上把寻租或腐败作为收入逆向转移,进一步分析其对收入不平等的影响,是对收入逆向转移研究的国外文献梳理。国内研究逆向收入转移的文献虽然不够丰富,但也有一些对我们的研究很有参考价值的资料。国内对收入逆向转移的研究主要体现在如下几个方面:

首先是对寻租或腐败的研究。这是体现收入逆向转移的一个典型事实,因此也是有关收入逆向转移研究文献的一个重要方面。中国在经济转轨过程中,寻租或腐败问题给中国的经济、政治和社会都造成了比较大的影响。寻租或腐败所造成的经济损失,一定会影响到收入分配。如陈宗胜等(2001)将寻租或腐败引起的收入称为非法非正常收入,并分析了这些收入对分配差距造成的影响。他们不仅测算了各种非法非正常收入对中国城乡居民收入差距的影响程度,而且还对体制转轨时期非法非正常收入的发生机理给出经济学解释。最终得到的一个结论是,各种非法非正常收入是导致全国居民收入差距"非正常扩大"的基本因素,而市场化改革过程中不可避免出现的"制度缺陷"

---

① Glaeser E.L.,R.E.Saks.,"Corruption in America",*Journal of Public Economics*,Vol.90,NO.6,2006,pp.1053-1072.

② Dincer O.C.,B.Gunalp,Corruption,"Income Inequality,and Poverty in United States",*FEEM Working Paper*,No.54,2008.

③ Apergis N.,Dincer O.C.,Payne J.E.,"The Relationship between Corruption and Income Inequality in U.S.:Evidence from a Panel Cointegration and Error Correction Model",*Public Choice*,Vol.14,No.2,2010,pp.125-135.

是滋生这种非法非正常收入增长的根本原因。① 而陈刚采用中国各省的经验数据,多角度地考察了腐败对中国各部门内部以及部门间收入不平等的影响,同时还考察了腐败对不同来源收入集中率的影响。他的研究显示,腐败对中国城镇内部和农村内部居民的收入不平等有着显著的影响,同时,腐败主要是扩大了高收入组和低收入组居民间的工薪收入和转移性收入不平等。

其次是对收入逆向转移的测度研究。收入逆向转移的规模到底有多大?这是一个人们十分关心但又难以统计的一个数据。王小鲁是对该问题感兴趣并努力去测度的学者代表。早在 2005—2006 年,他带领一个课题组在全国各地几十个不同规模城市进行了城镇居民收入和消费调查。在此基础上,他发表了题为《我国的灰色收入与居民收入差距》的研究报告。在这个报告中,作者推算在中国 2005 年的城镇居民可支配收入中,高达 4.8 万亿元没有反映在居民收入统计数据中,成为隐性收入,并主要发生在高收入阶层。通过对城镇居民分组收入数据进行校正,发现在包括了隐性收入后,城镇最高收入和最低收入各 10% 家庭之间的收入差距从 9 倍扩大到了 31 倍;全国居民最高收入和最低收入各 10% 家庭之间的收入差距从 21 倍扩大到了 55 倍。②

最后是对收入逆向转移发生的领域研究。目前,学术界对收入逆向转移的研究多集中在再分配领域。如杨灿明(2010)提出要警惕税收对个人收入分配的逆向调节。③ 他具体分析了税收对个人收入分配逆向调节的一些表现。以个人所得税为例,无论是源泉代扣,还是主动申报缴纳,都体现出对博弈能力最差的工薪阶层不利,结果是普通工薪阶层成为缴纳个人所得税的主力军。而且个人所得税还存在三个问题:一是只对劳动收入采用超额累进税率,对非劳动收入则采取全额比例税率;二是劳动收入中对费用的扣除过于简

---

① 陈宗胜、周云波:《非法非正常收入对居民收入差别的影响及其经济学解释》,《经济研究》2001 年第 4 期。

② 王小鲁:《我国的灰色收入与居民收入差距》,《比较》2007 年第 7 期。

③ 杨灿明:《警惕税收对个人收入分配的逆向调节》,《中国社会科学报》2010 年 7 月 1 日。

单化,没有考虑家庭和赡养人口等因素;三是较少考虑收入与经济增长、物价变动之间的互动关系。这些都会在不同程度上产生对收入分配的逆向调节作用。此外,中小企业税负过重也存在逆向调节收入的倾向。本来中小企业数量多的国家或地区,其贫富差距会较小。因为中小企业,特别是小企业多是劳动密集型企业,这对于增加就业、提高低收入者收入水平、改善分配格局有着非常重要的作用。但是,由于中国的中小企业要承担增值税、营业税、企业所得税等,税收负担过重,从而不仅挤占了企业的利润空间,而且也抑制了企业员工收入、福利的增长。还有学者对收入再分配过程中的逆向转移进行了经验分析。如杨天宇(2009)采用广义熵指数及其区域分解、收入来源分解方法,对中国居民收入再分配引起的逆向转移现象进行了实证分析。[①]　他认为,中国现阶段的转移性收入不仅没有起到缩小居民收入差距的作用,反而扩大了全国、农村内部和城乡之间的居民收入差距。就其形式来说,各地区经济发展水平的差异所导致的转移性收入差距,以及城乡分割的收入再分配制度导致的城乡转移性收入分配的不平等,即城镇居民能得到较多的政府转移性支付,而农村居民得到的政府转移性支付较少,这是导致中国居民收入再分配中出现逆向转移现象的重要原因。对收入再分配的逆向调节,还有学者针对社会保障的收入转移功能进行了经验分析。如邓大松和仙蜜花(2013)以东部12个省市的数据为基础进行了社会保障转移支付对收入分配差距的调节效应研究[②],他得出的结论是,社会保障转移支付拉大了东部农村地区居民之间的收入差距,而东部农村地区间包含的转移性收入分配差距对整个东部区域内居民收入分配差距的影响在逐渐减弱;社会保障转移支付整体上缩小了东部地区城乡居民之间收入不平等程度,但对整个东部地区居民间收入分配差

---

①　杨天宇:《中国居民收入再分配过程中的"逆向转移"问题研究》,《统计研究》2009年第4期。

②　邓大松、仙蜜花:《社会保障转移支付对收入分配差距的调节效应——基于东部12个省市的实证研究》,《社会保障研究》2013年第6期。

距不平等的影响不断加剧。总之,社会保障对居民收入分配调节的功能并没有充分发挥出来,甚至由于社会保障的不平等造成一定程度的逆向调节。

以上围绕收入分配进行的拓展性文献综述,在一定程度上涵盖了研究收入分配涉及的所有内容。在理论上,对收入分配的研究主要体现在两个方面,并因此形成了收入的功能性分配和规模性分配。前者实际上研究的是收入分配的根据,后者则研究的是个人收入分配差距。收入分配虽然作为广义生产过程的一个环节,但人们更多关注的却是它包含的效率与公平关系。这三大方面几乎可以把研究收入分配的绝大部分观点涵盖进去。然而,对收入分配中的一种现象,学界的关注并不算多,但它在我们现实生活中普遍存在,并成为影响收入分配的一个重要因素。这种现象便是收入的逆向转移问题。本书正是基于这样的现象,并主要从中国的实际出发,来分析这种收入逆向转移对分配差距的影响机理,以此寻求控制收入逆向转移发生的途径和对策。

第一章 收入分配的概念和理论

收入分配是经济学始终关注的一个重要命题。在漫长的经济思想史演进中,围绕收入分配的研究形成了一系列重要的概念和理论。这些概念和理论不仅是对过去收入分配事实的总结和概括,而且也是对新的收入分配事实进行研究的出发点或基础。收入分配的概念是进行收入分配现象描述的出发点,而收入分配的理论则是用来解释收入分配现象的根据。因此,任何有关收入分配的研究都必须建立在一定的概念和理论的基础上。

第一节 收入分配的概念

一、收入的初次分配和再分配

收入分配体现为一个过程。这个过程的最简单形式就是初次分配和再分配。人们在直接生产活动中所获得的收入,并不是自己的最终收入,只有在经过一系列的再分配之后才能说自己究竟获得了多少收入。如果用概念对这种现实加以概括,那么就是初次分配和再分配。

(一) 初次分配

收入分配是人类社会生产过程中的一个中介环节,或者说是从生产到消费的中介环节。人类合作生产的产品必须通过分配才能成为人们的消费品。随着人类社会发展，这种分配本身也变得越来越复杂，一个表现便是，分配被分成不同的层次，即收入的初次分配和再分配。

初次分配是人们合作生产的产品（或收入）在各生产要素所有者之间进行的分配。人类社会的任何生产活动都离不开各种生产要素共同发挥作用。正如马克思所讲的："劳动过程的简单要素是：有目的的活动或劳动本身，劳动对象和劳动资料。"①在劳动过程中，这些要素都是不可或缺的。它们在生产产品的过程中都作出了各自的贡献。但是，当谈到对这些要素合作生产出来的产品分配时，问题就变得更为复杂了。因为作为分配的主体一定是某种人或组织，而这使得产品分配与要素贡献并不是一个统一的问题，即只有要素为某个人或组织占有时，要素的贡献才可能成为要素所有者索取部分产品的根据。这样的结果，又是一个历史现象。在土地和劳动资料公有的时代，劳动是唯一的私有要素，这时劳动产品全部属于劳动者。当土地和劳动资料或资本逐步成为私人占有的要素时，产品分配就不再为劳动者独享了，土地所有者和资本所有者都会根据自己对土地和资本的占有要求获得部分产品。当然，历史中的这一变化会很复杂，不过，人类合作生产的产品分配表现为随合作的形式和性质变迁而越来越复杂。初次分配的形式也越来越多样化。

初次分配基于合作生产者之间的产品或收入分配，有着不同的形式。从基本要素出发，这些形式有劳动者获得的工资、资本所有者获得的利润和土地所有者获得的地租。

工资作为劳动的报酬，一直以来都是人们约定俗成的说法。只是到了马克思对古典经济学的劳动价值论做了根本性改造后，才得以认识工资本质。在资本主义社会，工人出卖自己的劳动力给资本家，并在资本家的指挥下劳动，工人为资本家劳动，资本家付给工人工资，工人根据自己给资本家劳动的

---

① 《马克思恩格斯文集》第5卷，人民出版社2009年版，第208页。

时间获得工资。这种表象上的平等,造成一种假象,好像工人出卖给资本家的是劳动,而不是劳动力,工资也不是劳动力的价值或价格,而是劳动的价值或价格。尽管马克思为我们揭示了工资的本质,但是在定义工资时,人们还是把它作为劳动的报酬来看待。在西方主流经济学家那里,他们以对立于劳动价值论的要素价值理论为基础,把工资看作是劳动的贡献,并与资本、土地的贡献所获得利润和地租同等看待。对工资的这两种不同的理解,一方面包含着意义上的区别,另一方面也体现出围绕工资的不同的公平观。

利润是与资本相联系的一种初次分配形式,或者说是资本的报酬。然而,要对利润进行深入理解,就会发现它所具有的意义非常复杂。在我们熟悉的马克思主义政治经济学中,利润被看作是剩余价值的转化形式,或者说是剩余价值转化为利润。马克思对资本主义生产方式的研究,其核心是分析资本雇佣劳动力进行资本主义生产的内在规律。资本雇佣劳动力从事生产,其唯一的目的是获得劳动创造的剩余价值,而且是最大限度地获得剩余价值。当然,理解马克思对资本关系的这一解释,必须建立在马克思对古典劳动价值论发展的基础上。尽管马克思把剩余价值看作是资本从劳动创造的价值中所获得的一部分剩余,但他也没有无视资本主义经济活动中,人们把资本与利润相联系的现实。正像他对工资的关注一样,利润作为剩余价值的表象与资本也确实有形式上的关系。但马克思是在分配的意义上建立起资本与利润的关系,即资本家投入资本是必须要获得收入的,而且还要求等量资本获得等量利润。这与价值的创造没有任何关系。然而,在西方主流经济学那里,利润具有的意义大不相同,而且也比较复杂。利润的概念与工业组织的某种形态有关。在亚当·斯密创立英国古典经济学的时候,股份公司相对来说并不重要,企业主使用自己的资本雇佣劳动或从别处租来土地进行生产。管理的功能主要集中在资本家手中。在这些条件下,产业经理人的收入和资本的所有权结合在一起,这决定了所有经典著作中,利润被作为统一的资本收入来看待,也就是说,在早期的利润概念中,没有将利润与利息区别开来。当工业组织的形态发生了变化,企业主的资本并不是自己积累,而是通过借贷获得;或者在股份公司的形态下,资本家和企业家的分野越来越清楚。如此,利润的概念被赋予新的意义,也就是将过去混合的利润区别开来,只是把利润与企业家联系起来,并把它作为企业家承担风险的一种收入。资本家以其投入的资本获得利息(或股息)。工业组织形态对利润的影响还不仅仅如此。随着工业垄断组织的出现,利润又有了新的形式,即垄断利润和正常利润。垄断利润是借助垄断组织获得的一种利润。所谓垄断,是把一个或几个经济部门的大部分商品的生产或销售掌握在极少数大企业手中,为了规定垄断价格、控制原料和销售市场,获取高额垄断利润,达成协议而实现的同盟和联合。这意味着垄断利润具体是通过垄断价格实现的一种利润。从形式上来看,垄断利润包括企业从卖方垄断或买方垄断中所直接获得的一切增量。正常利润与垄断利润相对应,可以称为是在不存在垄断情况下资本所有者获得的一种利润。对这种利润的理解也不相同。在马克思经济学那里,正常利润也就是平均利润,是任何资本按照等量资本获得等量利润的原则所取得的利润。但在西方经济学那里,正常利润则被看作是成本的一个组成部分,是资本的一种报酬。我们一般所说的利润,也多是在这个意义上讲的。

地租是与土地相联系的一种初次分配形式。地租作为土地所有者获得的一种报酬,是经济学说史上广泛讨论的一个命题。对地租的理解在不同经济学家那里表现出不同的观点。在经济学的创始人亚当·斯密看来,地租就是工人劳动所创造的生产物价值的扣除部分,是土地被私人占有后的产物。同时,他也认为,地租是农产品垄断价格的结果,或者说,由于垄断,农产品的出售价格,除了足以补偿生产所耗资本和提供平均利润外,还会有剩余,这种剩余就形成了地租。至于这种垄断源于什么,他并没有明确回答,但已经感到土地所有权的垄断,是形成资本主义地租的直接原因。不过,这些并没有完全概括斯密关于地租的全部理解。他还认为地租是自然力发生作用的结果,或者说,地租就是由农业中所特有的自然生产力所提供的收益形成的。

这样看来,亚当·斯密对地租的理解有些混乱,但这是作为经济学创始人应有的一个特点。在经济学还不完全确定自己的研究对象时,研究的多样性可能更有利于经济学的发展。对此,我们在斯密的经济学中可以看到许多类似的情形,如价值论等。在斯密那里,我们虽然看不到一个确定的关于地租的界定,但是,他对地租的理解无疑为后来经济学家的地租理论提供了不同的研究取向。

马克思是斯密地租理论的继承者之一。当然,作为过渡的大卫·李嘉图地租理论对马克思的影响更大。马克思从他发展了的劳动价值论出发,对地租作出一种新的解释。他认为,地租是土地所有者凭借土地所有权获得的一种收入。这种收入来源于对土地的私有权垄断。土地所有者把土地租给农业资本家,农业资本家投资并雇佣农业工人耕种土地,最终将他占有的农业雇佣工人创造的剩余价值的一部分交给地主,这便是地租或资本主义地租。由此可以看出,马克思继承了斯密的地租的土地所有者或垄断的根据,而放弃了斯密关于土地的自然生产力形成地租的观点。

但是,新古典经济学却看中了斯密把地租看作是土地自然生产力所提供的收益的观点,并在一种效用价值论或边际生产力理论的基础上把地租作为土地创造的一种价值或土地边际生产力所创造的价值。因此,地租来源于土地这一生产要素所创造的价值,而且最终取决于土地的边际生产力的大小。

如此,地租作为土地所有者的报酬,这是地租所具有的一般意义。但根据地租的来源,还可以赋予地租特殊的意义。这贯穿于经济思想史并为不同的经济学家所研究。

以上可以说是对初次分配具体形式的典型分析。工资、利润和地租构成初次分配的基本内容。不过,初次分配除了这些典型形式外,还有一些新的形式。随着技术、知识和管理作为生产要素的重要性越来越突出,技术、知识和管理的拥有者也会得到一定的收入。但这些收入不同程度地体现为劳动者的一种特殊收入,因此,可以通过对劳动者的划分来看待这些收入。

（二）再分配

收入的再分配是在初次分配基础上进行的一种收入重新分配。对收入再分配的理解需要明确一个前提，就是对初次分配范围的界定。因为确定的初次分配界限不同，再分配的意义也不相同。初次分配的范围也是经济学或国民经济核算的一个重要问题。传统的社会主义国家根据马克思主义再生产理论，从劳动的生产性质出发，将国民经济划分为物质生产领域和非物质生产领域，只有物质生产领域才创造国民收入，而非物质生产领域投入的社会劳动，只能转移其价值而不创造新价值，因而也不创造国民收入。这就是说，按照马克思主义再生产理论，对物质生产领域所创造国民收入进行的分配属于初次分配，而从事非物质生产领域的人们只有通过再分配来获得收入。与建立在马克思主义再生产理论基础上的物质产品平衡体系不同，市场经济国家普遍采用的是国民收入核算体系，即国民经济账户体系。它是以西方经济理论为基础，将国民生产总值作为核算国民经济活动的核心指标，认为一国国民在一定时间内创造的物质产品和提供的服务构成国民收入的物质内容，而其价值总和就构成国民生产总值。在这个体系下，初次分配的范围要大于物质产品平衡体系下所核算的国民收入，不仅包括物质产品，而且也包括各种服务。如此，再分配的范围相对物质产品平衡体系要小一些。这意味着在不同的国民经济核算体系下，对再分配可以有不同的理解。

在对初次分配进而对再分配的范围加以界定的基础上，我们可以对再分配本身进行界定。撇开再分配范围的区别，再分配在一般的意义上可以界定为，在初次分配结果的基础上，各收入主体之间通过各种渠道实现收入再次分配的过程，或者是政府对要素收入进行再次调节的过程。再分配的这一一般性界定，可以在不同的国民经济核算体系下取得不同的形式。

在物质产品平衡体系下，再分配虽然也是指在初次分配基础上进行的社会范围内收入的重新分配，但其实现的形式却有自己的特殊性。具体包括：

(1)国家预算。这是指经过法定程序审核批准的国家年度集中性财政收支计划,也是国民收入再分配的一个重要渠道。简单地讲,国家预算是通过国家进行的一种国民收入再分配。在初次分配的基础上,国家按照一定法律规定和法律程序向个人和企业收缴税金,形成国家的预算收入,然后再以预算支出的形式,用于社会管理、生产和非生产部门的费用开支,以及建立社会后备基金和社会保障基金等。之所以要通过国家预算进行再分配,是因为在整个社会领域内,除了物质生产领域外,还有许多非物质生产领域,如文化、教育、医疗、行政、国防和社会团体等。它们虽然不创造社会总产品或国民收入,但对于物质资料生产领域来说,它们都是不可或缺的。这些部门的运行及人员的生活需要各种耗费、工资等,为此,必须通过国民收入再分配来予以满足。(2)劳务费用。这是指在社会经济生活中,各种非生产性劳务借助向物质资料生产部门提供的服务而从这些部门取得的收入。这一再分配形式是物质产品平衡体系区别于国民收入核算体系的最主要再分配形式。因为,在国民收入核算体系中,这种劳务费用也是构成国民收入的一个部分,属于初次分配的范畴。(3)价格杠杆。这是指在初次分配的基础上各生产单位或个人通过商品价格的高低变化实现的一种收入转移。例如,农产品价格上升或农业生产资料价格下降会相应地增加农民的收入;生产资料的价格上升或下降会实现收入在生产资料供需者之间转移;消费资料的价格上升或下降则会实现消费资料供需者之间的收入转移。(4)银行信贷。信贷作为一种资金或收入再分配的途径,是指银行等信贷机构通过存款吸收社会闲置资金,再通过贷款把资金借给有关的单位或个人,从而实现资金的再分配。同时,银行的存贷款所支付的利息,也使一部分国民收入在银行、企业和个人之间进行了再分配。这种在物质产品平衡体系中表现出来的再分配的各种形式,与国民收入核算体系中的再分配形式有所不同。

在国民收入核算体系中,再分配也是在初次分配的基础上进一步在各收入主体之间进行的重新分配。不过,其表现为另外一些形式:(1)收入税。这是指居民和企业等各收入主体对在一定时间内取得的初次分配收入依法支付的所得税、利润税、资本收益税等。政府以此对企业和个人的初次分配收入进行调节。(2)财产税。这是指居民等财产拥有者根据其财产状况,依法缴纳的动产税和不动产税等,政府以此对居民财富进行调节。(3)社会缴款。这是指居民为维持当前和未来福利,保证在未来各个时期所获得福利不变而对政府组织的社会保险计划或各单位建立的基金所缴纳的资金,如失业保险、养老保险、医疗保险等。(4)社会福利。这是指居民从政府获取的、维持最基本生活的收入,如社会保险福利金和社会救济金等。(5)其他转移收支。这包括政府内部转移收支、本国政府与外国政府、国际组织之间的援助、捐赠、会费缴纳等,对私人非营利性机构的捐赠、赞助等转移收支;居民之间的内部转移收支。

二、收入的功能性分配和规模性分配

收入的初次分配和再分配是对分配过程的一种概括。这是研究收入分配的一个重要角度。对收入分配的研究还有其他的角度,以研究收入分配根据和结果为取向有功能性分配和规模性分配的区别。

(一)功能性收入分配

功能性收入分配是从分配依据的角度对收入分配的一种概括。就其内容来说,它与初次分配属于同一层次的概念,并且有着相同的形式。功能性收入分配概念的提出,旨在把各生产要素在生产中所发挥的作用与获得的收入联系起来,并且突出收入分配的功能而不是收入分配本身。因此,我们虽然也可以看到功能性收入分配在形式上也体现为工资、利润、地租等,但其突出的问题有所不同。有人就此提出,功能性分配的分析是发展经济学的核心问题之一。[1]

---

[1] [日]速水佑次郎:《发展经济学——从贫困到富裕》,李周译,社会科学文献出版社2003年版,第190页。

　　功能性收入分配的概念在古典经济学家那里就成为一个重要的研究对象。在古典经济学中,大卫·李嘉图把收入分配作为经济学的研究对象。他在 1820 年 10 月 9 日致马尔萨斯(Thomas Robert Malthus)的一封信中指出:"足下以为经济学是研究财富之性质与本源之学。鄙意以为:经济学只研究社会各阶级通力合作所产生的产物,以何法则,分配于各阶级。关于数量,实在并无法则可言,但关于分配比例,倒可以找出一个相当正确的法则。我愈来愈觉得,追求前者是劳而无功的,后者才是经济科学之真正对象。"①在李嘉图看来,经济学研究的主要对象应该是:社会化生产的产物,根据怎样的法则在各生产要素所有者之间进行分配。这其中包含的一个问题便是,如何确定分配的法则? 李嘉图把国民收入划分为三类,即作为劳动报酬的工资,资本报酬的利润和土地报酬的地租。他的分析集中在国民收入是如何通过三种要素的功能性分配而在社会中的三个阶级,即劳工、资本家和地主之间分配的。如果说李嘉图赋予功能性分配的原始意义,那么在此起点上不断拓展的功能性分配研究又增加了其更多的意义。

　　功能性收入分配最集中的分析体现在新古典经济学的收入分配理论中。新古典经济学继承了古典经济学的一个核心思想,即如何把具有稀缺性的资源有效地配置到各种用途。这无疑是经济学研究的一个重要命题,它不仅关系到生产发展和财富创造问题,而且可以达到西方经济学研究的阶级性目标。把收入分配与各生产要素在生产中所发挥的作用联系起来,无疑消除了分配中的剥削甚至是不公平问题,从而得出了资本主义经济社会是和谐的这一结论。如新古典经济学的边际生产力理论所分析的,在生产中的各要素共同发挥作用创造了一定物质产品,对这些物质产品进行分配必须以它们各自所作出的贡献为依据,而且在确定这种贡献时,应按照它们各自的边际生产力来衡量。如:工人获得工资是工人的边际劳动所创造的产

---

　　① 　[英]凯恩斯:《就业利息和货币通论》,徐毓枬译,商务印书馆 1983 年版,第 8 页。

品与该产品价格的乘积;资本家获得利润是资本的边际生产力所创造的产品与该产品价格的乘积;地主获得地租是土地的边际生产力增加的产品与该产品价格的乘积。如果有新的要素加入生产过程,其获得收入也同样适用这一原理。

总之,对功能性收入分配的一个基本界定是,按生产要素对生产增加值的贡献度量劳动、资本、土地等生产要素的相对收入。对功能性收入分配概念的使用多在探索收入分配差距的原因时,或以起点公平、机会公平的视角关注收入分配时。

(二) 规模性收入分配

规模性收入分配是对收入分配结果的一种概括。规模性收入分配与功能性收入分配相对应,但也是由功能性收入分配所决定的。从某种意义上讲,规模性收入分配是对分配结果的一种概括。社会生产所创造的产品或价值按照各要素在生产中的贡献进行分配,从而形成个人或家庭之间的收入结构。这种结构经过再分配的调节,最终又形成一种按照收入规模等级分布的结构。这不仅作为个人或家庭消费的基础,而且还表现出一定的差距。因此,规模性收入分配更具体的形式便是收入分配差距。高收入者凭借丰裕的收入可以充分地享受生活,并且在社会结构中处于较高的地位;低收入者则因为收入少而生活艰难,且在社会结构中处于较低的地位。正是这样的现实,使人们在直观上更加关注这种规模性收入分配。

基于规模性收入分配的最终落脚点是收入差距这一事实,界定规模性收入分配就变成对收入差距的一种测度。然而,当我们把问题指向这一点时,就会发现其多样性特征十分明显,经济学家们给予收入差距的界定是五花八门的。仅仅列一个清单,就会使人们感到炫目,如极差、标准差、变异系数、对数方差、库兹涅茨指数、阿鲁瓦尼亚指数、基尼系数、泰尔指数等,除了这些综合性指标外,还有一些数量级指标,如十分位比,即收入分配中前10%人群的平均收入与最后 10% 人群的平均收入的比值。

在衡量收入差距的众多指标中,人们比较常用的是基尼系数。它经常出现在官方报告和公共辩论中,并俨然成为收入分配差距和不平等的代名词。对基尼系数的测度有许多种方法。比较简单的一种便是按照分位数函数或洛伦兹曲线,将它看作是洛伦兹图形的数字化表现方式,即洛伦兹图形中洛伦兹曲线与 45 度平均线之下面积的比值。计算的结果是在 0—1 之间变动的数字,0 表示一种完全平等的状态,即所有人获得的收入是相同的,1 表示绝对不平等的状态,即所有的收入被一个人占有。而在 0—1 之间的其他数字表示平等或不平等的不同状态。基尼系数和其他综合指标常常把劳动不平等和资本不平等混淆起来,而这两种不平等所起作用的经济机制不同,它们形成的理由也不相同。

基于对基尼系数等综合指标的这一认识,法国经济学家托马斯·皮凯蒂(Thomas Piketty)在他的《21 世纪资本论》中提出了一种分配表的方法来分析个人收入分配的差距。分配表显示的是收入和财富金字塔各自最顶端 10% 和 1% 人群在总收入和总财富中的比重。皮凯蒂认为,分配表非常有价值,因为它会使人注意组成当前层级的各个社会群体的收入和财富水平。这些层级用现金数量来表示,而不是难以理解的人为统计指标。分配表让我们更具体地了解社会不平等,也能充分认识研究这些问题所使用的数据及其局限性。①

总之,规模性收入分配概念的核心在于使人们能够较为准确地了解收入在不同人群中的分布状况。因此,当人们更加注重分配的公平性特别是结果的公平性时,规模性收入分配会更多地进入经济学家的视野,也会有更加丰富的理解。

---

① ［法］托马斯·皮凯蒂:《21 世纪资本论》,巴曙松等译,中信出版社 2014 年版,第 270 页。

三、收入的正向转移和逆向转移

这是本书研究涉及的两个核心概念。人们获得收入可以有不同途径,从大的方面来说有两种:一是通过自己在生产财富中所作出的贡献获得收入;二是人们之间直接或间接地进行的收入转移。前者实际上就是收入的初次分配,后者则较为复杂,表现出来的形式也多种多样。归纳起来,这种收入转移有正向和逆向之分。

(一) 收入正向转移

收入转移是收入分配的一个重要组成部分。广义的收入转移包括除人们在直接生产活动中所获收入之外的所有其他收入。任何社会的生产活动都只是全部社会活动的一部分,因此,通过生产所创造的物质财富并不完全由从事生产的人们占有,收入转移便是那些没有直接参与生产活动的人们获得收入的一种途径。由于在不同的国民经济核算体系下,对创造价值的活动有不同的界定,因此,我们在讨论收入转移时,首先需要确定以哪一个国民经济核算体系为前提。鉴于市场经济体制在当下的普遍性,我们把国民收入核算体系作为分析收入转移的出发点。如此,收入转移主要是指通过政府这一中介实现的收入再分配。当然,这并不是收入转移的全部。在任何一个经济社会中,都不同程度地存在着一些通过社会组织或民间直接进行的收入转移,这使得收入转移变得较为复杂。从收入转移的性质来看,一些收入转移或者是有利于实现整个社会的顺利运行,或者是用来实现社会公平正义。因此,我们将这样的收入转移称为正向转移。就其形式来说:一是通过政府实现收入正向转移,也就是前面我们讨论的收入再分配;二是通过一定的社会组织或民间组织直接进行的收入正向转移,如慈善机构等。收入再分配我们已做了界定,这里主要讨论一下收入正向转移的慈善形式。

慈善是一个历史悠久的概念。在中外历史上都可以追溯到古代。无论是古希腊、罗马时期,还是中国的春秋战国时代,慈善都是思想家们所倡导的,也是统治阶级在某种情况下所推动的事业。中国的慈善思想源远流长,先秦时期的诸子百家有过较为丰富的论述。孔子和孟子就讲过,"老者安之,朋友信之,少者怀之""老吾老以及人之老,幼吾幼以及人之幼""出入相友,守望相助,疾病相扶持"。"慈善"一词在西方可以追溯到古希腊时期,"慈善"一词的英文叫作"Philanthropy",就来源于古希腊语,其本意是"人的爱"。当然,我们这里使用"慈善"一词所表达的收入正向转移并不主要是追溯它的词源学意义。做这样一个追溯可以看到它具有实现社会公平正义的属性。而现代社会的慈善或慈善事业则是有益于社会或人群的社会公益事业,是政府主导的社会保障体系的一种必要补充,也是收入转移的一种重要形式。著名经济学家厉以宁把慈善放到社会分配体系下加以认识,他认为社会分配可以分成三个层次:第一层次是以竞争为动力的分配,即根据能力大小决定收入多寡;第二层次是以公平为原则的分配,即通过社会保障、社会福利进行再分配;第三层次是以道德为动力的分配,即有钱人自愿把钱分给穷人,也就是慈善事业。如此,慈善或慈善事业是以社会成员的慈善心为道德基础,以社会成员自愿捐赠为原则的一种物质或收入转移。通过慈善事业,社会实现了财富的重新分配,不仅可以调节社会利益,而且也可以起到梳理社会人际关系、缓解社会矛盾、稳定社会秩序的作用。

(二) 收入逆向转移

从整个社会的生产和再生产运行秩序来看,收入转移是分配体系不可或缺的一个组成部分,随着社会不断发展,收入转移在分配体系的地位越来越突出。然而,在收入转移中除了为保障经济社会正常运行以及社会公平正义的正向转移外,还有许多与这一目的相反的收入逆向转移现象。由于这一现象比较复杂,表现出来的形式也多种多样,因此,对它的理解还没有一个统一的说法。如果与收入的正向转移相对应,那么收入的逆向转移就是干扰或破坏经济社会正常运行并损害社会公平正义的收入转移。收入逆向转移是任何社会都反对的,这决定了其具有隐蔽性。不过,就收入逆向转移的形式来看,它们或者是通过一定政府和组织中介实现的收入转移,或者是民间直接进行的收入转移。前者通常是由于制度本身或执行的漏洞引起的,后者通常是在隐蔽的状态下处于弱势地位的人群向处于优势地位的人群进行的收入转移。属于后者的普遍形式便是寻租或腐败。

寻租是 20 世纪 70 年代以来,一些西方经济学家在分析某些国家的贪污腐败活动时使用的一个概念。寻租的根本问题在于,政府运用行政权力对企业和个人的经济活动进行干预和管制,妨碍了市场的正常竞争,进而创造了少数特权者取得超额收入的机会。之所以把寻租看作是收入逆向转移,一方面是因为干预和管制引起租金被少数特权者通过受贿方式获得,这无疑是一种收入转移;另一方面是因为这种活动不利于市场经济的正常运行,并且也不符合社会公平正义的原则,因此其收入转移的性质是负向的。

对寻租扩展开来理解,可以追溯到租金这一概念。租金是政治经济学的一个重要概念。在经济学发展的历史中,它的外延逐步扩大。在早期经济学家那里,"租金"一词专指地租。到了近代,例如在马歇尔的经济学中,租金泛指各种生产要素的租金,其来源是由于该种要素的需求提高而供给无法相应增加导致的价格提高。在现代经济学的国际贸易理论以及公共选择理论中,租金仍然指由于缺乏供给弹性产生的差价收入。不过,这里的供给弹性不足,已不是基于某种生产要素的自然性质或产权关系所产生,而是由于政府干预和行政管制(如进口配额、生产许可证发放、物价管制等)抑制了竞争,扩大了供求差额,从而形成了差价收入。美国经济学家克鲁格和布坎南(Anne Krueger 和 James M.Buchanan)把借助权力取得这种差价收入的行为称为寻租活动。在现代经济社会中,寻租活动随着政府干预经济的不断加强而变得越来越普遍,并且形成了一种恶性循环的局面。由于政府对经济活动进行管制,增加了官员的干预权力,使得能够接近这种权力的人利用合法或非法手段,通过游说、疏通、找关系等,得到占有租金的特权。在这个过程中,寻租者会向掌握权力的人行贿,使得一部分租金向拥有权力的人集中。在这种利益驱动下,这些拥有权力的人为了不断地获得这种租金,会力求保持原有租金制度或设立新的租金制度。这样由寻租到设租,再由设租到寻租,便产生了一个贪污腐化蔓延的恶性循环。

寻租无疑是收入逆向转移的一种典型形式。它借助权力获得一种不合法的收入,这种收入具有明显的转移性质,而且严重地破坏了市场竞争的秩序,其导致的巨大不公平对社会和政治秩序都造成非常不利的影响。因此,这种收入转移属于逆向转移。如果我们把寻租的机制拓展开来,那么还可以发现许多类似的情形,也具有收入逆向转移的性质,如公共服务领域,由于公共品供给不足,一些公共品提供者借助其稀缺性获得的垄断地位,创造了一种潜在的租金,而公共品的需求者为了获得这种稀缺的资源,也向公共品的提供者转移一定的收入。这种收入不仅非法,而且严重地侵蚀了社会风气,对经济和社会秩序都造成非常严重的影响。因此,我们把这种收入转移也称为收入的逆向转移。

收入逆向转移除了这些特征明显的形式外,还有一些属于制度设计或制度执行缺陷引起的隐性的逆向转移形式。如税收、政府转移支付、社会保障等设计和执行问题导致其并没有发挥扶助弱势群体、实现分配公平的作用,反而造成这些收入向一些处于社会优势地位的人群集中,从而使转移收入的性质发生变化,本来应该实现收入正向转移却变成收入逆向转移。

对于收入逆向转移加以概括,我们可以作出一个基本的界定,收入逆向转移是指一种基于权力或地位而发生的处于社会劣势地位的个体向具有社会优势地位的个体转移收入的分配形式。之所以将这种收入转移赋予逆向的性质,是因为这种转移不仅非法,而且严重地影响着经济、社会和政治秩序的良性运行。如果一个社会的收入逆向转移较为普遍,那么会导致收入差距的扭曲性扩大以及影响人们对社会公正的认同。

第二节　收入分配的理论

一、西方经济思想演化中的收入分配理论

（一）收入分配理论的萌芽时期

西方经济思想的演化缘起于人们对社会经济活动或现象的思考。对人类经济活动最早的思考出现在公元前 5 世纪至公元前 4 世纪。在西方，公元前 5 世纪是古希腊奴隶制经济高度发展的时期，农业、手工业和商业都比较繁荣。在农业和手工业方面，奴隶劳动是经济繁荣的主要动力。如公元前 431 年，雅典人口为 40 万人，其中雅典人 16.8 万人、外邦人 3.2 万人、奴隶 20 万人。基于奴隶劳动的工农业繁荣又推动商品经济的发展。商品经济在希腊奴隶制经济中占有较大比重，这直接成就了希腊城邦的兴盛和繁荣。伴随着经济发展和繁荣，一些出身较好的人开始成为最早的思想家，并对人们的经济活动加以思考，形成了最早的经济思想。在这些经济思想中，主要研究的是财富的生产和管理问题。如最早提出"经济"这一概念的色诺芬（Xenophon），就赋予"经济"以家庭管理的意义。他用"经济"一词来概括奴隶主对生产的经营和财产的管理，也就是说，奴隶主的经济任务就在于管理好自己庄园的财产，并使之不断增加。从色诺芬对经济的理解中，还看不到有关分配的思想。而他之后的学者，包括柏拉图（Plato）、亚里士多德（Aristotle）也都主要关注生产发展和商品交换问题。只是在亚里士多德对公平的论述中，可以看到一些关于分配的论述。他区分了分配性公平和补偿性公平，分配性公平是指社会的财富和荣誉按照各个公民的贡献的比例进行分配。这种分配势必造成不同人之间的收入差距，为此，又需要进行补偿性分配以缩小这种差距。

古希腊时期的经济达到了一个较高的水平，许多思想家对经济活动的思考也比较活跃。但在生产力水平总体较低的阶段，人们关注更多的是如何生

产或增加财富,以及商品交换问题,对分配的关注相对较少。因此,寻求分配理论的源头,只能把这个时期的分配理论看作是一种萌芽。

进入中世纪之后,整个西方经济陷入发展的停滞状态,再加上基督教神学统治,思想也受到禁锢。经济思想只是点滴存在于经院哲学中,如托马斯·阿奎那(Thomas Aquinas)在集中论证上帝存在的前提下提出的公平价格理论,可谓是中世纪经济思想的一个重要体现。但这种公平价格主要阐述的是商品与商品或商品与货币交换之间的均等问题,而没有包含对收入分配的分析。到了重商主义时期,伴随着资本主义的萌芽,资本的原始积累成为这个时期的主要经济活动。因此,如何积累资本的主要形式——货币便成为经济活动的主要目标。而民族国家在西欧的诞生,使得这种原始积累具有了国家的性质。适应这样的现实,这个时期的一些学者探讨通过国家政策积累货币财富的问题。重商主义成为从16世纪初到18世纪中叶西欧的主流经济思想。重商主义的基本思想体现在对货币重视和对获得货币途径的关注。重商主义者认为,只有能实现并且真正实现为货币的东西才是财富,因为财富就是货币,货币就是财富,而国家的经济政策和一切经济活动的重点就在于攫取金银。

对中世纪和重商主义时期的经济思想加以概括,虽然在其中看不到对收入分配的论述,但是这样的状态表明了收入分配理论在相当长的时间里并没有为人们所关注。造成这一局面的主要原因是,在人类社会的相当长的时间里,生产力水平低下,经济发展长期停滞,再加上社会关系的固化,这使得人们对经济活动的关注多集中于财富增长及商品的交换上。在西方经济思想史上,对收入分配的研究及最早的收入分配理论是古典经济学诞生以后的事情。

(二)古典经济学的收入分配理论

古典经济学是近代西方经济学的最早理论形式,也是西方经济思想体系化的最早成果。在17世纪中叶至18世纪中叶,就出现了一批重要学者以摆脱重商主义传统为目的的经济学理论创新,如配第(William Petty)、诺思(Douglass C.North)、休谟(David Hume)、布阿吉尔贝尔(P.Pierre Le Pesant, sieur de Boisguillebert)和魁奈(Francois Quesnay)。但直到1776年亚当·斯密发表了《国民财富的性质和原因的研究》(以下简称《国富论》)这部经济学经典之后,才真正标志着经济学理论突破了重商主义传统,实现了经济思想史上的第一次革命。斯密作为英国古典经济学的创始人,一个里程碑的贡献在于他建立了英国古典经济学理论体系。在这一理论体系中,他为收入分配理论留下一席之地。

斯密的《国富论》主要研究什么是财富,即财富的性质以及如何增加财富。围绕这一内容形成的理论体系包括,生产理论、价值理论、交换理论、分配理论、货币理论、财政理论等。其中分配理论体现在《国富论》的第一部分,即论劳动生产力增进的原因并论劳动生产物自然而然地分配给各阶级人们的顺序。斯密的分配理论是以价值理论为前提的,而他对商品价值的研究,主要是探讨支配商品交换价值的原则,并为自己的研究规定了三项任务,即商品的"真实价格"由什么决定、用什么尺度来衡量;这个"真实价格"由哪些部分构成;什么原因使商品的市场价格与自然价格不一致。就商品真实价格的决定和构成来讲,他借助于商品生产的不同阶段来分析商品真实价格的决定和构成。在简单商品生产中,商品的真实价格是由生产商品时所耗费的劳动决定的。斯密就此指出:"在资本积累和土地私有尚未发生以前的初期野蛮社会。获取各种物品所需要的劳动量之间的比例,似乎是各种物品相互交换的唯一标准。"[1]不过,如何理解这种劳动是斯密价值理论的分歧点或混乱处。劳动首先是生产商品时所耗费的劳动,但这种劳动的量决定于在商品交换时购买到的劳动量。人们之所以在这两个劳动量上有不同的认识,主要是因为对价值和交换价值的区别。在斯密那里,价值和交换价值是一种包容的关系,即价值体现为

---

[1] [英]亚当·斯密:《国民财富的性质和原因的研究》(上卷),郭大力、王亚南译,商务印书馆1972年版,第42页。

使用价值和交换价值。如果价值是用来交换的,那么价值和交换价值就是统一的,而从交换价值的角度看,决定商品交换价值的是能购买到的劳动。这在简单商品生产条件下,又与生产商品时所耗费的劳动是相等的。因此,在亚当·斯密那里看似矛盾的两种劳动其实是统一的。不过,到了资本主义商品生产时,商品的真实价格的决定因素就发生了变化。在斯密看来,劳动决定价值,只体现在资本主义以前的简单商品生产和交换,而不适用于资本积累和土地私有的资本主义商品生产和交换。在资本积累和土地私有的资本主义社会里,劳动的全部生产物未必都属于劳动者,还要与雇佣劳动者的资本所有者和地主分享。正如他指出的:"资本一经在个别人手中积聚起来,当然就有一些人,为了从劳动生产物的售卖或劳动对原材料增加的价值上得到一种利润,便把资本投在劳动人民身上,以原材料与生活资料供给他们,叫他们劳作。"①而"劳动者对原材料增加的价值,在这种情况下,就分为两个部分,其中一部分支付劳动者的工资,另一部分支付雇主的利润,来报酬他垫付原材料和工资的那全部资本"②。此外,"一国土地,一旦完全成为私有财产,有土地的地主,像一切其他人一样,都想不劳而获,甚至对土地的自然生产物,也要求地租"③。于是,商品的真实价格已不单纯由生产商品时所耗费的劳动构成,而是由工资、利润和地租三种收入构成,也就是三种收入之和决定了商品的真实价格。

可见,斯密的分配理论把资本主义生产领域的分配或初次分配划分为三个部分,即工资、利润和地租。但是,斯密又不是独立地研究分配本身,而是从商品真实价格决定的角度来分析分配问题,因此可以说,斯密的分配理论是其价值理论的延伸。斯密的价值理论包括两个部分,一个是关于价值尺度的理

---

① [英]亚当·斯密:《国民财富的性质和原因的研究》(上卷),郭大力、王亚南译,商务印书馆1972年版,第42页。

② [英]亚当·斯密:《国民财富的性质和原因的研究》(上卷),郭大力、王亚南译,商务印书馆1972年版,第43页。

③ [英]亚当·斯密:《国民财富的性质和原因的研究》(上卷),郭大力、王亚南译,商务印书馆1972年版,第44页。

论,另一个是关于价值源泉的理论。对于价值尺度,亚当·斯密始终坚持商品价值由购买到的劳动决定。这一观点与他所处的时代特征有关。在他生活的时代,劳动的工资基本稳定在维持工人生存的水平上,并且比其他所有商品更稳定,因此,选择购得的劳动作为价值尺度有一定的合理性。关于价值源泉,实际上是一种生产成本论,只是在假设简单商品生产中,土地和资本都无须付费的条件下,这种生产成本论才与劳动价值论相统一。因此,在斯密的分配理论中,或者在他的初次分配理论中,并没有渗透关于分配公平性的讨论。这一点直到大卫·李嘉图那里才发生了改变。当然,全面地总结斯密的分配理论还不能忽略他对收入再分配的分析。对此,他在《国富论》的第五部分论述君主或国家的收入中,分析了国家收入和支出问题,也就是收入的再分配问题。国家因为要承担保护社会不受其他国家侵犯,并尽可能地保护社会上各个人不受任何其他人的侵害或压迫,以及维持并建设某些公共事业及某些公共设施,需通过赋税的形式向地租、利润和工资收税,形成国家的收入,并用于国家所承担的各种功能。

对于斯密的分配理论,我们用了较多的笔墨加以介绍和分析,这主要是因为作为古典经济学的重要创始人,他的所有理论都成为后来经济学发展的出发点,当然,他的分配理论也具有这样的意义。以斯密的分配理论为出发点,古典经济学的分配理论在李嘉图那里得到了新的发展。而这一发展又有着深刻的社会背景。斯密的经济学诞生于第一次工业革命的前夕,在经历了近半个世纪的发展之后,英国这一最早发生工业革命的国家取得了长足的进步,并最终确立了自己第一强国的地位。然而,广大人民并未享受到经济发展带来的成果,仍处于贫困状态中。斯密研究的富国目标在一定程度上实现了,但裕民的目标却很遥远。在这种背景下,公众和政府的目标逐渐从富国和发展转变为收入分配的公正。如何解释工业革命以来收入分配中出现的贫富不均现象、能否改善这种现象、如何改善这种现象,便成为新的热门课题,这种现实的需求,推动许多经济学家的研究主题从发展论和价值论转向分配论。李嘉图便是其中的一个重要代表。

大卫·李嘉图在 1820 年给马尔萨斯的一封信中写道:"你认为政治经济学是一门探讨财富的性质及其源泉的学科,而我认为政治经济学更应该被称作是对决定工业产品在其形成中共同发挥作用的各阶层之间分配规律的一种研究。没有任何规律能够对其分配作出数量上的规定,而只能勉强对其分配的比例进行大致的规定。"李嘉图所指的实际上是要素份额或者说就是我们现在所讲的收入的功能性分配。他所关心的是要理解由工资、利润和地租构成的国民收入份额的各种决定力量。这就实现了从亚当·斯密的分配的生产成本论向功能论的转变。

对于工资,李嘉图认为,劳动力和其他买卖的商品一样,具有自然价格和市场价格。劳动力的自然价格是在人们既定的习惯与习俗前提下,使工人能够生存与延续而其数量不变时的价格。劳动力的自然价格取决于劳动者本人及其家庭所需要的生活必需品的价格。这意味着劳动力价格的决定机制在于劳动力的生产和再生产本身,它构成了劳动力自然价格的基础。如果生活必需品的价格提高,名义工资也将上升,以使工人能够维持真实工资水平不变,并可以保证劳动力大军得以延续。如果生活必需品价格下降,名义工资也随之降低。劳动力的市场价格取决于供给和需求,但是和其他商品一样,市场价格围绕自然价格上下波动。作为这种价格变动机制的拓展,李嘉图认为工人在长期只能得到最低工资,即所谓的"工资铁律"。当劳动力的市场价格上升到自然价格之上时,工人家庭的人口会增加。随着人口的增加,工资会逐渐降低到自然价格或以下水平,工人因变得贫穷而减少家庭人口,但这又会再次引发工资的提高。因此,从长期来看,工人只能得到最低的生存工资。李嘉图的工资理论虽然确立了一个重要的工资决定机制,但其有些悲观的分析,不仅没有被后来的现实所证实,而且也没有放在资本主义的生产关系下加以分析。不过,他还是较马尔萨斯有所进步,这体现在他没有像马尔萨斯那样,把工人的自然工资看作生物学意义上的生存必要的工资,而是认为自然工资还取决于人们的习惯与习俗以及人们认为可以接受的最低工资。

对于利润,大卫·李嘉图在坚持劳动价值论的基础上阐述利润,这显示了他对前辈的利润理论的发展。他认为,工人以工资形式所得到的只不过是他们在劳动过程中所创造的价值的一部分,其余部分的价值被资本家以利润的形式所占有。李嘉图还以劳动价值论为基础分析了利润量变化的三个规律:(1)无论劳动生产率怎样变化,无论生产物数量和单个生产物价值怎样变化,大小一定的工作日总是创造相同的价值。(2)工资和利润按相反方向发生变化,引起这种变化的最终原因,是生活必需品生产的劳动生产率变动。劳动生产率提高时,生活必需品价值下降,工资随之下降,利润则相应增加;相反,劳动生产率下降时,生活必需品价值上涨,工资随之提高,利润则相应减少。(3)因为劳动生产率的变化先影响工资,再影响利润,所以工资变化是原因,利润变化是结果。此外,李嘉图在关注利润量变化的规律时,还注意到了利润率平均化和下降的趋势。他认为,在资本自由转移的情况下,每个资本家为了追求高额利润而互相竞争,使得利润趋向平均。而社会发展、人口增加,引起谷物需求增大,谷物价格上升,工资上涨,从而造成利润率下降的倾向。再加上谷物价格上升,资本品也随之涨价,进一步导致利润减少,利润率更加降低。

对于地租,大卫·李嘉图从他的劳动价值论出发,建立了比较完整的地租理论。他认为,地租的产生不是由于大自然的恩赐,而是由于大自然的吝啬,即土地稀缺,特别是肥沃的土地更加稀缺。为什么会有地租产生?由于人们对农产品需求的不断增长,以及肥沃土地的稀缺,为了满足人们对农产品的需求,社会不得不耕种劣等土地,这使得农产品的价值由投入到劣等土地上的劳动来决定。正如工业资本家按照价值出售工业品,能够得到平均利润一样,租种劣等土地的农业资本家,按照价值出售农产品,也能得到平均利润。这样,租种优等地或中等地的农业资本家就能得到超额利润,但由于订立契约时的相互竞争,这种超额利润就会以地租的名义交给土地所有者。这就是说,地租来源于租种不同土地形成的超额利润。李嘉图把这种超额利润形成的地租称为级差地租,而且区分了两种形态,即级差地租第一形态和第二形态。第一形态级差地租是由于土地的优劣和位置的远近不同,使用等量资本和劳动具有不同的劳动生产率而产生的地租。这种地租的产生,同耕种优、劣等地的顺序有关,因此,地租的存在不是农产品价格上涨的原因,而是农产品价格上涨的结果。这否定了亚当·斯密把地租看成是价值的一种源泉的观点。正如他指出的,按照斯密三种收入决定价值的观点,那就是说各阶级的收入越大,商品的价值就越高,这显然有些荒唐。因此,大卫·李嘉图在坚持劳动价值论的基础上,进一步论证了贵族、地主阶级从谷物价格的上涨中不劳而获地得到了更多的好处。第二形态级差地租是由于在同一块土地上追加同量资本和劳动具有不同的劳动生产率而产生的地租。这是因为,在同一块土地上追加投入资本和劳动,产量会遵循土地报酬递减的规律而变化。地租正是这种土地报酬递减规律引起的。

总结李嘉图的收入分配理论并与斯密的收入分配理论加以比较,我们可以发现古典经济学收入分配理论的变化。尽管古典经济学形成了劳动价值论这一基本理论,但由于对劳动价值论的理解不同,使其在收入分配理论分析中的运用并不相同。斯密是劳动价值论的重要创立者,但对于劳动价值论的理解却不是统一的。他将劳动价值论的适用范围局限在简单的商品生产中,而在资本主义商品生产中,商品价值超越了劳动的单一性,而变成生产成本决定论。由此出发形成的收入分配理论势必淡化了各要素所有者之间分配所包含的对立。这一观点被后来的新古典经济学家所继承,并形成了新的收入分配理论。李嘉图是古典经济学的最后的集大成者,他发展了斯密的劳动价值论,并在其理论中得到较完整的运用。他从劳动价值论出发,对工资、利润、地租的决定机制和分配比例进行了分析。这种分析实现的一个创新是,揭示了在工资、利润和地租之间存在一定对立或矛盾。当然,在认识这种对立时,他还没有完全把握资本主义生产的实质。如他所言,随着社会的发展,工人阶级的利益没有影响,因为他们的名义工资虽然提高了,实际工资却不会变化。可是地主阶级随着社会的发展却会得到越来越多的利益。而资产阶级所获得的利润则由于地租和名义工资的提高而降低。尽管如此,李嘉图的分配理论还是给马克思形成自己的分配理论提供了一定的启示。

(三) 新古典经济学的收入分配理论

新古典经济学是自 19 世纪 70 年代兴起的一个新的西方经济学流派。新古典经济学是在继承古典经济学的基本思想的基础上形成并发展起来的。古典经济学崇尚自由放任和反对政府干预的自由主义精髓在新古典经济学得到进一步放大。新古典经济学否定了古典经济学创立的劳动价值论,信奉法国经济学家萨伊的效用价值论。萨伊把价值理解为效用,认为效用是价值的基础,价值是衡量效用的尺度。这种效用价值论为生产要素价值论提供了基础,但却无法用效用去说明价值量,因为它无法解释如空气这类物质极有效用但价值为零的现象,也无法从效用出发去说明价值量的变动规律。不过,就分配理论来说,萨伊的效用价值论是新古典经济学收入分配理论的重要源泉。

萨伊较早地对收入分配与生产要素分配关系进行了明确的分析。他认为,收入的分配取决于生产要素的专有权。生产要素的专有权是如何给所有者带来收入呢? 萨伊的回答是,生产要素在生产过程中提供了生产服务,三种要素协同创造了价值(或效用),所以它们必须取得收入以回报它们的服务,即劳动得到工资,资本得到利息,土地得到地租。萨伊从效用价值论出发,认为工资、利息和地租这三种要素价值取决于产品价值,而产品价值则取决于效用。这样,要素的价值实际上是由要素最终生产的产品的效用所决定。而具体某个要素的价值和该要素在生产中所提供的服务的重要性成比例。不过,由于效用的不可定量性,使他以产品效用说明生产要素价值的观点面临如何确定收入量的难题。这也为新古典经济学收入分配理论留出了发展的空间。

新古典经济学通常以 19 世纪 70 年代的边际革命为标志。1871 年,奥匈帝国的门格尔(Carl Menger)、英国的杰文斯(William Stanley Jevons)分别发表了《国民经济学原理》和《政治经济学理论》。1873年,法国的瓦尔拉斯(Léon Walras)发表了《纯粹经济学要义》。这三本几乎在同时但没有任何沟通情况下发表的著作,被公认为是边际革命的奠基之作,而三位经济学家也被公认为是边际革命的发起人。边际革命之所以被认为是西方经济学演进中的一次革命,其主要根据是他们提出的边际效用价值论否定了古典经济学的劳动价值论和发展了萨伊的效用价值论,并使对商品价值的研究达到了一种可度量和可计算的程度,从而开启了西方经济学的实证化研究。在边际学派那里,分配理论并不是他们的研究重点,甚至也没有建立起以边际分析为特征的系统的分配理论。这一工作更多的是由之后的新古典经济学家重要代表——马歇尔完成的。

马歇尔是新古典经济学的集大成者。他在西方经济思想史上的一个重要贡献是实现了一个新的综合,或者说是第二次综合。其内容是将以大卫·李嘉图为代表的古典经济学和边际主义经济学结合起来,形成一种新的理论体系。马歇尔经济学分析的一个显著特征是将连续原理、边际分析、局部均衡分析结合起来。其中连续原理是他整合经济学理论的一个重要出发点。在连续原理下,马歇尔经济学的综合性表现在:(1)通过把边际分析方法贯穿于各领域的分析中,试图实现经济学各领域的分析方法的统一;(2)改变了古典经济学的交换理论和分配理论分别受不同原理支配的框架,实现了将交换理论和分配理论在供求均衡论上的统一;(3)实现了把边际主义和古典主义在价值论、分配论方面的观点相综合的目标,从而使得古典经济学好像成为边际主义的一个组成部分。因此,马歇尔的分配理论首先发展了古典经济学关于生产与分配关系的一个基本原理,即物质产品或价值是各种生产要素共同创造的,这决定了分配问题就是如何把产品或价值分解为各生产要素的贡献份额的问题。他认为,虽然纯产品是由生产要素生产的,但生产要素的需求价格取决于产品的价格,即要素的收入由产品价格决定,而不是要素的价格决定产品价格。他还认为,各生产要素收入的总和正好等于纯产品的总价值,不过,这种纯产品的总价值按什么原则分解为各生产要素的收入呢？对此,马歇尔的观点是,对各种要素的服务的边际需要决定了它们的收入份额。而如何确定决定要素收入份额的边际需要,这是他分配理论的一个核心问题。对该问题的一个简单的结论就是,各要素收入份额的边际需要是要素的边际生产力和要素成本的相互作用决定的。边际生产力决定了企业家们对要素的需求价格,而要素的成本取决于要素的供给价格。因此,要素收入的份额问题便归结为要素的均衡价格问题,归结为要素的供求问题。如此也就实现了分配的决定与价值的决定的统一,将它们都置于供求均衡的框架中。工资、利息、地租和利润互不相同,但它们从根本上讲都服从供求规律。

作为收入分配的具体形式——工资、利息、地租和利润,马歇尔用供求均衡原理解释了它们各自绝对数量的大小和相对数量的变化。首先,马歇尔用劳动的供求均衡来说明工资的决定问题。劳动的供给和需求对工资起着同样的作用,就像一个剪刀的两边,工资有等于劳动纯产品的趋势,劳动边际生产力决定劳动的需求价格。工资有同培养、训练和有效率劳动所用的成本保持密切关系的趋势。从这种供求均衡论出发,马歇尔否定了古典学派的工资铁律和工资基金学说,也否定了某些边际主义者单纯用边际生产力来说明工资的论断。其次,马歇尔把对利息及利息率的分析也置于供求均衡的框架中。他认为,利息对于获得利息的人来说,是延迟享受应获得一种等待的报酬;对于付出利息的人来说,则是使用资本的代价。他还把利息区分为毛利和纯利,只有纯利才是等待的报酬,毛利则除了包含纯利之外,还包含风险、债权者的麻烦等因素所带来的报酬。关于利息率的大小,马歇尔认为它同工资率一样,是由资本的供求决定。对资本的需求取决于增量资本所提供的纯产品,即资本的边际生产力。而资本的供给从根本上讲取决于资本对延期消费或等待所期望的报酬。再次,马歇尔在地租问题上基本承袭了大卫·李嘉图的级差地租理论。他区分了狭义和广义的地租。狭义地租完全是自然的恩赐,非人力所为,而广义地租则包含对土地进行投资引起的增益。不过,他更加关注狭义地租。对于整个社会来说,土地的数量是不变的,且无生产成本,是大自然的恩赐,也没有供给价格。因此,地租决定于土地的边际投资的纯产品。他借鉴李嘉图的土地报酬递减律,指出随着投资的不断增加,最终会达到某个边际,处于该边际上的投资所生产的纯产品仅提供正常利润而无剩余。在这一边际投资以前的各个投资的纯产品,除去正常利润外都有剩余,这些剩余便是地租。最后,马歇尔区分了正常利润和超额利润。他认为超额利润是企业家特有天赋的产物。正常利润则是企业家经营管理和组织企业活动的报酬。企业家有两种功能,一是生产组织者,二是人的领导者。成为一个企业家或优秀的企业家需要经过专门的教育训练并有一定天赋才能。要完成这种训练或开发自己的才能必须付出代价,这也就是企业家"劳动"的供给价格。而企业家"劳动"的需求价格决定于企业经营的边际纯产品,这个纯产品表现为企业家最合理地使用和安排其他各生产要素的条件下所能获得的纯收入,亦即在支付工资、利息和地租之后所能得到的正常利润。

马歇尔的分配理论显示出其经济学的综合性特征。他吸取了古典经济学中的要素价格论,同时用边际生产力加以拓展,再加上自己的局部均衡分析,最终给我们呈现出来的是一个蕴含了社会和谐的分配理论。在他的分配理论中虽然也承认资本和劳动之间存在着一定的竞争关系,资本会排斥劳动。但他又认为,资本的增加会增加国民收益,也许在短期不能增进多少劳动者的利益,但长期看,资本的增长会增加就业,同时随着资本的增加,利率必然下降,从而减少资本所得在国民收益中的份额,增加劳动所得的份额。因此,他的一个基本观点是,资本和劳动在创造国民收益上是互相合作的,并按照它们各自的边际效率从国民收益中获取相应的报酬。

（四）凯恩斯主义经济学的收入分配理论

凯恩斯主义经济学是西方经济思想史上一个具有里程碑式意义的学派。

凯恩斯是凯恩斯主义经济学的创始人,他不仅将经济学的研究领域从微观扩展到宏观,而且也改变了西方经济学研究的基本取向。在凯恩斯经济学产生之前,西方经济学界占统治地位的是以马歇尔为代表的新古典经济学。他们对待资本主义经济的一个基本态度是:认为资本主义经济能够借助于市场供求力量自动达到充分就业的均衡状态,从而认为资本主义经济是一种和谐的经济。凯恩斯在早年也学习并接受了新古典经济学思想。但是,发生于20世纪20年代末和30年代初的资本主义历史上最严重的经济危机,引起凯恩斯对古典和新古典经济学理论的深刻反思。在此基础上,凯恩斯撰写了他的《就业利息和货币通论》。在这部重要的著作中,凯恩斯否定了古典和新古典经济学的所谓均衡论,即建立在供给本身自我创造需求基础上的所谓充分就业均衡。凯恩斯对此的评价是,这只适用于特殊情况,而通常情况下则是小于充分就业的均衡。

凯恩斯为解释这种小于充分就业的均衡,实现了"术语的革命",提出有效需求的概念。他认为之所以会有小于充分就业的均衡,是因为有效需求不足。而进一步解释为什么会出现有效需求不足,便展开了凯恩斯经济学体系。消费倾向、对资本未来收益的预期和对货币的灵活偏好这三个基本心理因素共同作用影响着有效需求。而这种作用机制决定了资本主义经济运行不可能自动达到充分就业的均衡,为此,政府必须对经济实施干预,通过政府政策特别是财政政策来刺激消费和增加投资,以实现充分就业。作为有效需求理论和政府干预经济的一种延伸,收入分配理论成为凯恩斯经济学的一个组成部分。

正如他指出的:"我们生存其中的经济社会,其显著缺点,乃在不能提供充分就业,以及财富与所得之分配有欠公平合理。"[①]由此可见,凯恩斯的分配理论并不在于对分配根据的研究,而主要关注分配的公平问题,并延伸到分配差距对有效需求的影响以及对充分就业的作用。对于消费需求来说,"收入的增长受制于边际消费倾向递减的影响,调整收入结构,特别是增加低收入者

---

① [英]凯恩斯:《就业利息和货币通论》,徐毓枬译,商务印书馆1983年版,第321页。

的收入,有利于消费的增加,进而推动有效需求的增长"。对于投资需求来说,"在达到充分就业以前,资本之生长并不系乎消费倾向之低,反之,反因其低而遭遏制"。① 这是因为在充分就业实现之前,经济并未达到其潜在增长水平,因此需要大量投资以增加产出,而收入分配差距虽然不利于消费需求增长,但有利于资本的增长,进而促进增长的潜在水平得以实现。只有在充分就业实现的情形下,消费需求更突出地制约增长,这时重新分配收入,以提高消费需求便是一个合理而有效的选择。

如何重新分配收入?凯恩斯主张要实现收入的均等化。不过,对收入均等化的认识,他超越了之前经济学家以社会公正原则进行的评价,而把它置于经济发展的框架中加以理解。如对待遗产税,凯恩斯之前的经济学家认为,遗产税也许有利于社会公平的实现,但是它可能会导致一国的资本财富的减少。而凯恩斯指出:"现在还很流行着一种信念,认为遗产税可以使得一国之资本财富减少,这正可以说明,公众对于这些问题还模糊不清,缺乏正确了解。今设国家以遗产税税收作经常支出之用,因之减低或豁免所得税及消费税,则这种财政政策之下,高额遗产税固然有增加社会消费倾向之功效,但是因为当消费倾向作永久增加时,在一般情形之下(即除去充分就业情形),投资引诱也同时增加,故普通所作推断与真理相反。"② 很显然,凯恩斯在这里关注较多的是收入的再分配问题,而且他把这种再分配赋予增加消费倾向和诱致投资的功效。因此,凯恩斯的收入分配理论与其有效需求理论是密切相关的。不过,从凯恩斯的分配理论也能够看出他的宏观经济学的特性,即对收入分配的整体性关注,而不涉及收入分配的微观内容,即具体的工资、利润、地租等收入形式的决定问题。对此,新凯恩斯经济学从完善凯恩斯经济学的微观基础出发,对收入初次分配的具体形式进行了分析。

新凯恩斯经济学是在凯恩斯经济学受到新兴古典主义经济学的冲击后所

---

① [英]凯恩斯:《就业利息和货币通论》,徐毓枬译,商务印书馆1983年版,第321页。

② [英]凯恩斯:《就业利息和货币通论》,徐毓枬译,商务印书馆1983年版,第322页。

进行的理论创新的产物。一方面它继承了凯恩斯经济学的非市场出清的假设;另一方面它也实现了一些对凯恩斯经济学的改进或发展。其表现为:(1)凯恩斯经济学非市场出清模型假定名义工资刚性,而新凯恩斯经济学非市场出清模型假定工资和价格具有黏性,即工资和价格不是不能调整,而是可以调整的,只是调整十分缓慢。(2)新凯恩斯经济学非市场出清模型还增添了凯恩斯经济学模型所忽略了的两个假设,一是经济当事人最大化原则,包括厂商追逐利润最大化和家庭追求效用最大化,这一假设来源于传统的微观经济学;二是理性预期,这一假设来源于新古典宏观经济学。如此显示的是,新凯恩斯经济学是通过吸收新古典经济学的微观传统和新兴古典主义经济学的重要假设来推进凯恩斯经济学的创新。其中,有关劳动市场理论不仅是新凯恩斯经济学的一个重要内容,而且也是对凯恩斯经济学收入分配理论缺乏微观分析的一个补充。

在古典和新古典经济学中,工资或者决定于劳动贡献,或者决定于劳动的边际生产力,或者是劳动力市场局部均衡的一个价格。而凯恩斯经济学考虑了名义工资刚性和失业问题,这在一定程度上是对古典和新古典经济学的一种反对。但凯恩斯在坚持名义工资刚性时脱离了劳动市场,从而成为凯恩斯经济理论缺少微观基础的一个致命弱点。新凯恩斯经济学则从劳动市场出发,多侧面地探讨了工资黏性和失业的原因,在理性经济人追求自身利益最大化假设的基础上,对工资黏性和失业进行了不同的解释。在这些不同的解释中,我们可以发现新凯恩斯经济学对收入分配的微观分析,而且这一分析集中于劳动市场中的工资决定问题。

隐含合同理论是新凯恩斯经济学对工资黏性解释的一种理论。隐含合同在完全信息和不完全信息两种条件下有不同的表现。在完全信息条件下,工资和就业不能像凯恩斯那样简单地看作是提供劳务和货币的交换关系。从长期来看,工人向厂商提供的劳动服务与厂商向工人支付工资是一个保险合同交易。这个保险合同保护工人免受随机的、公开观察到的劳动边际收益产品波动的影响。① 在这个隐含合同中,工人的工资不再由劳动边际收益决定,而是一个可以熨平劳动边际收益波动的平均的工资。在不完全信息条件下,隐含合同更容易造成工资黏性,因为隐含合同的建立或货币工资的调整中忽略了公众的有效性信息,这些公众有效性信息与厂商利润和工人的收入有关,与社会各部分成员的福利有关,然而,隐含合同的建立极大地降低了公众有效信息在工资调整过程中的作用。解释隐含合同使公众有效信息在工资调整中失灵的主要是信息成本。完全准确地确定公众信息,需要耗费较高成本,过高的信息成本对厂商和工人来说都显得代价太高,而根据几个简单的经济参数来确定工资合同对厂商和工人来说所付代价较低。所以,调整工资的合同不是根据复杂的有效公众信息来确定,从而使工资的变动不能迅速追随需求的变动,使工资出现黏性。②

局内人和局外人理论是新凯恩斯经济学解释工资黏性的另一种理论。局内人是指目前已在职的雇员,或暂时被解雇但与在职雇员同属某一利益集团的人。局外人是指长期游离于企业之外的失业工人或短期在职的临时工,局外人不受企业或行业工会的保护。局内人的工作受到各种劳动转换成本的保护,转换成本的存在使厂商在用局外人代替局内人时要付出较为昂贵的代价。因此,尽管局外人愿意接受比局内人更低的工资,然而,由于转换成本加大,压低工资的所得不足以补偿转换成本,所以,厂商不愿意雇佣低工资没有经验的局外人,而乐意继续雇佣高工资的局内人。③

效率工资理论也是新凯恩斯经济学解释工资黏性的一个重要理论。效率工资理论的一个基础性观点是,劳动生产率依赖于厂商支付给工人的工资,高工资可以提高工人的积极性,从而提高效率。效率工资论对雇主为什么愿意付给工人高工资的解释是:(1)怠工模型。厂商为了防止工人怠工,通常愿意

---

① 王健:《新凯恩斯主义经济学》,经济科学出版社 1997 年版,第 151 页。
② 王健:《新凯恩斯主义经济学》,经济科学出版社 1997 年版,第 159 页。
③ 王健:《新凯恩斯主义经济学》,经济科学出版社 1997 年版,第 163 页。

支付给工人高于市场出清水平的工资。因为,在大多数合同中,其条款极少说明工人在生产过程中操作的具体细节。而完全地监督工人的工作又是不可能的,工人总是能够找到偷懒的机会。因此,厂商为了鼓励工人们在生产过程中不偷懒,并且可以节约监督成本,愿意向工人支付高工资。(2)劳动转换模型。在高失业时期,某些厂商仍然支付给工人较高的相对工资,使得这些企业内的工人也不愿意辞去工作。这其中的原因,在厂商方面,是不愿意自己的经过训练的工人流失,造成在经济恢复时难以雇到经过训练的工人;在工人方面,从自己熟悉的工作转到一种新工作也会有一定的风险。结果就出现厂商向工人支付高工资和工人不愿意改变工作的局面。(3)社会模型。该模型将工资黏性归结为社会习惯和适当行为的产物。工资之所以出现黏性并不是一种个人行为。从社会学的角度看,每个人的努力程度依赖于他所在组织的工作规范。因此,厂商能够通过提高工作群体的工作规范来提高劳动效率。厂商可以制定一个高于工人最低生活水平的工资,在这个工资以上,给予一个奖励工资。为了提高工人的生产积极性,通常将获得最低工资的产量定额定得比较低,使大多数人都能超过这个标准,以获得奖励工资。社会模型以此来解释为什么计件工资的定额定得比较低,容易被绝大多数工人所超过,工人大多可以得到奖励工资,发挥了工资刺激工人生产积极性的作用。[①]

新凯恩斯经济学对工资黏性所做的解释,实际上是为了给失业寻找一种微观基础。这是新凯恩斯经济学在20世纪70年代后出现的滞胀形势下试图进行的一种理论创新。因此,我们能够看到的收入分配形式——工资黏性的分析,实际上是一种副产品。而完整的收入分配在新凯恩斯经济学那里并没有作为重点予以关注。不过,仅从工资黏性这一分配形式的分析,我们也可以看到收入分配实际上并不是简单的要素贡献或要素的边际生产力发挥作用的结果。

[①] 王健:《新凯恩斯主义经济学》,经济科学出版社1997年版,第169—173页。

（五）福利经济学的收入分配理论

福利经济学是西方经济学的一个重要分支。从经济学诞生起,几乎所有的经济学家都在不同程度上关心福利问题。古典经济学创始人亚当·斯密就是以关注人们的贫困作为其经济学研究的一个出发点,但他主张用增进社会财富的方法来增加社会福利。而新古典经济学的集大成者马歇尔也考察过在成本递增行业和成本递减行业中税收和财政补贴对福利的影响。不过,自19世纪末和20世纪初以来,有一批经济学家更加关注福利问题或直接把福利作为研究对象,由此产生了福利经济学这一重要的经济学流派。福利经济学研究的两个核心问题是:(1)定义并且分析如何达到福利最大化;(2)确定妨碍福利最大化实现的因素并且针对如何改变这些因素寻找对策和提出建议。对这两个问题的研究一定会涉及收入分配问题,因此,在福利经济学中就包含了有关收入分配的理论。

帕累托(Vilfredo Pareto)被认为是新福利经济学的开拓者。它的这一成就源于对其先辈瓦尔拉斯一般均衡理论的拓展。帕累托提炼了瓦尔拉斯的一般均衡理论并提出了我们今天普遍使用的帕累托最优条件,或最大化福利条件。帕累托认为,当不存在能够使某人的处境变得更好同时不使其他人的处境变得更坏的任何变化时,就实现了福利最大化。虽然在帕累托的福利经济学中看不到有关收入分配的直接论述,但他确立的福利最大化条件无疑是在福利经济学视野下研究收入分配的一个重要基础。这一点在庇古的福利经济学中有明显的体现。

阿瑟·塞西尔·庇古(Arthur Cecil Pigou)作为马歇尔的直接继承人,和马歇尔一样,他也表达了对穷人的强烈的人道主义关怀,并且希望经济学能够引导社会进步。他对政府改进社会所发挥的作用予以更多的期待。庇古1920年出版的《福利经济学》一书,旨在为政府实施提高福利的各种措施提供理论基础。庇古与帕累托不同,他没有将自己的理论像帕累托那样置于经济的一般均衡之下,而是继承了亚当·斯密、马歇尔的局部均衡分析的旧福利经济学传统。在其福利经济学的理论中包含了对收入再分配的分析。庇古的收入再分配的一个基本观点是,在特定条件下较大的收入公平能够提高经济福利。[①] 他认为对那些在相同环境下成长的、背景相同的人,可以对他们之间的满意程度进行合理的比较。因此,从一个相对富有的人向一个性情相同的、相对贫穷的人所进行的任意收入转移,都肯定会增加满意程度的总和,即任何能够提高穷人手中实际收入的绝对份额的行动,只要从任何角度看都不会引起国民收入规模的缩减,通常就会提高经济福利。庇古福利经济学中对收入再分配的研究,在理论上回答了收入再分配对于提高整个社会福利的作用问题,也形成了一个研究收入分配的传统或开辟了一个研究收入分配的新层次。

阿玛蒂亚·森(Amartya Sen)是福利经济学最近发展的一个重要代表。森的主要著作包括《集体选择与社会福利》和《论经济不平等》。由于在福利经济学研究中的重要贡献,他获得 1998 年度的诺贝尔经济学奖。在其社会选择理论中,阿玛蒂亚·森对社会选择中的平等和公平问题高度关注。阿玛蒂亚·森借鉴了约翰·罗尔斯(John Bordley Rawls)的哲学观点,提出了一个被他称为"最大化最小公正"的能够产生平等的决策的方法。[②] 根据这一方法,个人在源于未知起点的多个可能生活状态中进行选择,换句话说,"最大化最小公正"要求一个人在假定他们未出生的情况下,选择社会的收入分配方法。阿玛蒂亚·森选择"最大化最小公正"这个词是因为在不同的社会状态间进行选择时,人们可能更倾向于使其"最小的福利最大化"的安排,因为当人们认为自己有着成为社会中境遇最差的人的风险时,多数人将会选择能够使境况最差的人的福利得到改善的社会。森指出了传统的福利选择理论以功利主

---

① [美]斯坦利·L.布鲁、兰迪·R.格兰特:《经济思想史》(第7版),邸晓燕等译,北京大学出版社 2008 年版,第 320 页。

② [美]斯坦利·L.布鲁、兰迪·R.格兰特:《经济思想史》(第7版),邸晓燕等译,北京大学出版社 2008 年版,第 334 页。

义和帕累托最优为核心所包含的一个问题,即把对政策公平效应的分析排除在外。如边沁的功利主义所坚持的社会应该为最大多数的人谋求最大福利,虽有助于社会总效用最大化,但也使公平问题边缘化。帕累托最优也是一个不能令人满意的分配标准。因为它所说的最优为没有人能在不使他人境况恶化的情况下使自己的境况得到改善,实际上并没有讨论社会分配问题。帕累托最优可能有多种状态,每种状态都能反映出极为不同的收入不公平水平。阿玛蒂亚·森对此的经典评价是:"设想我们正在分一个蛋糕。假定每个人都偏好更大的而不是更小的蛋糕,那么任何可能的分配都将是帕累托最优的,因为任何使某人境况改善的变化都将使其他人境况恶化。问题的关键是分配,帕累托最优对此没有任何说服力。现代福利经济学对帕累托最优的坚定认可使福利经济学在研究不公平问题上并不是特别适合的。"阿玛蒂亚·森对福利经济学的不满意促使他提出了自己的观点。他指出,平等只在它能反映公平分配的程度上才是重要的。而这一点可以从两个方面加以理解,从本质上讲,有两种对立的收入分配概念,它们分别以需求和应得为基础。由于某人的需求较大,所以应该得到比其他需求较小的人更多的收入,而如果某人做了更多的工作,那么他理应获得更高的报酬。因此,不平等不能仅仅被看作是收入分布离散程度的指标,还应该被看作是衡量实际的收入分配与需求原则一致的分配,或与应得原则一致的分配之间差距的指标。

福利经济学的收入分配理论以社会福利最大化为目标取向,其体现出来的主要内容是收入的再分配,或收入转移。通过再分配或收入转移,社会福利得以增进,这是福利经济学收入分配理论研究的重点。

(六) 发展经济学的收入分配理论

发展经济学是在 20 世纪 50 年代以后,广大发展中国家随着政治独立而寻求经济发展的背景下产生的一个经济学流派。因此,发展经济学的主要任务是探索发展中国家摆脱贫困的可能性问题。它的最高目标是为低收入国家找到进入可持续经济发展的轨道,进而实现缓解贫困的近期目标和赶上发达国家的长期目标。由于发展中国家的起点比较低,尤其是人们的普遍贫困成为这些国家最严重的约束。这决定了发展中国家在其发展的道路上究竟是该选择平衡增长,还是不平衡增长。在这一选择中,一定会遇到经济增长与收入分配的关系问题。因此,发展经济学的收入分配理论研究的一个重要问题是考察经济发展过程中收入分配是如何变化的。

1955 年,美国经济学家西蒙·库兹涅茨(Simon Smith Kuznets)提出要关注经济增长与收入不平等之间的关系。他通过一定的观察数据和推测数据,对经济增长和收入不平等的关系进行了规律性描述,并形成了一个后来被广泛引用的库兹涅茨曲线或倒"U"形曲线。这条曲线描述的是,农业占主要地位的经济开始时收入平等,但人均收入水平较低;随着经济发展,一部分居民转入其他部门,平均收入也提高。一开始,这会造成不平等加剧,但随着进一步发展,更多的人脱离农业,不平等最终会减少。不过,由于库兹涅茨把他的推测建立在来自工业国家发展的纵向数据上,因此,他的经济增长与收入分配不平等的关系理论,或者被人们认为是为论证资本主义社会和谐找到一个根据,或者被人们质疑其能否反映发展中国家的实际情况。后者则成为其他经济学家研究发展中国家经济增长与收入不平等关系的重要出发点。

在库兹涅茨之后,许多学者利用跨国数据进行测算,却发现不平等和收入不存在系统的关联关系。例如,一项对 49 个国家的研究发现,在 40 个国家中不平等与收入之间不存在统计关系;在剩余的 9 个国家中,有 4 个国家显示了一种"U"形演进的关系,只有 5 个国家出现了库兹涅茨曲线的趋势。[1] 这表明,不平等与经济增长之间似乎不存在一种简单的关系。因此,寻找不平等与经济增长的机械联系并不会有太大的收获。发展经济学为此将研究的重点转

---

[1]　Deininger Klaus, Lyn Squire, "New Ways of Looking at Old Issues: Inequality and Growth", *Journal of Development Economics*, Vol.57, No.2, 1998, pp.259-287.

向探索增长与不平等背后的决定因素。他们认为,增长与不平等既是制度能力的结果,也是经济政策的结果,二者都受到外部趋势和冲击的影响。不过,这些研究较为琐碎,其中一个重要的理论取向是,研究政策是如何影响增长与不平等的。一项有效的政策应该研究既可以提高增长率,又促进平等的方法,或者至少应当研究如何采用适当的政策来减缓导致不平等的增长。如伦德伯格(Lundberg)和斯奎尔(Squire)证明,研究政策对增长和不平等两者的影响具有重要意义。他们以现有文献为基础,对标准的增长和不平等方程分别进行了估测,发现有一个共同的变量——教育在两个方程中都非常重要。教育涉及一种得失权衡:它减少增长,但促进平衡。① 伦德伯格和斯奎尔还证明,无论是对增长,还是对平等,开放、公民自由和土地分配这三个变量都是绝对重要的。他在增长和不平等两个模型中加入所有变量发现,在一个联合模型中,土地分配和公民自由被确认为是相互排斥的变量,但开放代表着一种权衡关系,它使增长率提高,却使平等恶化。②

我们在发展经济学中似乎并没有发现类似经济思想史上其他重要流派那样的系统收入分配理论。但是,它把收入分配放在一种关系中,主要是与经济增长之间的关系中进行研究,这对于我们关注我国这样的发展中国家的收入分配问题时,更具有理论的导向性。而它关注的寻找收入分配和经济增长背后的影响因素,也是我们进行收入分配研究不能回避的一个重要取向。

二、马克思经济学的收入分配理论

(一) 马克思收入分配理论的劳动价值论基础

马克思的经济学理论集中于他的《资本论》。《资本论》以研究资本主义

---

① [美]杰拉尔德·迈耶、约瑟夫·斯蒂格利茨主编:《发展经济学前沿——未来展望》,本书翻译组译,中国财政经济出版社2004年版,第139页。
② [美]杰拉尔德·迈耶、约瑟夫·斯蒂格利茨主编:《发展经济学前沿——未来展望》,本书翻译组译,中国财政经济出版社2004年版,第140页。

生产方式以及和它相适应的生产关系和交换关系为对象。通过这一研究,马克思的主要任务是揭示资本主义生产的自然规律。资本主义生产是从同一个资本同时雇佣较多的工人,因而劳动过程扩大了自己的规模并提供了较大量的产品的时候开始的。这样的生产方式体现为资本在生产中的绝对统治地位,因此,资本的本性赋予资本主义生产所遵循的一个绝对规律,即不断地、最大限度地追逐剩余价值。马克思的经济学理论最核心的部分就是对资本主义生产的剩余价值规律的研究。剩余价值是资本主义生产过程中实现的价值增殖。要理解资本主义生产的剩余价值必须从马克思的劳动价值论出发。

马克思的经济学是对古典经济学特别是英国古典政治经济学继承和发展的产物。其中,马克思对古典经济学最大的理论继承便是它的劳动价值论。在古典经济学那里,如何确定商品交换的真实价格是其价值理论的出发点。亚当·斯密认为,商品价值的最好衡量尺度和决定因素是生产商品所耗费的劳动。不过,斯密的劳动价值理论并不统一,他基于商品生产的性质提出劳动价值的二元论,即在简单商品生产条件下,劳动是商品价值的唯一源泉;而在资本主义商品生产条件下,决定商品价值的则是工资、利润和地租这三种收入。因此,对古典经济学的劳动价值论加以总结,尽管斯密提出了劳动价值论,但他并没有把劳动价值论很好地贯彻下去。在古典经济学中对劳动价值论最有力的支持者应该是大卫·李嘉图。他通过批判地继承斯密的价值论,将古典经济学的价值理论最终统一到劳动价值论的基础之上。

马克思在研究古典经济学的基础上构建自己的经济学体系时,直接继承并发展了李嘉图的劳动价值论以作为自己经济学的理论起点。我们都知道,马克思把商品作为自己经济学理论叙述的逻辑起点。对商品的研究,马克思不仅区分了它包含的两个因素,而且还揭示了决定商品二因素的劳动的二重性,即具体劳动和抽象劳动。对此,马克思很自豪地指出:"商品中包含的劳动的这种二重性,是首先由我批判地证明的。这一点是理解政治经济学的枢纽"①。区分了劳动的二重性,就找到了商品价值的实体,即商品的价值是由包含在商品中的一般人类劳动或抽象劳动所决定的。这种商品价值与劳动的关系,在任何商品生产条件下都是成立的。在简单商品经济条件下,或者说在土地等生产资料并没有为私人占有的条件下,生产者的唯一付出是自己的劳动,这种情况下的商品价值只是由生产者付出的劳动所决定。在资本主义商品生产条件下,商品生产过程变成了一个价值增殖过程。而这一变化又是由资本主义生产的特殊性决定的。资本主义生产过程是资本家消费劳动力的过程,它具有两个重要特性,一是工人在资本家的监督下劳动,他的劳动属于资本家;二是产品是资本家的所有物,而不是直接生产者——工人的所有物。具有以上两个特性的资本主义生产一定是一个价值增殖过程,而且是一个劳动过程和价值增殖过程的统一。作为劳动过程,一方面生产资料的旧价值向新产品转移,另一方面劳动者的劳动创造的新价值凝结于新产品中。作为价值增殖过程则是以劳动力价值为一定点,劳动过程超过这一点而延长了的价值形成过程。资本主义生产的这一价值增殖过程实质上就是剩余价值的生产过程。而在整个资本主义生产过程中,一部分价值形成过程中体现为劳动力的价值,另一部分价值形成过程则是为资本家创造剩余价值的过程。这不仅包含着资本关系,而且也表现为价值的分配关系,即资本家借助资本获得剩余价值,而工人凭借劳动力获得工资。

因此,要理解马克思的收入分配理论必须从他的劳动价值论出发,并且需要在资本这一本质关系下把它作为一种表象予以归纳。事实上,在我们总结的马克思的几大经济理论中并没有给予收入分配理论一定的位置,但这绝不意味着马克思没有自己的分配理论。如果要想了解马克思的分配理论,那么你可以在他的经济理论的演绎中到处发现关于分配问题的论述。

① 《马克思恩格斯文集》第 5 卷,人民出版社 2009 年版,第 54—55 页。

（二）马克思对收入分配具体形式的本质性分析

收入分配的传统理论把收入分配具体形式归纳为工资、利润和地租的观点，同样可以作为分析马克思收入分配具体形式的出发点。当我们把研究马克思经济学的焦点集中于收入分配的形式时，就会发现在马克思的经济学逻辑体系中贯穿着一条收入分配的主线。

1. 工资

关于工资，马克思不仅揭示了它的本质，而且也论述了它的形式。资本主义的工资在本质上是劳动力的价值或价格的表现形式。这第一次厘清了工资是劳动价值或价格的表象和工资是劳动力价值或价格的本质。当工资被人们认为是劳动的价值或价格时，劳动力就成为一个同生产资料相同的普通的生产要素，它与生产资料不仅共同创造价值，而且按贡献获得生产的商品价值的一部分。这在马克思看来，严重掩盖了资本关系的实质。如他所言："就'劳动的价值和价格'或'工资'这个表现形式不同于它所表现的本质关系，即劳动力的价值和价格而言，我们关于一切表现形式和隐藏在它们背后的基础所说的话，也是适用的。前者是直接地、自发地、作为流行的思维形式再现出来的，而后者只有科学才能揭示出来。"①因此，工资是由什么决定的？回答这一问题必须从劳动力的价值和价格切入。关于劳动力的价值或价格，马克思首先通过劳动力成为商品的分析，揭示出它的价值的决定因素。劳动力或劳动能力，是在人的身体即活的人体中存在的、每当人生产某种使用价值时就运用的体力和智力的总和。劳动力成为商品则是因为劳动者或工人在获得了自由的情况下却失去了可以使自己的劳动力发挥作用的生产资料，也就是马克思所说的双重自由，"一方面，工人是自由人，能够把自己的劳动力当做自己的商品来支配，另一方面，他没有别的商品可以出卖，自由得一无所有，没有任何

---

① 《马克思恩格斯文集》第5卷，人民出版社2009年版，第621—622页。

实现自己的劳动力所必需的东西"①。当工人把自己的劳动力出卖给资本家，便可以获得一个劳动力价值，它是由生产从而再生产这种特殊物品所必需的劳动时间决定的。劳动力只是作为活的个体的能力而存在，因此，劳动力这个活的个体存在需要一定量的生活资料。维持一个活的个体需要多少生活资料，这除了维持劳动力这一活的个体生存外，还需要向他提供传宗接代所需要的生活资料，随着生产的发展还需要为提高劳动力素质提供一定费用。因此，确定劳动力价值需要从如下几个方面考虑：(1)劳动力的价值就是维持劳动力所有者所需要的生活资料的价值。当然，这一部分的数额需要考虑不同地域、不同文化以及历史和道德的因素。(2)劳动力的价值要包括工人的补充者即工人子女的生活资料，只有这样，这种特殊商品所有者的种族才能在商品市场上永远延续下去。(3)劳动力的价值还要包括使工人获得一定劳动部门的技能和技巧，成为一个发达的和专门的劳动力所需要的教育或训练的费用。劳动力的教育费用随着劳动力性质的复杂程度而不同。总之，劳动力的价值可以归结为一定量生活资料的价值。它会随这些生活资料的价值即生产这些生活资料所需要的劳动时间的改变而改变。

马克思除了对劳动力的价值决定问题做了这样的客观分析之外，更重要的是把它放到资本主义生产关系中加以考察。劳动力的价值是由资本主义生产过程中的必要劳动时间所决定的。从一个工作日来考察资本主义生产过程，它由两部分劳动时间组成，即必要劳动时间和剩余劳动时间。必要劳动时间是用来生产工人的劳动力价值的，剩余劳动时间是用来为资本家生产剩余价值的。工人的劳动力价值高低与必要劳动时间有关。然而，这并不是一个简单的数学或技术问题，而是受其背后的生产关系的制约。工人希望尽量缩短工作日并提高工资，而资本家作为人格化的资本总想延长工作日并降低工资。因此，在资本主义生产的历史上，工作日的正常化过程表现为规定工作界

① 《马克思恩格斯文集》第5卷，人民出版社2009年版，第197页。

限的斗争,这是全体资本家阶级和全体工人阶级之间的斗争。在资本主义的生产史上,这种资本家阶级和工人阶级之间的斗争并不是单纯地取决于二者的力量。在资本主义的几个世纪里,围绕正常工作日的规定,资本家和工人之间的斗争史表现为两种对立的倾向。如马克思指出的:"资本在它的萌芽时期,由于刚刚出世,不能单纯依靠经济关系的力量,还要依靠国家政权的帮助才能确保自己吮吸足够数量的剩余劳动的权利,它在那时提出的要求,同它在成年时期不得不忍痛做出的让步比较起来,诚然是很有限的。"①然而,当资本主义发展到一定阶段后,劳动生产率的提高使得资本主义生产可以依靠相对剩余价值生产来实现剩余价值的最大化。在这样的背景下,一方面资本家愿意为缓和与工人的关系而在工作日方面向工人让步,另一方面国家政权也开始将干预经济的取向向工人倾斜。

如此看来,在劳动力价值或工资的决定方面,马克思的工资理论与西方经济学的工资理论有较大的区别。马克思不仅坚持劳动价值论来确定工人的工资,而且还深刻地认识到工人工资受资本主义生产关系的影响。

2. 利润

关于利润,马克思认为利润是剩余价值的转化形式,是在资本主义经济运行层面上人们对资本家借助资本获得收入的一种称谓。在马克思的经济学逻辑中,剩余价值是马克思在研究资本主义生产过程时对资本收入的一种本质性的概括。利润则是马克思在研究资本主义生产的总过程,即剩余价值的分配过程时所采用的一个概念。当然,这也是在现实的资本主义社会中人们普遍使用的一个概念,并且把它作为资本的收入来看待。剩余价值和利润在马克思那里都是资本的收入,但二者有着本质上的区别。剩余价值反映的是一种资本关系,即资本家与工人之间的关系,而利润反映的是资本与资本之间的关系。一个资本家投入资本于一个生产过程自然会获得由雇佣工人创造的剩

---

① 《马克思恩格斯文集》第5卷,人民出版社2009年版,第312页。

余价值,不同的生产部门或行业,由于资本的有机构成不同而导致雇佣工人人数不同,所获得剩余价值也不同。然而,任何一个资本家都不会容忍这种差别长期存在,只要各生产部门或行业不存在垄断,那么资本主义竞争规律一定会发挥作用,最终实现等量资本获得等量利润的格局。

利润与剩余价值虽然有本质上的区别,但是它们在量上具有一致性。从总体上来说,剩余价值与利润的量是相同的。而从分配的角度来看,剩余价值反映了资本家与工人之间的分配关系,利润则反映了资本家之间的分配关系。对于多种形式的资本来说,竞争导致剩余价值在不同形式的资本之间重新分配,进而达到等量资本获得等量利润的均衡。具体地,马克思分析了产业资本、商业资本、借贷资本、银行资本参与剩余价值的分配过程。产业资本、商业资本和银行资本,这些资本形式是资本循环的各环节由统一到分化过程中职能化的产物,因此,它们必然要求按照平均利润率获得相应的利润。只有借贷资本,由于它的收入来源于职能资本让渡的一部分利润,因此,它得到的并不是平均利润,而是利息。

由此可以看出,马克思对利润的理解不同于西方经济学对利润的解释。利润作为一种资本的收入是剩余价值的表现形式,其来源于雇佣工人劳动创造价值的一部分。因此,它并不是资本在资本主义生产中所作贡献的报酬,而是资本关系带来的收入,即资本对雇佣工人剥削的一种收入。

3.地租

关于地租,马克思也是在双重层面上理解它的意义的。在第一个层面上,马克思把地租放到他的经济学逻辑的最后环节,即从劳动创造价值到雇佣工人劳动创造剩余价值再到剩余价值转化为利润,最后由超额利润转化为地租。因此,地租归根结底是雇佣工人劳动创造的剩余价值的一种形式。具体地,马克思是在地主、农业资本家和农业工人的关系中理解地租的。农业资本家租种地主的土地,雇佣农业工人进行农业生产,农业工人创造的剩余价值或超额剩余价值,一部分根据平均利润率成为农业资本家的收入,剩余的部分则被地主借助对土地的私有和垄断而占有并成为他们的收入。在这一层面上,地租并不来源于土地的贡献,也是农业工人创造的剩余价值的转移。

在第二个层面上,马克思就地租本身划分为不同的形式,包括级差地租和绝对地租。级差地租又分成级差地租Ⅰ和级差地租Ⅱ。级差地租Ⅰ是土地的肥沃程度不同,以及土地的位置差别而产生的超额利润转化为地租的一种形式。级差地租Ⅱ是在同一块土地上,连续投入等量资本产生不同的生产率形成的地租。由于农产品的生产价格由劣等地来调节,只要在同一块土地上连续投资所产生的生产率高于劣等地的生产率,使这块土地上生产的农产品的个别生产价格低于劣等地的生产价格,便可以产生级差地租Ⅱ。绝对地租是在土地所有权垄断的基础上形成的一种地租。由于土地所有权的垄断,阻碍着农业中的资本转移,阻碍着利润率的平均化,使农产品可以按照等于价值或低于价值但高于生产价格的市场价格出售。绝对地租的量除了受农产品供求状况的影响外,还要受到农业资本有机构成变化的影响。在社会平均资本构成不变的条件下,如果农业资本有机构成降低,绝对地租的量就会增长;如果农业资本有机构成提高,绝对地租的量则会减少。如果农业资本有机构成等于或高于社会平均资本构成,农产品的价值就低于它的生产价格,这时,由农产品价值和生产价格的差额所转化成的绝对地租则为零。但是,并不能由此认为,绝对地租在这种情况下就不复存在。事实上,只要存在土地所有权的垄断,任何人要租用土地即使是租用劣等土地,也必须向土地所有者缴纳地租,因此绝对地租便是一种绝对存在的地租。只是要理解这种情况下的绝对地租需要有不同的解释。此时的绝对地租来自高于农产品价值和生产价格的垄断价格,而不是来源于农产品的价值高于社会生产价格所形成的超额利润。

因此,马克思对地租的解释并不局限于土地的特殊贡献,而同样是在资本关系下去理解地租的本质。之所以产生地租,要么是基于对土地经营权的垄断,要么是基于对土地所有权的垄断。而西方经济学简单地将地租归结为土地的贡献,显然只是一种表象,而没有深入地租的本质。

（三）马克思对资本主义分配差距的规律性分析

马克思建立在劳动价值论基础上的收入分配,其结果是雇佣工人得到劳动力价值或工资,资本家得到剩余价值或利润,地主得到地租。在资本家内部,尽管按照不同职能有不同资本之分,但他们以等量资本获得等量利润的资本原则得到平均利润,在各个地主之间,他们根据占有土地的不同状况以及农业资本家对土地的投资情况获得不同的级差地租。如果我们把这种收入分配的视角集中于分配差距时,那么在马克思的收入分配理论中可以看到的主要是存在于资本家和工人之间的收入差距,或者是两极分化。对此,马克思把它归结于资本主义积累的一般规律作用的结果。

资本的运动最终会形成一个规律,并决定了资本主义的命运。马克思研究资本主义生产方式就是要揭示这一资本运动的规律,并从本质上理解资本主义发展演进的趋势。在揭示资本运动的规律时,马克思所提出的一个逻辑进路是,"一个货币额转化为生产资料和劳动力,这是要执行资本职能的价值量所完成的第一个运动。这个运动是在市场上,在流通领域内进行的。运动的第二阶段,生产过程,在生产资料转化为商品时就告结束,这些商品的价值大于其组成部分的价值,也就是包含原预付资本加上剩余价值。接着,这些商品必须再投入流通领域。必须出售这些商品,把它们的价值实现在货币上,把这些货币又重新转化为资本,这样周而复始地不断进行"①。从马克思的这一关于资本运动的描述中不难看出,资本积累是资本运动的一个必然趋势。

资本可以获得剩余价值,而资本的本性又决定了它要最大限度地获得剩余价值。为此,作为资本人格化的资本家一定会把积累更多的资本作为他追逐剩余价值的手段。资本家获得剩余价值会被用于两个目的,一个是当作收入用于个人消费,另一个是用作资本积累以获得更多剩余价值。在剩余价值

---

① 《马克思恩格斯文集》第5卷,人民出版社2009年版,第651页。

一定的情况下,资本家会把多少剩余价值用于资本积累? 对此,古典经济学家的一个基本观点是,这取决于资本家的节欲程度。而马克思则进行了更全面的论述,"在资本主义生产方式的历史初期,——而每个资本主义的暴发户都个别地经过这个历史阶段,——致富欲和贪欲作为绝对的欲望占统治地位。但资本主义生产的进步不仅创立了一个享乐世界;随着投机和信用事业的发展,它还开辟了千万个突然致富的源泉。在一定的发展阶段上,已经习以为常的挥霍,作为炫耀富有从而取得信贷的手段,甚至成了'不幸的'资本家营业上的一种必要"①。这就意味着资本家进行资本积累并不以节制自己的欲望为前提,而可以突破剩余价值本身进行资本集中。在剩余价值分成收入和资本的比例一定的情况下,资本家进行资本积累取决于另外的一些因素。马克思将此归结为:第一,劳动力的剥削程度。因为劳动力的剥削程度直接影响到剩余价值率和剩余价值量。第二,劳动生产力。因为随着劳动生产力的提高,体现一定量价值从而一定量剩余价值的产品量也会提高。这不仅可以使劳动力价值降低,而且也能够在保持资本家消费水平下降低资本家的消费基金,同时也能够使同量资本形成更多的生产资料,吸收更多劳动力。第三,所用资本和所费资本之间差额的扩大。因为所用资本和所费资本之间差额的扩大意味着有更多的类似自然力的因素提供无偿服务,这种无偿服务会随着积累规模的扩大而积累起来。第四,预付资本的量。因为预付资本的量的扩大会使得生产规模也随之扩大,生产的全部发条也就开动得越是有力,或者说实现一种所谓的规模效应。

资本追逐剩余价值的本性和影响资本积累的各因素的内外部作用,使得资本增长在资本主义生产方式下变成一种常态。这种资本增长对工人阶级的命运有着非常大的影响,从而形成资本主义积累的一般趋势,或资本主义积累的一般规律。理解资本主义积累的一般规律,最重要的因素就是资本构成和

① 《马克思恩格斯文集》第5卷,人民出版社2009年版,第685页。

它在积累过程中所起的变化。资本构成或资本有机构成是一种由资本技术构成决定并且反映技术构成变化的资本价值构成。如果资本构成不变,那么资本的增长会一定程度地有利于工人阶级的工作稳定或工资提高。但这种状态除了具有逻辑上的意义之外,只可能发生于资本主义生产不发达的阶段。当资本主义制度的一般基础奠定下来,在资本积累过程中就一定会出现一个时刻,那时社会劳动生产率的发展成为积累的最强有力的杠杆。因为社会劳动生产力的增长,在一定程度上表现为劳动的量比它所推动的生产资料的量相对减少,或者说,表现为劳动过程的主观因素的量比它的客观因素的量相对减少。这就是说,劳动生产力水平的提高一定会造成资本有机构成的提高。

资本有机构成的提高在技术层面上表现为生产资料的量的增长快于劳动力的量的增长;在价值层面上表现为不变资本的量的增长快于可变资本的量的增长。因此,资本有机构成的一个必然结果是相对过剩人口的产生或产业后备军的扩大。如果说把资本有机构成与劳动生产率联系起来还具有一定的自然属性,那么资本主义生产方式则赋予资本有机构成特殊的社会属性,即资本主义属性。由资本有机构成提高引起的过剩的工人人口成为资本主义积累的杠杆,甚至成为资本主义生产方式存在的一个条件。马克思就此解释道:"过剩的工人人口形成一支可供支配的产业后备军,它绝对地从属于资本,就好像它是由资本出钱养大的一样。过剩的工人人口不受人口实际增长的限制,为不断变化的资本增殖需要创造出随时可供剥削的人身材料。"[1]对于资本主义生产来说,人口自然增长所提供的可供支配的劳动力数量是绝对不够的。为了能够自由地活动,它需要有一支不以这种自然限制为转移的产业后备军。

资本主义积累受劳动生产力提高和资本主义生产方式共同影响的资本有机构成提高机制的作用,呈现出来的一个发展趋势或一般规律是,"社会的财

---

[1]　《马克思恩格斯文集》第5卷,人民出版社2009年版,第728—729页。

富即执行职能的资本越大,它的增长的规模和能力越大,从而无产阶级的绝对数量和他们的劳动生产力越大,产业后备军也就越大。可供支配的劳动力同资本的膨胀力一样,是由同一些原因发展起来的。因此,产业后备军的相对量和财富的力量一同增长。但是同现役劳动军相比,这种后备军越大,常备的过剩人口也就越多,他们的贫困同他们所受的劳动折磨成反比。最后,工人阶级中贫苦阶层和产业后备军越大,官方认为需要救济的贫民也就越多。这就是资本主义积累的绝对的、一般的规律"①。简单地讲,资本主义积累的一般规律造成一方面财富向极少数资本家集中,另一方面工人阶级却越来越陷入相对甚至绝对的贫困。这便是马克思对资本主义收入分配最终会趋于两极分化的内在的、规律性的分析。

(四) 马克思对未来社会收入分配的预测性分析

马克思对资本主义经济运行的规律予以揭示,目的不仅在于理解资本主义社会的发展趋势和最终命运,而且在于为建立一个较资本主义更好的社会提供依据。马克思把这个未来的美好社会叫作共产主义。在共产主义社会实行怎样的收入分配制度? 马克思做了预测性的分析。当然,马克思所做的预测并不是一种简单的想象,而且有着对人类社会发展规律以及资本主义社会运行规律的科学认识的基础。马克思在《哥达纲领批判》一书中对这一收入分配制度做了概括性描述。

《哥达纲领批判》是马克思写于 1875 年 4 月的一部著作。其背景是,19世纪 70 年代初,德国国内的政治形势发生了较大变化,为了适应这种形势,工人阶级必须消除内部分裂状况。当时的德国工人运动中有两个重要派别,即爱森纳赫派和拉萨尔派。为了使两个派别消除分歧,顺利地实现合并以适应当时德国国内变化的形势,两派决定于 1875 年 5 月在哥达举行合并代表大

---

① 《马克思恩格斯文集》第 5 卷,人民出版社 2009 年版,第 742 页。

会。《哥达纲领》是为两派合并而写作的一个党纲草案,马克思对该草案提出的观点有不同的认识,为此针对性地写下了《哥达纲领批判》,原名是《德国工人党纲领批注》。不过当时并没有公开发表,直到1891年恩格斯为反对德国党内的机会主义思潮,帮助制定正确的纲领才将该部著作以《哥达纲领批判》的名称发表。《哥达纲领批判》属于马克思主义的科学社会主义的重要文献,在这里,马克思第一次明确了资本主义制度被否定之后到最终建立共产主义社会,一定会有一个过渡阶段。这个阶段是共产主义社会的第一阶段,在经过这样的一个过渡阶段后才能进入共产主义社会的高级阶段。马克思在分析共产主义的这两个阶段时,把收入分配作为一个重点加以分析。

1.关于收入再分配的理论

在《哥达纲领》中拉萨尔提出一个观点:"劳动是一切财富和一切文化的源泉,而因为有益的劳动只有在社会中和通过社会才是可能的,所以劳动所得应当不折不扣和按照平等的权利属于社会一切成员。"[①]对此,马克思在《哥达纲领批判》中进行了系统分析和批判。"劳动是一切财富和一切文化的源泉",这不仅混淆了使用价值和价值,而且也没有真正理解劳动实质是社会劳动的内涵。至于不折不扣更是在共产主义社会的不实说法。马克思对这一观点的分析批判的延伸便形成了他对未来社会或共产主义社会的收入再分配的思想。

在共产主义社会里,我们把"劳动所得"首先理解为劳动的产品,那么集体的劳动所得就是社会总产品。对这些社会总产品必须做一些扣除,包括:"第一,用来补偿消耗掉的生产资料的部分。第二,用来扩大生产的追加部分。第三,用来应付不幸事故、自然灾害等的后备基金或保险基金。"[②]剩下的总产品是用来作为消费资料的。不过,把这部分进行个人分配之前,还得进行一些扣除,包括:"第一,同生产没有直接关系的一般管理费用。""第二,用来

---

① 《马克思恩格斯文集》第3卷,人民出版社2009年版,第428页。
② 《马克思恩格斯文集》第3卷,人民出版社2009年版,第432页。

满足共同需要的部分,如学校、保健设施等。""第三,为丧失劳动能力的人等等设立的基金"①。

马克思的收入再分配理论尽管比较简单,但以马克思的那个时代来衡量,这种关于收入再分配的分析已经是很有预见性了。如马克思科学地预见了,和生产没有直接关系的一般管理费用随着新社会的发展而日益减少,以及用来满足共同需要的部分,将随着新社会的发展显著增加并日益发展起来。这些再分配在我们今天的社会确实是越来越重要,占有的份额越来越大。

2. 关于个人消费品分配的理论

社会总产品在做了以上不同的扣除,或者经历了再分配以后,剩余的部分便成为个人的消费品。对这些消费品如何进行分配? 这里体现了马克思关于未来社会个人收入分配的一些基本原则。当然,如果把马克思的收入分配与资本主义社会的收入分配进行比较,那么很容易发现,二者有着分配顺序上的差别。在资本主义社会,生产资料的私人占有决定了分配首先是在创造价值部门进行的初次分配,之后才在社会层面进行再分配。但在共产主义社会,由于生产资料共同所有,生产的社会总产品由国家占有并实施分配,因此分配首先进行扣除或收入再分配,之后才进行个人消费品的分配或相当于资本主义社会的初次分配。

就个人消费品分配来说,马克思以共产主义社会发展的不同阶段为根据确立不同的分配原则。在共产主义社会的第一阶段,由于"它不是在它自身基础上已经发展了的,恰好相反,是刚刚从资本主义社会中产生出来的,因此它在各方面,在经济、道德和精神方面都还带着它脱胎出来的那个旧社会的痕迹。所以,每一个生产者,在作了各项扣除之后,从社会领回的,正好是他给予社会的。他给予社会的,就是他个人的劳动量"②。这一分析反映的一个个人收入分配原则便是"按劳分配"。在共产主义社会高级阶段,"在迫使个人奴

---

① 《马克思恩格斯文集》第3卷,人民出版社2009年版,第433页。
② 《马克思恩格斯文集》第3卷,人民出版社2009年版,第434页。

隶般地服从分工的情形已经消失,从而脑力劳动和体力劳动的对立也随之消失之后;在劳动已经不仅仅是谋生的手段,而且本身成了生活的第一需要之后;在随着个人的全面发展,他们的生产力也增长起来,而集体财富的一切源泉都充分涌流之后,——只有在那个时候,才能完全超出资产阶级权利的狭隘眼界,社会才能在自己的旗帜上写上:各尽所能,按需分配!"①

对于以上马克思关于共产主义社会的分配原则的阐述,我们过去都非常熟悉,并且把它作为一个奋斗目标使之成为社会主义实践的一个重要部分。但是,理解马克思的这两个分配原则,必须依赖一个前提,即社会主义或共产主义不存在商品经济。如果存在商品经济,那么这两个分配原则就难以被彻底贯彻,即使按劳分配也不能完全实现。正是这样一个原因,使人们对马克思收入分配原则的理解存在一定的疑惑。事实上,正如我们在题目中提到的,马克思对未来社会的收入分配所做的仅仅是预测性分析。更何况马克思所设想的共产主义社会成为现实并没有建立在他所指出的生产力基础之上。而这一点正好成为马克思之后的继承者们讨论的一个现实的问题。

---

① 《马克思恩格斯文集》第 3 卷,人民出版社 2009 年版,第 435—436 页。

第二章　中国收入分配差距的现实梳理

收入分配在历史的演进中有着各种各样的表现,不同时期的收入分配受到生产发展状况的影响而呈现出收入分配差距扩大或缩小的趋势。在中国历史上,收入分配差距的程度更是一个朝代繁荣或衰退的直接原因。新中国成立后,随着社会主义制度的建立,一个崭新的分配制度也随之确立。按劳分配成为当时中国最主要的分配制度,因此极大地缩小了人们之间的收入差距。改革开放后,随着经济增长人们之间的收入分配差距出现扩大现象。这形成了中国收入分配的新现实,也成为我们必须关注并需要梳理的一项内容。

第一节　梳理中国收入分配差距
现实的视域与方法

一、梳理中国收入分配差距现实的视域

（一）梳理中国收入分配差距现实的时间视域

梳理中国收入分配差距现实,首先需要解决的一个问题是对现实的时间界定,也就是我们研究哪个阶段的收入分配。

任何理论研究都要有现实意义,或者要有现实针对性,或者要能解决现实

问题。收入分配无疑是一个历史现象,在人类的社会性生存方式下,分配是从生产到消费的必要环节。分配受到研究者的关注或者成为经济学理论的命题,有着十分久远的历史。不过,在不同时期,收入分配受到的关注并不相同。当生产或生存的问题比较突出,人们会更加关注如何提高生产效率、如何增加财富等问题。当生产得到一定发展并出现收入分配严重不均时,人们就会把注意力投向分配问题,尤其是对收入差距的关注。这个在人类社会发展史上反复上演的一幕已经成为一种具有规律性的趋势。在中国的历朝历代中,收入分配通常是在一个朝代的末期受到人们的关注。受一种历史周期率的影响,一个朝代在建立初期,上下一心,社会逐步繁荣;而到了该朝代末期,朝廷腐败,贫富两极分化,这意味着改朝换代的时期到了。这种朝代演进构建了一部完整的中国历史。孙中山领导的旧民主主义革命,推翻了满清王朝,结束了四千多年王朝更迭的历史,开启了中国作为一个现代国家的进程。然而,把中国真正引向现代国家,是随着中国共产党领导的新民主主义革命的胜利而开始的。

中国共产党领导中国人民建立新中国以后,按照其要实现的最高目标,结合国情和模仿苏联建成了社会主义制度。由于新生的中华人民共和国是在一个生产力水平比较落后的半殖民地半封建社会基础上建立的,因此,落后的生产力水平和先进的社会主义制度间的矛盾比较突出。在这样的背景下,发展生产力或加速工业化成为新中国的首要任务。突出发展生产力的任务就把分配问题放在了次要的位置,甚至把收入分配作为发展生产力的一个前提。因此,平均主义的收入分配成为新中国成立之后所选择的一种分配制度。收入的平均化也淡化了人们对它的关注,从而在理论上也较少地对它进行分析。

1978 年的改革开放,不仅开启了中国社会主义建设的新征程,而且也改变了之前形成的收入分配格局。收入分配差距扩大意味着收入分配问题越来越突出,对收入分配或收入分配差距的研究成为经济学理论无法回避的课题。因此,我们把梳理中国收入分配差距现实的时间视域限定在改革开放后的时间里。

如何梳理或考察中国改革开放后的收入分配差距？这首先涉及的一个问题便是梳理收入分配差距的角度。中国是一个大国，不仅人口众多，而且地域广阔，经济也非常复杂，因此，梳理中国的收入分配差距不能只是从总体上加以说明，而应该选择从不同的角度进行考察。

（二）梳理中国收入分配差距现实的宏观视域

考察收入分配差距要考虑的是总体收入分配差距。这是梳理中国收入分配差距的一个整体性概念。因为，当我们想了解中国的收入分配差距时，那首先想知道的就是中国总体居民收入和财富的差距有多大。对总体居民收入和财富分配差距的考察是一个较为复杂的问题，不仅因为获得数据难度较大，而且因为居民收入和财富有着多样化的来源。在总体范围内考察收入和财富分配的差距，这是一项非常浩大和复杂的工作。而且就收入和财富两个指标来看，收入差距的数据相对容易获得，而财富差距的数据则很难获得。前者无论是建立在国家统计基础上的数据，还是基于抽样调查的数据，都相对易于获取和比较准确。财富或财富差距的数据则很难准确获得，更多的是通过估算所得。因此，在进行收入分配差距的现实梳理时，我们可能更多采用的是收入差距的数据。至于收入和财富的来源，在收入分配差距的总体范围考察时有着不同的途径。就收入来源来说，居民收入包括劳动报酬、财产性净收入、转移性净收入、经营性净收入。就财富来源来说，它不仅包括收入流量积累，而且还包括收入存量的增值，如房产、存款、证券、黄金、古董等。

考察收入分配差距也要考虑城乡收入分配差距。这是梳理中国收入分配差距的一个重要方面。任何国家在它的工业化过程中都要经历从城市兴起到城乡发展不平衡再到城乡一体化这几个阶段。已经完成工业化的国家基本实现了城乡一体化，而尚未完成工业化的国家都有着不同程度的城乡差距。中国的城乡差距不仅有工业化处于发展过程中的原因，而且还有一些制度体制方面的原因。这两个方面的原因决定了中国城乡发展的不平衡。工业化过程同时伴生着城市化过程,这个过程最初以城乡差距为出发点。这一差距引起农村各种要素向城市转移,尤其是农村劳动力向城市转移。农村劳动力在开始向城市转移时是无限供给的,但随着农村剩余劳动力的减少,农村和城市比较收益的缩小,农村劳动力的供给不再是无限的,最终劳动力在城乡之间的流动达到了一种平衡,这意味着城市化的进程基本结束,城乡一体化的格局基本形成。然而,新中国在演绎这一城市化过程时不仅受到工业化水平低和城乡差距大的影响,而且还受到诸如户籍制度的影响,因此,中国的工业化和城市化就有了自己的特殊性。中华人民共和国成立后,我们就把工业化作为发展经济的首要任务。由于我们的工业化不是在市场经济的环境下发展的,而是在政府计划和行政命令的控制下推进的,因此,城市化不是在劳动力的自由流动中发展的,而是在户籍制度的限制下有计划地推进的。在这样的背景下,新中国的工业化进程和城市化发展出现了严重的失衡,到实行改革开放的1978年,工业产值占国内生产总值的比重达48.2%,第三产业产值占国内生产总值的比重为23.7%,农业产值占国内生产总值的比重只有28.1%。然而,城市人口占总人口的比重仅为17.9%。这种城市相对于农村的优势还因为国家实行的"以农补工"的政策而更加强化。因此,对中国收入差距的城乡视角的考察是一个非常重要的方面。

考察中国收入分配差距还要考虑地区收入分配差距。这是梳理中国收入分配差距时不能不考虑的一个因素。中国幅员辽阔、环境多样,再加上各地不同的历史、文化背景,各地经济发展的不平衡问题比较突出。新中国成立后,我们一度实施了逆梯度的地区发展战略。这在一定程度上改变了旧有的地区经济发展不平衡格局,缩小了地区之间的经济差距。改革开放后,市场化取向改革重新释放了东部沿海地区的经济活力,再加上其具有的积聚生产要素优势,地区经济发展格局出现了新的变化。东部沿海地区的经济活力不断增强,经济增长速度相对较快,从而逐步拉大了与其他地区的发展差距,也不断扩大了与其他地区的收入差距。这成为扩大中国收入分配差距的一个重要因素，也是梳理中国收入分配差距现实的一个重要视角。

考察中国收入分配差距需要考虑行业收入分配差距。这是梳理中国收入分配差距必须重视的一个领域。中国经济发展的不平衡不仅体现在地区之间，而且也体现在不同行业之间。在计划经济体制时期，各行业发展受国家战略影响存在着不平衡的现象，但是，由于国家控制收入分配，因此，这种行业发展差距并没有转化为行业收入差距。改革开放之后，市场经济在国民经济中的作用不断加强，生产要素在各行业间的流动一定程度地放开，而且，生产要素也一定程度地获得了收入分配的权力，这使得能够吸引更多生产要素的行业得到发展，相应地，该行业收入也得以增长。不过，市场化资源配置并没有延伸到所有行业，一些战略性、自然垄断性行业以及关系国民经济命脉和国民经济的支柱行业仍然由国家控制。这些行业借助行业优势和国家控制获得巨额利润，并一定程度地转化为员工收入。如此，在中国的行业间不仅有竞争力的行业发展迅速且行业收入较高，而且垄断性的行业也得到高速发展并体现为行业的高收入。这也成为中国收入分配差距的一个重要因素，并起到扩大居民收入差距的作用。

以上四个方面是梳理中国收入分配差距通常选择的角度。从一定意义上说，这种考察是比较全面的，而且也可以较好地反映中国收入分配差距的现实。不过，还有一些角度也是梳理收入分配差距可以考虑的。如果说前面我们确定的时间和多维视角是从宏观方面考察我国的收入分配差距，那么从一些微观的角度考察收入分配差距也是有意义的。

（三）梳理中国收入分配差距现实的微观视域

收入分配差距的微观考察主要是指出现在初次分配领域的收入差距。如果说收入分配差距的宏观考察注重的就是收入分配结果的差距，那么收入分配差距的微观考察注重的是不同要素所有者之间及其内部的差距。

初次分配是指在创造收入过程中作出贡献的各要素所有者之间进行的分配。创造收入的过程也就是生产过程,参与生产过程的各要素通常指资本、劳动、土地、技术这四个基本要素。不过,在考察初次分配的差距时,一般要对这四个要素加以整合,土地所有者的收入可以纳入资本所得,技术所有者的收入可以纳入劳动所得。因此,考察初次分配领域的差距可以集中于劳动收入和资本收入这两个方面。

在初次分配中,首先涉及的一个内容就是由生产创造的收入如何在劳动者和资本所有者之间进行分配。在实行计划经济体制时期,生产资料公有制决定了初次分配中,劳动者按照按劳分配原则获得劳动收入,其余都上缴国家成为国家的收入或全民收入。在这种分配制度中,只有劳动者之间存在着一定的收入差距,而且这种差距仅仅体现在非常稳定的工资或工分方面的级差。这种收入分配差距并没有研究上的现实意义。改革开放后,随着市场化取向的改革不断深入,所有制结构逐步调整,从生产资料公有制"一统天下"逐步发展为以公有制为主体、多种所有制共同发展的所有制结构。这种所有制结构的调整改变了初次分配的格局,在非公有制经济中出现了劳动收入和资本收入的关系,而且劳动收入和资本收入的差距在中国的社会主义市场经济体制中成为一种常态。因此,考察中国收入分配差距的现实就不能忽略这方面的内容。

在初次分配中,还要考虑劳动者之间的收入差距问题。在公有制企业中,随着经济体制改革不断深化,国有企业不再像过去一样,仅是一个简单的生产单位,其生产决策、要素投入、产品销售都由相应的行政部门包下来,而是变成了一个生产经营单位,并获得了从生产决策到组织生产再到产品营销的一系列权力。这样的变化要求公有制企业必须面对市场,需要技术创新和管理创新,需要优秀的技术人才和管理人才。企业内部出现的高层次技术人才和管理人才要求在收入分配上得到体现,结果在企业内部就形成了不同劳动者之间的收入差距。在非公有制企业中,由于现代的生产活动越来越复杂,生产内部的分工越来越细,技术的等级性越来越强。如此决定了企业内部的劳动者因为所处的分工不同、技术水平不同而处于不同的地位并作出不同的贡献。不过,无论是国有企业,还是非公有制企业,劳动者之间的收入差距更多地源于技术水平的差距和管理人员地位的凸显。这成为劳动者收入差距的一种主要表现。

在初次分配中,更应该关注的是资本所有者收入迅速增长的现实。私人资本在中国实行计划经济体制时期基本上被消灭,因而,也不存在靠资本获得收入的分配方式。改革开放后,以个体户为起点,中国的私人资本不断扩大,发展到今天,中国不再是那个把"万元户"作为富裕标志的国家了,拥有的亿万富翁数量也在世界占有一席之地。据瑞士银行和 Wealth-X 财富评估公司的调查显示,中国内地拥有的超过 10 亿美元资产的富豪数量居亚洲第一,全球第二。中国资本所有者收入增长和财富积累的速度是惊人的,这成为中国收入差距极为明显的典型事实。

收入分配差距本身是一个非常复杂的现象,人们可以从不同的角度或在不同的领域对这种差距加以考察和分析。对于中国这样一个存在着不平衡的大国来说,其收入分配差距的表现会更为复杂。因此,我们选择以上多个角度来考察中国收入分配差距。

二、测量中国收入分配差距的方法

对中国收入分配差距现实予以梳理,主要是想了解中国的收入差距到底有多大。为此,必须通过某种测量收入差距的方法来测度其大小。收入差距有着各种各样的表现,因此测量收入差距也有不同的方法。

(一) 测量居民收入差距的方法

居民收入差距的大小通常用一些指标来衡量。根据收入差距的不同表现,以及研究者观察角度的差异,形成了许多用以衡量居民收入差距的指标。

这里我们列举一些指标以对测量居民收入差距的方法作一概览。

1. 极差

极差,是指一组测量值内最大值与最小值之差,又称范围误差。它是标志值变动的最大范围,也是测定标志值变动的最简单的指标。极差通常用 R 表示,其简单的计算公式是:

$$R = X_{max} - X_{min}（其中，X_{max} 为最大值，X_{min} 为最小值）\tag{2.1}$$

在统计中常用极差来刻画一组数据的离散程度,以及反映变量分布的变异范围和离散程度。极差越大,离散程度越大;反之,极差越小,离散程度越小。极差的这种特征可以用来表示一定范围内的收入差距,如不同单位、个人、家庭之间的收入差距有多大,就可以用极差值来描述,而且表示的结果也很直观。比如说,2014 年,上海市城镇居民人均可支配收入最高,为 47710 元,山西省城镇居民人均可支配收入最低,为 24069 元,这意味着中国 2014 年城镇居民人均最高和最低可支配收入差距是 23641 元,几乎相差一倍。这个差距就可以在一定程度上反映中国城镇居民人均收入的差距。

极差这一指标虽然可以直观而简单地衡量收入差距,但它仅仅考虑了收入分配中处于两个极端的收入水平,不能全面地反映整个收入分配的不平等状况。因此,当我们想全面了解一定范围内的收入差距时,这一指标就不是一个最优的选择。

2. 离差

离差,也称离均差,是单项数值与平均值之间的差。计算离差涉及的是一组数据中所有数值与平均值的差距,相较于极差,离差更能反映整体的离散程度。用离差来反映收入分配差距较极差可以更全面地说明状况。

在分析收入差距时,离差是由一个收入分配与等值分配之间的关系构造的,在数值上等于所有收入与收入平均值的差的期望值:

$$MD = \sum \frac{|x_i - \mu|}{n}\tag{2.2}$$

其中,*MD* 表示离差;x_i 表示一组收入分配中的各个不同的收入;μ 表示一组收入分配中的等值收入;n 表示一组收入分配中包含的人数。*MD* 是一个总和值,它反映了一组收入分配的整体差距。离差值越大,说明收入水平的分布越分散,收入分配的不平等程度越高;相反,离差值越小,说明收入水平的分布越集中,收入分配的不平等程度越低。

衡量收入分配差距是统计学上的一个计算离散程度的问题,围绕该计算的统计指标有很多,如标准差、平均差、倍率和极值差率、相对离均差、变异系数等等。不过,在研究收入分配差距时,更多使用的是一些综合指数,如基尼系数、泰尔指数等。

3. 基尼系数

基尼系数是测度收入分配差距时被普遍使用的一个指标。该系数是美国经济学家阿尔伯特·赫希曼(Albert Otto Hirschman)在 1943 年根据洛伦兹曲线计算出来的一个比例数值。洛伦兹曲线见图 2-1。

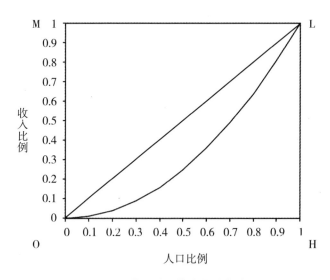

图 2-1　收入差距的洛伦兹曲线

图 2-1 的横轴代表人口的等分比例,纵轴代表收入的等分比例。OL 线

表示等量比例人口获得等量比例收入,分布于 OL 线和 OHL 区域之间的曲线
为洛伦兹曲线。洛伦兹曲线上各点表示人口比例和收入比例并不相等,也就
是出现了收入分配的差距。赫希曼进一步做了计算,用洛伦兹曲线与 OL 线
之间的面积与 OHL 三角形面积的比例来表示收入分配的整体不平等程度,该
比例数值便是基尼系数。由于该数值在 0—1 之间,因此,基尼系数就是 0—1
之间的某一个数值。具体计算基尼系数时又有不同的计算方法,其中一个比
较简便的计算公式是,假定一定数量的人口按收入由低到高排序,分为人数相
等的 n 组,从第 1 组到第 i 组人口累计收入占全部人口总收入的比重为 W_i,利
用定积分的定义将洛伦兹曲线的积分分成 n 个等高梯形面积并求和便得到基
尼系数值。

$$G = 1 - \frac{1}{n}\left(2\sum_{i=1}^{n} W_i + 1\right) \qquad (2.3)$$

基尼系数的经济含义是,基尼系数越接近"1",表示收入分配的差距越
大,基尼系数越接近"0",表示收入分配的差距越小。"1"和"0"是两种极端
的情况,基尼系数为"1"意味着全部收入被一个人或一个单位占有,基尼系数
为"0"意味着全部收入被每一个人或一个单位平均分配。通常情况下,基尼
系数是大于 0 并小于 1 的。按照联合国有关组织的界定,基尼系数低于 0.2
为收入绝对平均的状态,0.2—0.3 之间表示收入分配比较平均,0.3—0.4 之
间属于收入分配相对合理,0.4—0.5 之间则是收入差距较大,0.5 以上表示收
入差距进入悬殊的状态。因此,国际上一般把 0.4 作为贫富差距的警戒线,也
就是基尼系数若大于 0.4,就应该引起注意,因为这样的收入不平等意味着有
一定社会动荡的风险。不过,用基尼系数说明社会动荡的风险只是一个抽象
的概念,社会稳定机制较为复杂,决定的因素较多,不同国家的情况也不同,因
此,仅用基尼系数并不能完全判断社会稳定的状况,但基尼系数较大一定是社
会不稳定的一个因素,必须引起政府的重视。

4.泰尔指数

泰尔指数是测度收入分配不平等的又一个指标。该指数是 1967 年由泰

尔(Theil)根据统计信息理论提出的一种新的测度收入差距的指标,用收入的对数值与等值分配的对数值测度它们之间的差距,并用收入比重加权:

$$T = \sum q_i(\log y_i - \log \mu) \tag{2.4}$$

该公式被称为"T—测度方法","T"被称为泰尔指数。q_i 为收入比重,y_i 为收入,μ 为平均值。泰尔指数或者叫作泰尔熵标准,其内在原理和经济含义,可以用如下的一个数学推导来表示:

假设 U 是某一特定事件 A 将要发生的概率,用公式 $P(A) = U$ 表示。这个事件发生的期望值为 $E(U)$,它是 U 的减函数,用公式表达为:$E(U) = \log(\frac{1}{U_i})$ 。当有 n 个 $(1, 2, \cdots, n)$ 可能的事件时,相应的概率假设分别为 U_1,$U_2, \cdots, U_n$,$U_i \geqslant 0$,并且 $\sum U_i = 1$。

熵或期望值可被看作每一个事件期望值与其相应概率乘积的总和:

$$E(U) = \sum U_i h(U_i) = \sum U_i \log \frac{1}{U_i} \tag{2.5}$$

显然,n 种事件的概率 U_i 越趋近于 $(1/n)$,熵也就越大。在物理学中,熵是衡量无序的标准。如果 U_i 被解释为属于第 i 单位的收入份额,$E(U)$ 就是一种反映收入分配差距不平等的尺度。收入越平均,$E(U)$ 就越大。如果绝对平均,也就是当每个 U_i 都等于 $(1/n)$ 时,$E(U)$ 就达到其最大值 $\log n$ 。泰尔将 $\log n - E(U)$ 定义为不平等指数,也就是泰尔熵标准:

$$T = \log n - E(U) = \sum U_i \times \log n U_i \tag{2.6}$$

用泰尔指数来衡量不平等的一个最大优点是,它可以衡量组内差距和组间差距对总差距的贡献。泰尔熵标准只是普通熵标准的一种特殊情况。当普通熵标准的指数 $C = 0$ 时,测量结果即为泰尔指数。取 $C = 0$ 的优势在于分析组内、组间差距对总差距的解释力更加清晰。

泰尔指数和基尼系数之间具有一定的互补性。基尼系数对中等收入水平的变化特别敏感。泰尔指数对上层收入水平的变化很敏感。

测算收入不平等是研究收入分配理论的一个重要内容,许多学者都愿意在这个问题上贡献自己的智慧,由此形成了不同的测算收入差距的方法。基尼系数和泰尔指数是现代收入分配理论关于收入差距测度的经典成果,但在他们的基础上还是有人在不断创新,如邦费罗尼曲线与指数①,就属于这种创新的一个表现。

5.邦费罗尼曲线与指数

邦费罗尼是意大利人,1930 年,他提出了描述收入不平等的邦费罗尼曲线与指数,但由于是用意大利文阐述的,直到 1981 年他的这一曲线与指数才被英语学术界所知晓,而较为流行是最近几年的事。邦费罗尼曲线定义为:

$$B(p) = \frac{L(p)}{p} \tag{2.7}$$

其中,p 是低收入端人口比例,$L(p)$ 是洛伦兹曲线。有关邦费罗尼曲线的经济意义,还可以通过进一步的推导来说明。设有一人口为 N 的国家或地区,它的低收入端人口为 n,其平均收入为 μ_1,又设总平均收入为 μ,则按定义,这一低收入端人口份额为:$p = n/N$,这一群体拥有的总收入份额(即洛伦兹曲线值)为:$L(p) = n\mu_1/N\mu$。

$$B(p) = L(p)/p = \frac{n\mu_1/N\mu}{n/N} = \frac{\mu_1}{\mu} \tag{2.8}$$

如此,$B(p)$ 的值变成两个平均收入的比,即低收入端人口的平均收入与总平均收入的比。$L(p)$ 表示低收入端人口拥有的收入份额,而 $B(p)$ 表示低收入端人口拥有的相对收入,这成为反映低收入端收入水平的新指标。邦费罗尼指数也是 0—1 之间的数值,它的计算方法与基尼系数近似,只是在数量上有所不同,但与基尼系数形成互补。

6.分配表

在衡量居民收入差距的指标中,基尼系数、泰尔指数都是比较便捷的方

---

① 王原君、游士兵:《收入不平等问题最新研究热点分析》,《经济学动态》2014 年第 5 期。

法。基尼系数是一个更常用的评估不平等的综合指标,可以用来对一定范围内的居民收入差距进行总体性评价。不过,这些系数也会带来一些问题。它们都试图用一个数值就概括一种分配方式中所有有关不平等的信息。表面看来,这似乎简单明了,都是衡量收入差距的好方法,但也会让人们误入歧途。《21世纪资本论》的作者皮凯蒂在研究收入分配差距时,就采用了另外的衡量收入差距的方法,即分配表。他认为:"在分配的不同层面上,社会现实和经济政治不平等的重要性非常不同,对它们进行区别分析非常重要。此外,基尼系数和其他综合指数常常把劳动不平等和资本不平等混淆起来,虽然在这两种情况下起作用的经济机制不同,不平等的理由一般也不相同。由于上述原因,我认为用分配表分析不平等,比基尼系数等综合指标更好。"①

分配表显示的是收入和财富金字塔各自最顶端10%和1%人群的收入在总收入和总财富中的比重。分配表也是一个非常有价值的衡量收入差距的指标,因为它使人们注意到组成当前层级的各个社会群体的收入和财富水平。这些层级用现金数量来表示,而不是用难以理解的人为统计指标。分配表可以让人们更具体直观地了解社会不平等,也能充分认识研究这些问题所使用的数据及其局限性。相比之下,基尼系数等统计指标让人们抽象而乏味地看待不平等,使人们难以找到他们在当前层级中的位置。通常情况下,指数会掩盖数据的反常和矛盾现象,并且来自不同国家、不同时期的数据无法直接比较。使用分配表可以在一定程度上避免这类问题的发生。

分配表表面看起来没有多少技术含量,这对于目前人们愿意将研究复杂化的倾向来说,好像有些简单。但是,有时理解某些问题,一种简单化的处理可能更加有效。分配表是一种很传统的方法,早在18世纪、19世纪初就流行一种"社会表格"的方法,这种方法就是用来衡量收入差距或等级的。它的目标是提供一种全面的社会结构的视角,如列出了贵族、资产阶级、绅士、工匠、

---

① [法]托马斯·皮凯蒂:《21世纪资本论》,巴曙松等译,中信出版社2014年版,第270页。

农民等的数量及其收入。皮凯蒂提倡的分配表包含了一定的"社会表格"的思想,但其内容却是有区别的。在"社会表格"中使用了当时的社会分类,而分配表是用十分位和百分位来确定财富和收入分配状况的。

使用分配表还有一个好处是它与国民收入核算方法更为一致。既然多数国家的国民收入核算可以让我们测算每年的国民收入和财富,那么进一步便可以按十分位数和百分位数来细分这些总收入和财富数字。事实上,有些国家在它们的统计报告中公布了这种细分的收入分配数据。因此,分配表的使用虽然简单,但是其可操作性较强。尤其是,这个方法可以让任何一位观察者看到,不同社会人群实际获得的收入是否或多大程度上反映了国内产值和国民收入的增长。例如,只有知道流向最上层 10% 人群的财富比重,我们才能确定增长的成果有多大比例被最上端收入人群获得。

要测算居民收入差距,以上的方法都可以在一定程度上使用。可能由于我们观察的视角不同,这些方法被使用的效果也不同。因此,在衡量居民收入差距时,重要的不在于采用哪一种方法,而是要确认自己研究居民收入差距的取向。只要能够把自己研究居民收入差距的取向搞清楚,那么以上工具箱中的方法便可以为我们所选择。

(二) 测算其他收入差距的方法

收入差距是一个可以从多角度认识的问题,就我国的收入差距来说,可以从总体居民的收入差距、城乡居民的收入差距、地区之间的收入差距和行业之间的收入差距来考察。以上对居民收入差距的测算方法的介绍表明,测算居民收入差距也可以有不同的方法。这些方法也可以用来测算其他收入差距,但不同收入差距的性质不同,还是需要进一步确定各自使用哪一种方法更合适。

1. 测算城乡居民收入差距的方法

测算城乡居民收入差距首先需要确定城乡划分的标准。人们对城乡都有一个经验上的把握。当被问到什么是城市？什么是乡村？人们都可以作出具体的回答，如北京是城市，牛庄是乡村。但现实中的城乡界定要更复杂，因为城市和乡村都是一定人口的聚集，那么多少人口聚集才能成为城市？除了人口聚集之外，城市还需要具备哪些要素？把这些问题考虑进去，就使得划分城乡不那么简单了。新中国成立初期，我国对城乡的划分标准很不统一，1955年，国务院参照国际经验并考虑我国实际制定并通过了《关于城乡划分标准的规定》，这是我国以政府的名义颁布的第一个关于城乡划分的标准。此后，随着城市的发展，我国分别于1963年和1984年对城乡划分标准进行了调整，这些调整使得城乡划分标准更加科学化和合理化。在我国，划分城乡是一个区域意义上的概念，但考虑到区域的不同范围，对城乡的划分还是有所区别的。在我国，城乡划分有包括城镇和乡村两大区域的"两分法"，也有包括城市、集镇、乡村三大区域的"三分法"。这两种划分，在学理上都是有根据的，但考虑到本书主要关注城乡居民的收入分配，"两分法"的操作意义更加明显，因此，本书所采用的便是城镇和乡村这样的划分。

不过，考虑到我国的户籍制度，这使得划分城乡居民成为一个更加复杂的问题。按照传统的划分标准，居民属于农村户口便是农村居民，属于城市户口便是城镇居民。然而，改革开放后，由户籍制度限制的人口流动逐步被打破，城乡居民的流动加快，特别是农村劳动力向城市转移，这造成城乡居民身份有所变化。那些长期居住在城镇，并有着固定职业的农村人口变成城镇的常住人口，成为统计学意义上的城市居民。这也是我们研究城乡居民收入差距需要考虑的一个因素。

在对城乡及城乡居民界定的基础上，我们进一步提出测度城乡居民收入差距的方法或指标。

（1）城乡居民收入比率。比率是比较两种相互联系的统计指标时使用的一种指标，它是把分母的数值看成1计算出来的。为了比较，通常采用分母数值小于分子数值的方法进行计算。城乡居民收入比率就是把数值较小的农村

居民收入看作分母,而把城镇居民收入作为分子来计算的,其计算公式如下:

城乡居民收入比率=城镇居民人均可支配收入/农村居民人均纯收入

(2.9)

上式计算出来的是一个大于 1 的数字,这表明了城镇居民人均可支配收入与农村居民人均纯收入的倍数关系。如 2014 年,我国城乡居民收入比率为 2.92∶1。

(2)城乡居民收入基尼系数。基尼系数是我们在前面测度整体居民收入差距时常用的一种方法。不过,在测度城乡居民收入差距时,计算基尼系数的方法有所不同。这里我们采用陈宗胜和周云波(2002)提出的一种计算方法。[①] 这种计算基尼系数的方法也被称为"差值法",它是从宏观角度比较城乡居民的收入。具体用 I_u 和 P_u 分别表示城镇居民收入在全国总收入中的比重和城镇居民人口在全国总人口中的比重,I_r 和 P_r 分别表示农村居民收入在全国总收入中的比重和农村人口在全国总人口中的比重,城乡居民收入的基尼系数公式是:

$$G_D = I_u - P_u = I_r - P_r$$

(2.10)

其中,G_D 表示城乡居民收入差距的基尼系数,当 G_D 等于 0 时,表明城乡居民收入完全相等,当 G_D 等于 1 时,表明城乡居民收入差距绝对不平等,在 0—1 之间反映了城乡居民收入差距的不同程度。

(3)城乡居民收入结构相对系数。结构相对系数是用来说明总体的各个组成部分在总体中所占比重的一种相对系数。把结构相对系数运用到测度城乡居民收入差距,可以从人均收入的角度构造城乡居民收入的结构相对系数。用结构相对系数表示城乡居民收入差距,可以采用如下的公式:

$$\eta_u = \frac{I_u}{I_u + I_r} \times 100\% \ , \ \eta_r = \frac{I_r}{I_u + I_r} \times 100\%$$

(2.11)

[①]　陈宗胜、周云波:《再论改革与发展中的收入分配——中国发生两极分化了吗?》,经济科学出版社 2002 年版,第 62 页。

其中,η_u 和 η_r 分别表示城镇居民收入的结构相对系数和农村居民收入的结构相对系数。I_u 和 I_r 分别表示城镇居民人均可支配收入和农村居民人均纯收入。当 $\eta_u = \eta_r = 0.5$ 时,表示城乡居民之间不存在收入差距,当 $\eta_u = \eta_r \neq 0.5$ 时,表示城乡居民之间存在收入差距,偏离 0.5 越多,表明城乡居民收入差距越大;反之,偏离越少则意味着城乡居民收入差距越小。

2.测算地区间居民收入差距的方法

测算地区间居民收入差距首先要对区域进行划分。我国地域广阔,地形复杂,区域的差异性比较明显,这在一定程度上决定了区域间居民收入存在一定的差距。对我国的区域的划分也不是统一的,从不同的角度出发,可以有不同的区域划分。

第一,以大的地带为根据,把我国划分为东部、中部、西部三大区域。"七五"计划之后,绝大多数研究者都将我国的区域按照东部、中部、西部三大地带来划分,并成为理解我国区域发展的一个标准。这三大地带又根据各省的分布包括了不同省份,见表 2-1。

表 2-1　我国三大地带的划分和省份构成

地带名称	各大地带的省份构成
东　部	北京、天津、上海、辽宁、河北、山东、江苏、浙江、福建、广东、海南
中　部	黑龙江、吉林、内蒙古、山西、安徽、江西、河南、湖南、湖北
西　部	宁夏、西藏、青海、甘肃、云南、广西、陕西、贵州、四川、重庆、新疆

资料来源:根据《中国统计年鉴》的划分整理。

对于这样的划分,也有学者指出其存在的一些弊端,如地理位置并不能完全代表省份的经济发展水平,并不是所有东部地区省份的经济水平都高,也不是所有西部地区省份的经济水平都低。此外,由于样本空间太大,以致无法进行政策分析,而且范围过大的区域划分会导致各区域内部也出现差别。

第二,以行政单元(省份)为根据,把我国划分为 31 个(不包括港、澳、台地区)区域。这种划分也是学者们在研究中通常使用的一种划分,该划分的好处在于每一个省份都是一个相对独立的经济运行单位,也是相对独立的一个核算单位,这使得在进行区域比较和区域分析时容易获得数据,也可以更好地体现各省份发展中所采取的政策的优劣。

第三,以人均收入水平为根据,把我国划分为不同收入组的几个区域。这种划分以各省份的人均收入为依据,可直接采用人均收入水平分组,也可按各省收入水平与全国人均收入水平的比值分组,两种方法的结果是相同的。如按照比值划分,可将比值在75%以下、75%—100%、100%—150%、150%以上的分别划分为低收入组、中下收入组、中上收入组、高收入组。这种划分的优势是跨越了自然地理和行政单元的界限,可以很清楚地看到各省份发展的程度。当然,这种收入组的划分并不是不变的,而是随着各收入组的省份的变化而变化。

第四,以县级行政单元为根据,将我国划分为若干个县级地区。这种划分多用在一些经济发展水平比较和细化的研究中,如全国经济百强县、贫困县的评比就是这种划分的一种表现。

对我国这样一个大而复杂的区域进行划分,自然会有不同的角度,也会有不同的理解。以上几种划分只是具有代表性的方法,如果进一步检索,还可以找到其他的划分方法,如中心—边陲的划分等。不过,这些划分只是给我们提供选择,不同的研究目的,可以采用适宜的划分方法。

在对我国各区域划分的基础上,我们进一步来选择用以测算地区收入差距的方法。用于比较和评价各地区居民收入差距的方法,可以分为表示地区间绝对差距的指标和表示地区间相对差距的指标这两大类。绝对指标有标准差,相对指标包括基尼系数、变异系数、加权变异系数、加权离均差系数和极值差率。

(1)标准差,也称均方差。它是在概率统计中最常使用的、作为统计分布程度上的一种测量,也是反映一个数据集的离散程度的指标。标准差是一个总体中各单位标准值与其平均值离差平方的算术平均数的平方根。用标准差可以反映一个群组中个体间的离散程度。

假设有一组数量为 N 的数值 $X_1, X_2, X_3, \cdots, X_n$（皆为实数），其平均值（算术平均值）为 μ，其标准差 σ 具体表示为：

$$\sigma = \sqrt{\frac{1}{N} \sum_{i=1}^{N} (X_i - \mu)^2} \qquad (2.12)$$

用标准差来测算地区间居民收入差距，可以将比较复杂的地区间收入差距转化为一个统一的数值，以直观地了解地区间居民收入差距所达到的程度。

（2）变异系数，也称标准差系数或变差系数。它是采用统计学中的标准差和均值比来表示的，其公式是：

$$C.V = (SD/MN) \times 100\% \qquad (2.13)$$

$C.V$ 表示变异系数，SD 表示标准偏差，MN 表示平均值。变异系数是用来衡量一组观测数据中各观测值变异程度的统计量。当进行两个或多个资料变异程度的比较时，如果度量单位和平均数不同时就不能直接利用标准差来比较，而应该采用标准差与平均数的比值来加以比较。

除了这两种方法外，包括基尼系数、极值差率也可以作为测量地区间收入差距的方法。这些方法有着不同的含义，它们反映收入分配差距的程度也不同。如用绝对差距指标和相对差距指标研究同一地区差距，有时会得出不同的结论。如两个地区在经济发展起步时差距很大，其中的落后地区取得较快增长，如果用相对差距指标来测量，两地相对差距在缩小，但如果用绝对差距指标来测量，两地绝对差距依然会拉大。这意味着不同指标可以反映不同背景下的收入差距，如果想完整地表示地区收入差距，采用多个指标来测算是一个比较可取的方案。

以上从整体居民收入差距、城乡居民收入差距、地区居民收入差距的不同角度讨论了各自可以采用的测量方法。这些方法可以从不同方面对各个领域的收入差距进行测量，也包括行业间居民收入差距。

测量收入分配差距，还要涉及初次收入分配环节形成的收入差距。初次收入分配主要是在不同生产要素所有者之间进行的一种分配。从最简单的角度看,初次收入分配包括资本收入和劳动收入。因此,测量初次收入分配的差距,主要是用劳动收入份额来衡量。

第二节 中国收入分配差距的现状

一、中国居民收入差距的现状

(一) 改革开放后居民收入差距演变的背景梳理

根据我们前面梳理中国收入分配差距现实的时间界定,自 1978 年开始的改革开放是我们梳理中国收入分配差距现实的时间视域。这个阶段中国收入分配差距的状况怎样,是理解中国收入分配现实的立足点。从实际情况来看,这个阶段中国的收入分配变化是比较大的,由此,研究收入分配的挑战也是巨大的。

收入分配是关系到全体社会成员利益如何实现的问题,它不仅在根本上取决于生产力发展水平,而且受到收入分配制度最直接的影响。这在收入分配的历史演进中是如此,在收入分配的现实发展中也是如此。1978 年改革开放之前,由于受到计划经济体制下按劳分配的平均主义倾向影响,中国的居民收入分配近乎是平等的,居民收入分配的基尼系数总体上维持在较低的水平,全国收入差距的基尼系数在 0.3 左右,其中城镇居民的基尼系数在 0.2 以下,农村居民的基尼系数也在 0.21—0.24 之间。[1] 基尼系数低本身并不是问题,但如果较低的基尼系数是由平均主义引发并影响到人们的积极性时,那么这种基尼系数就包含了一些消极的因素,带来了社会经济运行的低效率,这成为改革收入分配制度的出发点。

---

① 李实、赖德胜、罗楚亮等:《中国收入分配研究报告》,社会科学文献出版社 2013 年版,第 2 页。

在中国四十多年的经济体制改革经历中，收入分配制度改革始终是一项重要内容。

第一阶段（1978—1991年），收入分配制度初步调整期。这个阶段是在坚持按劳分配基础上，通过改革工资制度，适当拉开收入差距。中国的经济体制改革在一定程度上是倒逼出来的。历时十年的"文化大革命"，使国民经济濒于崩溃的边缘，除了改革没有其他的出路来改变中国经济所面临的困难。同样，"文化大革命"时期按劳分配被戴上资产阶级法权的帽子，导致按劳分配无法体现其多劳多得、少劳少得的原则而盛行一种平均主义的"大锅饭"制度，结果使广大工人和农民的积极性受到极大的抑制，因此，不调整这种平均主义的按劳分配制度，无法调动人们的生产积极性，也难以给国民经济运行注入活力。早在1977年，国内学者便举行过一系列的经济理论研讨会，就按劳分配问题展开深入的讨论，批判了"文化大革命"时期对按劳分配的许多错误理解。1978年5月，《人民日报》发表文章《贯彻执行按劳分配的社会主义原则》，标志着对按劳分配问题的拨乱反正取得了重大进展。按劳分配原则的重新确立，为进一步破除计划经济的教条主义和平均主义奠定了坚实的基础。

1982年，党的十二大提出："在经济和社会生活中坚持按劳分配制度和其他各项社会主义制度。"为了更好地坚持按劳分配制度，党中央和国务院开始推动工资制度改革，并着力使职工工资同企业经营效益和个人劳动贡献相联系。1984年召开的党的十二届三中全会通过了《中共中央关于经济体制改革的决定》，明确提出我国实行有计划的商品经济，并且强调"平均主义思想是贯彻执行按劳分配原则的一个严重障碍，平均主义的泛滥必然破坏社会生产力"，因此要求认真贯彻执行按劳分配原则。工资制度改革在原则上明确了政府与企业的分配关系，国家仅规定企业工资和资金增长的限额、幅度或同效益挂钩的比例，具体的分配形式和办法由企业自主决定。如此，过去一直实行的"大锅饭"和"平均主义"开始被打破，按劳分配的原则开始得到正确的贯彻。1987年，党的十三大进一步提出，"实行按劳分配为主体的多种分配方式和正确的分配政策"。这是适应改革和经济发展的新形势对分配制度的进一步调整。随着经济体制改革的逐步推进,国有经济一统天下的局面开始改变,发展多种形式的经济责任制,不仅活跃了经济,而且也改变了收入分配的格局。城乡合作经济、个体和私营经济开始迅速发展,中外合资企业、中外合作经营企业和外商独资企业逐渐兴起,各地区、各部门和各种企业相互参股等形式的公有制也开始大量出现,这些经济成分的多样化客观上要求分配方式的多元化,收入分配除了按劳分配之外,还有来自股份、债权、经营能力等要素贡献所获得的收入。收入分配制度的调整,一方面有利于调动人们的生产积极性;另一方面也引起了收入分配的差距,以及一些不合理或不合法收入的产生。对此,中央开始重视这一现象,在 1991 年提出:"理顺国家、集体和个人以及中央和地方之间的分配关系,形成合理的国民收入分配格局。坚持以按劳分配为主体,其他分配方式为补充,逐步完善个人收入分配制度。"①

第二阶段(1992—2011 年),收入分配制度深度调整期。这个阶段对收入分配制度的调整形成了以按劳分配和按生产要素分配相结合的新的分配制度,并对收入分配要实现的效率与公平关系进行了持续的探索。20 世纪 80年代后期开始,经济体制改革的重心从农村转向城市,随之国有企业改革成为经济体制改革的关键环节。为了调动各方面的积极性,必须坚持以按劳分配为主体、按要素分配为辅的分配制度,保障资本、技术、管理等生产要素得到必要的回报。然而,要素禀赋的分布是不均等的,按要素分配必然导致不同要素禀赋的群体之间出现收入差距扩大的现象。而这样的差距在生产力较低的发展阶段是有积极意义的,要实现效率优先,就必须拉开收入差距。

1992 年,党的十四大提出,"经济体制改革的目标,是在坚持公有制和按劳分配为主体、其他经济成分和分配方式为补充的基础上,建立和完善社会主义市场经济体制"。1993 年召开的党的十四届三中全会通过的《中共中央关

---

① 李鹏:《关于国民经济和社会发展十年规划和第八个五年计划纲要的报告》,人民出版社 1991 年版,第 51 页。

于建立社会主义市场经济体制若干问题的决定》提出，"建立以按劳分配为主体，效率优先、兼顾公平的收入分配制度，鼓励一部分地区一部分人先富起来，走共同富裕的道路"。建立合理的分配制度是经济体制改革的重要环节，然而，分配制度与经济体制改革进程密切相关。在体制转轨和国有企业改革的过程中，由于新的制度还未完全建立起来，收入分配关系还没有完全理顺，调节个人收入分配的手段还不健全，社会收入分配关系出现了较为严重的扭曲，城乡、区域、行业和不同群体之间的收入差距出现不断扩大的现象。由于我国仍然处于社会主义初级阶段，生产力水平较低，全面建设小康社会的目标尚未实现，坚持按劳分配和按生产要素分配相结合的分配制度仍然具有较强的现实意义。对于收入分配差距的拉大，要在完善各种体制机制的基础上加以解决。

1997 年，党的十五大提出要"完善分配结构和分配方式"。在社会主义市场经济的发展过程中，既存在通过诚实劳动和合法经营得到的合法收入，又存在通过偷逃税款、权钱交易和侵吞公有财产得到的非法收入，这使得国民收入分配结构变得复杂化。为此，必须通过法律和财税政策手段完善分配结构和分配方式。

2002 年，党的十六大提出要"深化分配制度改革"。随着收入差距日益扩大以及由此引发的问题越来越突出，深化分配制度改革方向调整为完善按劳分配为主体、多种分配方式并存的制度，初次分配注重效率，发挥市场作用，再分配注重公平，加大收入分配调节力度，强化政府的收入分配调节职能。2003 年，党的十六届三中全会通过的《中共中央关于完善社会主义市场经济体制若干问题的决定》提出，"以共同富裕为目标，扩大中等收入者比例，提高低收入者水平，调节过高收入，取缔非法收入。加强对垄断行业收入分配的监管。健全个人收入监测办法，强化个人所得税监管"。随着构建社会主义和谐社会理念的提出，缩小收入差距被认为是构建和谐社会的重要环节，逐步扭转城乡和区域间发展差距扩大现象、基本形成合理有序的收入分配格局，成为构建和谐社会的必要前提。

2007 年,党的十七大进一步提出深化收入分配制度改革的要求,并且强调"初次分配和再分配要处理好效率和公平的关系,再分配更加注重公平",将社会公平放在更重要的位置。为了保障收入分配的公平,需要继续深化收入分配体制改革,并制定调整国民收入分配格局的政策措施,一方面逐步提高居民收入在国民收入分配中的比例,另一方面提高劳动报酬在初次分配中的比例。

第三阶段(2012 年以来),收入分配制度趋于完善期。2012 年,党的十八大在深化收入分配制度改革方面又有了新的突破,把实现发展成果由人民共享的目标与深化收入分配制度改革联系起来,努力使居民收入增长和经济发展同步、劳动报酬增长与劳动生产率提高同步。完善劳动、资本、技术、管理等要素按贡献参与分配的初次分配机制,加快健全以税收、社会保障、转移支付为主要手段的再分配调节机制。深化企业和机关事业单位工资制度改革,推行企业工资集体协商制度,保护劳动所得。多渠道增加居民财产性收入。规范收入分配秩序,保护合法收入,增加低收入者收入,调节过高收入,取缔非法收入。2013 年,党的十八届三中全会通过的《中共中央关于全面深化改革若干重大问题的决定》又进一步强调,"规范收入分配秩序,完善收入分配调控机制和政策体系,建立个人收入和财产信息系统,保护合法收入,调节过高收入,清理规范隐性收入,取缔非法收入,增加低收入者收入,扩大中等收入者比重,努力缩小城乡、区域、行业收入分配差距,逐步形成橄榄型分配格局"。

2017 年,党的十九大在收入分配制度不断改革的基础上提出建设适应新时代的收入分配新体制。概括地讲,就是在坚持按劳分配原则的基础上,完善按要素分配的体制机制,促进收入分配更合理、更有序。立足在缩小收入差距和增加收入上形成有效的机制,履行好政府再分配调节功能,加快推进基本公共服务均等化,并实现扩大中等收入群体,增加低收入者收入,调节过高收入,取缔非法收入,还要实现居民收入与经济同步增长,在劳动生产率提高的同时实现劳动报酬同步提高,拓宽居民劳动收入和财产性收入渠道。

回顾改革开放后中国收入分配制度改革变迁的过程,我们既可以看到打破"大锅饭"和"平均主义"带来劳动者积极性的巨大提高,进而为经济运行注入活力,推动中国经济快速增长,也可以看到收入差距扩大成为影响社会和谐发展的消极因素。因此,进一步深化收入分配制度改革的主要任务变成如何建立合理的收入分配秩序,不仅要缩小收入差距,而且还要使新的收入分配秩序更有利于调动人们的生产积极性。

(二) 改革开放后居民收入差距的程度梳理

我们可以用不同的衡量收入差距指标来表示。这里我们主要用两种常用的指标来说明,即基尼系数和分配表,一个指标具有综合性,另一个指标具有对比性。

用基尼系数梳理改革开放后中国收入差距变化,确实可以看到一个不断扩大的现象。这种扩大现象的具体表现如何?不同的学者、不同的机构根据不同的研究角度和数据得出的结论不尽相同。有的学者和机构估计的基尼系数比较高,有的学者和机构估计的基尼系数比较低。

国家统计局作为官方机构,其估计的基尼系数可能具有更广泛的数据基础,应该具有更大的权威性。国家统计局在 2000 年第一次公布了中国的基尼系数,具体数值为 0.412,这意味着按照基尼系数的国际标准,中国的收入差距已经超过了警戒线,表明中国的收入差距达到了不公平的程度。之后,基尼系数的官方发布中断了,直到 2013 年,国家统计局一次性地公布了 2003 年至 2012 年的基尼系数,这使得我们可以通过官方的途径获得基尼系数的数据。在此基础上,我们又根据官方的计算方式,进一步核算了 2012 年之后的基尼系数,见表 2-2。

表 2-2　中国 2003—2018 年基尼系数

年份	基尼系数	年份	基尼系数
2003	0.479	2011	0.477
2004	0.473	2012	0.474
2005	0.485	2013	0.473
2006	0.487	2014	0.469
2007	0.484	2015	0.462
2008	0.491	2016	0.465
2009	0.490	2017	0.467
2010	0.481	2018	0.474

资料来源:国家统计局。

从官方公布的中国基尼系数变化情况来看,中国的收入差距已经达到了比较大的程度,不仅超过了国际警戒线,而且在绝对数值上接近 0.5,这一数值在国际上也是比较高的水平。不过,就最近十多年的基尼系数变化来看,中国的居民收入差距变化也出现了一些新的特点,呈现出先上升后下降的趋势,近 7 年来连续降低。这是否意味着中国收入分配差距出现了逆转,收入差距问题将逐步得到缓解? 对于这样的问题,恐怕还不能下一个简单的结论。从时间上来看,国家统计局公布的基尼系数只包括了 2000 年以后的十多年,而没有对之前的或改革开放以来的基尼系数做全面的核算,这会影响到对整个趋势的判断。就基尼系数的数值来看,在近十多年的变化中,无论是提高还是下降的情形,其幅度都不大,由此可以判断,中国近十多年的收入差距变化是稳定的。然而,这样的结论与人们的感受有些不同,特别是与相关的其他研究存在一定的差距。我们可以列举一些研究机构所作出的结果。

2012 年,西南财经大学的《中国家庭金融调查报告》提出,2010 年中国基尼系数为 0.61,远远高于国家统计局公布的该年基尼系数为 0.481 的水平。虽然,该报告公布的只是 2010 年的基尼系数,但由此引起的争论和质疑是巨大的。有专业学者从技术的角度分析这一数据有高估的倾向(岳希明、李实,

2013),其主要原因是调查数据不具有全国代表性,而且样本偏差和收入低估等问题导致其基尼系数值明显高估。[①] 当然,作为该项调查的负责人甘犁教授认为,人们对高基尼系数较为敏感,实际上,高基尼系数是经济高速发展过程中的常见现象,是市场有效配置资源的自然结果,它并不可怕。对此,要缩小收入差距,在短期内可以通过政府的二次分配政策来实现;而在长期则需要通过全面提高教育水平以实现机会均等。这可能并不算正面回答对他的质疑,但他指出了人们具有一种对高基尼系数拒斥的心态。当然,除了这种对基尼系数有着较大差距的不同估计外,还有一些研究估计的数值与国家统计局公布的数据差别不大,但结论有所不同。

杨耀武、杨澄宇(2015)的一项研究表明,最近几年我国的基尼系数呈下降趋势值得讨论。他们基于微观数据,运用国家统计局的基尼系数计算方法,对中国居民收入基尼系数进行了估计。估计的 2008—2013 年的基尼系数分别为 0.4936、0.4948、0.4851、0.4820、0.4756、0.4714。这一组数据显示的是自 2009 年开始中国的基尼系数逐步下降,但对这一组数据进行的统计显著性检验表明,只有 3 次是统计显著的,分别为 2009 年到 2010 年下降了 0.009,2010 年到 2011 年下降了 0.004 和 2011 年到 2012 年下降了 0.003,其他年份之间的居民收入分布状况完全有可能并未改变甚至出现收入差距小幅扩大,因此,现在断定中国居民收入分配基尼系数已经进入下行通道还为时过早。[②]

用基尼系数来对中国改革开放后居民收入差距的现状进行梳理,主要表现为两个问题。一个是在整个过程中用基尼系数衡量的居民收入差距在扩大,这一问题基本上是取得共识的;另一个是目前是否出现了用基尼系数衡量的居民收入差距缩小的趋势,这一问题是有争论的,至少出现了两种不同甚至是对立的观点。也许后一个问题的答案需要时间来进一步证明,但为了更充

[①] 岳希明、李实:《真假基尼系数》,《南风窗》2013 年第 5 期。

[②] 杨耀武、杨澄宇:《中国基尼系数是否真地下降了? ——基于微观数据的基尼系数区间估计》,《经济研究》2015 年第 3 期。

分地说明改革开放后我国居民收入差距变化的现实,我们还可以选用分配表来进一步梳理。

分配表显示的是收入和财富金字塔各自最顶端的10%和1%人群在总收入和总财富中的比重。这里我们暂且不考虑财富的分配,仅从收入分配来看,分配表是一个简单明了的方法,它会使人注意到组成当前层级的各个社会群体的收入水平。这些层级用现金数量(或占某国平均收入水平的比重)来表示,而不是难以理解的人为统计指标。分配表能够让我们更具体直观地了解社会不平等,也能够充分认识研究这些问题所使用的数据及其局限性。

我们采用统计年鉴的数据,对2005—2018年城乡居民收入进行分层次考察,由此可以看出居民收入差距最近发生的一些变化,见表2-3。

表2-3　2005—2018年城乡居民最低和最高收入户的人均收入及其比例

年份	城镇居民最低收入户(20%)	城镇居民最高收入户(20%)	城镇居民最高和最低比例	农村居民最低收入户(20%)	农村居民最高收入户(20%)	农村居民最高和最低比例
2005	4000.4	22922.1	5.730：1	1067.2	7747.4	7.259：1
2006	4539.2	25410.6	5.598：1	1182.5	8474.8	7.166：1
2007	5339.3	29423.8	5.511：1	1346.9	9790.7	7.269：1
2008	6049.9	34727.6	5.740：1	1499.8	11290.2	7.527：1
2009	6699.3	37413.5	5.585：1	1549.3	12319.1	7.951：1
2010	7593.7	41034.8	5.404：1	1869.8	14049.1	7.513：1
2011	8753.7	47044.5	5.374：1	2000.5	16783.1	8.389：1
2012	10324.1	51543.7	4.933：1	2316.2	19008.9	8.206：1
2013	9895.9	57762.1	5.837：1	2877.9	21323.7	7.409：1
2014	11219.9	61615.0	5.492：1	2768.1	23947.4	8.651：1
2015	12230.9	65082.2	5.321：1	3085.6	26013.9	8.431：1
2016	13004.1	70347.8	5.410：1	3006.5	28448.0	9.462：1
2017	13723.1	77097.2	5.618：1	3310.9	31299.3	9.479：1
2018	14386.9	84907.1	5.902：1	3666.2	34042.6	9.286：1

注:1.城镇为人均可支配收入,农村为人均纯收入;2.单位为元。
数据来源:《中国统计年鉴》(2006—2019)。

把这一测算居民收入差距的分配表与前面测算的居民收入差距的基尼系数加以比较,都呈现出波动的趋势。从以上城镇居民和农村居民内部收入结构来看,城镇内部,最高收入户20%的居民人均收入与最低收入户20%的居民人均收入的比例自2005年后呈现下降趋势,但最近几年又有上升的势头;农村内部,最高收入户20%的居民人均收入与最低收入户20%的居民人均收入的比例自2005年后虽有所波动,但总体上呈现上升的趋势。这意味着,中国居民收入差距的问题依然比较突出,还需我们下大力气去解决。

二、中国城乡居民收入差距的现状

(一)改革开放后城乡居民收入差距演变的背景梳理

中国自近代城市兴起后一直都是一个城乡二元结构较为明显的国家。实行计划经济体制时期,中国不仅存在明显的城乡二元结构,而且城乡间被各种制度严格地划分开来。在计划经济体制下,由于片面地推行重工业优先发展战略,农业被当作重工业积累的源泉,结果造成城乡发展的进程和关系极不协调。在这样的背景下,城乡居民收入差距保持在一个比较高的水平。但是,从变化趋势来看,城乡居民收入差距在计划经济体制下并没有发生大的变化,甚至还出现了一定程度的下降。1957年,城镇人均收入为235元,农村人均收入为73元,城乡收入比率达到3.23∶1;1978年,城镇人均收入为316元,农村人均收入为134元,城乡收入比率变为2.37∶1。① 之所以在城乡分割的背景下没有出现城乡差距不断扩大的趋势,主要是因为从农村向城市转移的收益大部分变成发展重工业的积累,城镇居民并没有在这种转移中受益,相反,由于城镇采取低工资政策,且城镇居民收入主要来源于工资,因此,城镇居民的收入出现相对下降的趋势。

---

① 陈宗胜、周云波:《再论改革与发展中的收入分配——中国发生两极分化了吗?》,经济科学出版社2002年版,第64页。

改革开放后,城乡二元结构出现了新的变化。这些变化对城乡居民收入产生了不同的影响,从而改变了城乡居民收入关系。中国的改革是从农村启动的,而且农村改革之初所取得的成就非常明显。家庭联产承包责任制通过对农村土地产权的调整,在保持集体对土地所有权的前提下将土地的承包权和经营权转移到农户,这不仅极大地调动了农民的生产积极性,而且也为提高农民收入开辟了新的渠道。农民除了通过提高农业生产效率增加收入外,还可以通过到城镇打工获得工资性收入。与此相反,城市经济体制改革相对农村改革较晚,城镇居民的收入来源单一且增长迟滞,因此,城乡居民收入关系出现了农村居民收入增长快于城镇居民收入增长的态势,结果导致城乡居民收入差距逐步缩小。

随着经济体制改革不断深化,特别是改革的重点从农村转向城市,由此带来城乡居民收入的新变化。到 20 世纪 80 年代中期,农村改革出现了效率衰减的趋势,农民收入的增长速度也慢了下来,相反,城市改革在这个时期进入了全面启动阶段,国有企业的承包制改革将职工工资与企业利润联系起来,调动了企业职工的积极性,进而提高了企业的效率和利润,企业效率和利润的提高又进一步调动了企业职工的积极性,如此形成了一种良性循环。再加上所有制结构的调整,非公有制经济由小到大逐步发展起来,为城镇居民增加收入开辟了更多的渠道。这些变化带来城镇居民收入相对于农村居民收入更快的增长,结果导致城乡居民收入差距由过去的逐步缩小变为不断扩大。

进入 20 世纪 90 年代中期,国有企业的"减员增效"改革,导致一大批国有企业职工下岗失业,这在一定程度上影响了城镇居民的收入增长。但是,从整体来看,自 1992 年以后,城镇居民收入的增长总体上要快于农村居民收入的增长。这是因为自 1992 年邓小平南方谈话和党的十四大之后,经济改革开始全面向市场经济迈进,经济活力开始凸显,中国经济进入了一个新的时期。1992—1994 年,城市私营企业和三资企业蓬勃发展,扩大了城镇就业,增加了城镇居民的收入来源。以股票市场和房地产市场为代表的资本市场迅速发展为城镇居民提供了重要的收入增长点。城镇居民不仅有了更多的增加劳动收入的机会,而且通过参与资本市场的经济活动获得了股息、租金、投资收益等其他收入。与此相应地,在进入 20 世纪 90 年代后,农村改革缺乏大的突破,乡镇企业虽然是农村经济发展的一个亮点,但发展极不平衡,主要是东南沿海地区的乡镇企业取得了比较大的进步,广大中西部地区的乡镇企业发展缓慢。此外,唯一可以增加农民收入的农村劳动力向城镇转移,还由于大量供给而导致农民工工资增长缓慢。因此,农民收入在 20 世纪 90 年代相对于 80 年代没有出现较明显的增长,以至于在 20 世纪末和 21 世纪初,人们发现经历了二十多年的农村经济体制改革并没有从根本上改变农村的面貌,"三农"问题成为当时人们最为关注的问题。当然,出现这种情况并不能否定农村改革所取得成就,但农村改革的效益递减却是一个不争的事实。"三农"问题的"农村真穷""农民真苦""农业真危险",都可以直接或间接地归结为农民收入比较低,农民增收比较慢的事实。城乡居民收入变化的这种不同态势,自然引起了城乡居民收入差距的进一步扩大。

2008 年,一场缘起于美国次贷危机的全球金融危机改变了世界经济运行的轨迹,对中国经济也造成了不小的冲击。对城市来说,实体经济特别是出口型企业经营困难,致使职工或员工的收入增长变缓。对农村来讲,农村经济本身受到金融危机的影响相对较小,但外出打工的农民工受实体经济或出口企业不景气的影响而出现短暂的返乡潮。不过,由于中国的"人口红利"逐步消失,农村劳动力无限供给的局面发生扭转,因此带来农民工工资上涨,再加上国家的城乡发展战略整体调整,"以工补农"的资源流向代替了过去的"以农补工"的"剪刀差"式转移。这样的趋势总体上有利于农民收入增长,有利于缩小城乡居民收入差距。

(二) 改革开放后城乡居民收入差距变迁的梳理

改革开放后中国城乡居民之间的收入差距经历了一个起落变迁的过程。

在改革初期,农村改革最先启动,而且成就显著,这使得城乡居民收入差距迅速缩小;进入 20 世纪 80 年代中后期,城市经济体制改革全面启动并不断深化,这使得城乡居民收入差距发生逆转并不断扩大,直到最近几年才出现缩小的迹象。对此,我们首先用城乡居民收入比率来梳理改革开放后城乡居民收入的差距。

表 2-4　1978—2019 年中国城乡居民收入比率

年份	1978	1979	1980	1981	1982	1983	1984	1985	1986	1987	1988
比率	2.36	2.32	2.30	2.05	1.83	1.70	1.71	1.72	1.95	1.98	2.05
年份	1989	1990	1991	1992	1993	1994	1995	1996	1997	1998	1999
比率	2.10	2.02	2.18	2.33	2.54	2.60	2.47	2.27	2.47	2.51	2.64
年份	2000	2001	2002	2003	2004	2005	2006	2007	2008	2009	2010
比率	2.78	2.89	3.11	3.23	3.21	3.22	3.27	3.32	3.31	3.33	3.22
年份	2011	2012	2013	2014	2015	2016	2017	2018	2019	—	—
比率	3.12	3.10	3.03	2.74	2.73	2.72	2.71	2.69	2.64	—	—

注:农村人均收入为 1。
资料来源:根据《中国统计年鉴》《中华人民共和国国民经济和社会发展统计公报》的资料算出。

通过我们对 1978 年以来的城乡居民收入比率的计算,结果见表 2-4,所得到的数据基本可以证明前面对城乡居民收入差距变迁的理论分析。当然,影响城乡居民收入差距的因素很多,在不同的阶段,各个因素所发挥的作用也不尽相同,一种因素在前一个阶段可能发挥的作用不明显,但在后一个阶段其作用可能会较为明显。如 1995—1999 年,城乡居民之间的收入差距经历了一个短期的"V"形波动,出现这种情况既与国有企业改革引起的职工下岗失业有关,也与亚洲金融危机带来的冲击有关。不管是怎样的原因,中国的城乡居民收入差距比较大,不仅影响到构建公平正义社会,而且也对经济可持续发展产生不利的影响。

不过,也应该看到,自 2014 年以来,城乡收入差距有所缩小。2014 年城乡收入差距的倍数下降到 3 以下,这是 21 世纪以来中国城乡收入差距达到 3 以上的高峰值后的下降,而且之后连续几年都在 3 以下,正在形成一种倒"U"形趋势。

三、中国地区居民收入差距的现状

(一) 改革开放后地区居民收入差距演变的背景梳理

中国幅员辽阔,地理特征鲜明,再加上各个地区不同的历史文化传统,形成了地区之间发展的差距。新中国成立后,随着计划经济体制的建立,国家对经济拥有完全的控制权,在此前提下,我们实施了一种旨在减少区域差距的发展战略。20 世纪五六十年代,国家投入巨资建设中西部地区的基础设施,还将许多工业向西部转移。这在一定程度上改变了地区之间发展不平衡的格局。1949 年新中国成立之初,所修建的来睦、成渝和天兰三条铁路均集中在西部地区。从 1952 年第一个五年计划开始,加快工业化建设成为经济建设的主要任务,在不断加大的基本建设投资中,工业特别是重工业占有较大比重。第一个五年计划是新中国成立后经济发展较好的一个时期,工业化进程明显加快,到 1957 年,新中国先后建成了以大中城市为核心的 8 个工业区。包括以沈阳、鞍山为中心的东北工业基地;以京、津、唐为中心的华北工业区;以太原为中心的山西工业区;以武汉为中心的湖北工业区;以郑州为中心的郑洛汴工业区;以西安为中心的山陕西工业区;以兰州为中心的甘肃工业区;以重庆为中心的川南工业区。[①] 经过这样的建设,旧中国约 70% 的工业及工业城市密集于东部沿海地带的畸形状况发生了根本性的变化。

新中国成立后,借助国家的力量,中国的区域发展不平衡的问题得到一定

---

① 萧国亮、隋福民编著:《中华人民共和国经济史(1949—2010)》,北京大学出版社 2011 年版,第 95—96 页。

程度的缓解。但由于这一结果建立在国家动员的基础上,因此,付出了不小的代价,主要是没有按照比较优势的发展带来了比较大的机会成本。这种局面在改革开放后得以转变,并导致中国区域之间的差距又开始不断扩大。

改革开放后,中国政府为了加快经济增长,实施了旨在发挥各地区经济优势的区域不平衡发展战略。在这一战略下,各种生产资源开始向经济发展条件好的地区集中,区域之间的发展差距因此逐步扩大,地区居民收入差距也相应地不断拉大。

第一阶段(1978—1998 年),以经济效率为中心,区域差距不断扩大。1978 年 12 月召开的党的十一届三中全会,确立了以经济建设为中心的党的基本路线,在这一基本路线的指引下,我国开始了经济体制改革,并把加快经济增长作为贯彻这一基本路线的主要方式。为此,党中央在总结新中国成立以来区域发展经验教训的基础上,突破计划经济体制下生产力区域均衡布局思想的束缚,重新认识到自然资源、区位条件、产业基础、投资效率等因素的差距对区域发展的影响。从"六五"计划开始,我国的区域政策重心开始向东南沿海地区倾斜,国家投资重点东移,导致东部沿海地区迅速发展,中西部地区与东部沿海地区的差距开始逐步扩大。在《中华人民共和国国民经济和社会发展第六个五年计划(1981—1985)》中明确指出:"要积极利用沿海地区的现有基础,充分发挥其特长,带动内地经济发展"。首先,沿海地区率先开始对外开放,市场化改革的进程也相对较快,这使它们迅速地焕发出经济活力,并带动经济快速增长。其次,各种资源迅速向东部集中,特别是投资开始大规模地向东部集中。"六五"期间,东部、中部、西部基本建设投资总额分别占全国的 50.7%、30.2%、19.1%,东部地区的基本建设投资超过中部、西部总和,其中对辽宁、上海、广东、福建、山东和江苏等沿海六省市的投资占到 40%。"七五"期间,全社会固定资产投资进一步延续"六五"的态势,继续向东部沿海地区推进,沿海与内地的投资之比从"六五"时期的 1.13∶1 增加到"七五"时期的 1.44∶1。最后,国家的产业政策也向有利于东部地区倾斜。中央鼓励东部地区将重化工业及一般加工业向中部、西部地区转移，集中力量从事高技术产业以及金融服务业等第三产业，再加上东部地区获得了一系列对外开放的优惠政策，如此获得了经济增长的制高点。

总之，这个时期中国经济发展方向的转变使各地区的优势得以充分发挥，东部地区较其他地区具有的明显优势转化成了经济增长的优势，从而使得地区间的差距不断扩大。

第二阶段（1999—2011年），注重效率兼顾公平，区域差距开始缩小。改革开放后实施的以经济增长为中心的区域发展战略取得了比较明显的效果，不过，也引起了地区之间差距扩大，并成为影响经济可持续发展和社会和谐的问题。为此，中央决定调整地区发展战略，先后开启了西部大开发、振兴东北等老工业基地、中部崛起等战略。1999年9月，党的十五届四中全会提出实施西部大开发战略，正式启动了区域经济协调发展战略。"十五"计划中，强调东部、中部、西部要明确各自的地位和作用，实现区域经济发展中的优势互补，并提出"国家要继续推进西部大开发，实行重点支持西部大开发的政策措施，增加对西部地区的财政转移支付和建设资金投入，并在对外开放、税收、土地、资源、人才等方面采取优惠政策；同时，对于中部地区，要充分发挥承东启西、衔接南北的区位优势和综合资源优势，提高工业化和城镇化水平；而对于东部地区，要求在体制创新、科技创新、对外开放和经济发展中继续走在前列，提高发展水平，形成各具特色的区域经济"。西部大开发战略启动后的第四个年头，党的十六届三中全会召开，会议通过的《中共中央关于完善社会主义市场经济体制若干问题的决定》提出："加强对区域发展的协调和指导，积极推进西部大开发，有效发挥中部地区综合优势，支持西部地区加快改革发展，振兴东北地区等老工业基地，鼓励东部有条件地区率先基本实现现代化。"这一区域开发战略的提出意味着，在进行西部大开发的同时，东北老工业基地的振兴被提上日程，与之相适应的是全方位的区域开发。这一系列的旨在加快相对落后地区发展的开发和振兴战略，虽然没有使地区差距有实质性转变，但至少遏制了区域差距的进一步扩大,并出现了区域差距缩小的态势。

第三阶段(2012 年以来),重视协调发展,区域差距呈现新特点。2012 年 11 月召开的党的十八大确立了全面建成小康社会的奋斗目标,并且提出深化改革开放和加快转变经济发展方式的主要任务。这样的目标和任务使区域发展又面临新的问题,全面建成小康社会要求各个地区都能在 2020 年实现全面小康的目标,加快转变经济发展方式势必带来发达地区向中西部地区进行产业转移,深化改革开放则会对相对落后地区提出更高要求。这意味着我国的区域发展进入了新的阶段,中西部地区通过承接东部地区产业转移加快经济增长,从而有利于地区差距的缩小。2017 年 10 月召开的党的十九大,重申了实施区域协调发展的重要性,强调继续推进西部大开发形成新格局,深化改革加快东北等老工业基地振兴,发挥优势推动中部地区崛起,创新引领率先实现东部地区优化发展,建立更加有效的区域协调发展新机制。

(二) 改革开放后地区居民收入差距变化的梳理

地区之间居民收入差距与地区经济发展的平衡程度有关。在地区经济发展较为平衡的阶段,地区间的居民收入差距会缩小;在地区经济发展不平衡时期,地区居民收入差距会扩大。改革开放后,中国的地区经济经历了一个新的不平衡发展阶段。在这个过程中,地区居民收入差距相应地扩大。

改革开放初期,收入分配制度改革主要发生在农村,并且是伴随农村经济体制改革进行的。而城镇居民的收入分配制度并没有变化,依然按照统一的工资制度分配居民收入,因此,各地区之间的收入差距很小,甚至与各地的经济发展水平无关。

随着收入分配制度的改革,地区间的居民收入开始出现了差距。由于收入分配制度改革也是渐进式的,收入分配的增量部分受市场调节,而收入分配的存量部分还保持计划分配体制。因此,地区居民收入在改革进程较快的地区和改革进程较慢的地区之间产生了差距。随着改革出现了一部分人、一部分地区先富起来的现象,反映的就是地区居民收入差距扩大的情况。

在改革开放进程中,地区经济发展出现了新的不平衡。东南沿海地区率先发展,取得了经济的持续高速增长,而广大内陆地区的经济增长尽管较改革开放前有大幅提升,但与东南沿海快速发展的地区比,还是有一定的差距。由于实际情况较为复杂,既可以分地区,如东部、中部、西部来考察地区居民收入差距,也可以按省份来分析地区居民收入差距,还可以进一步细分区域来观察地区居民收入差距。这里我们采取一种简单的方法,选取典型地区来梳理地区居民收入差距的变化。

1992 年,我国把社会主义市场经济体制确立为改革的目标。这意味着市场在资源配置中要发挥基础性的作用。自此,中国各地区的经济发展差距不断扩大,各地区居民收入差距也逐步拉大。我们选择两个省市,分别是处于东南沿海的上海市和处于东北地区的黑龙江省。1992 年,上海市和黑龙江省的城镇职工平均工资分别为 4295 元和 2295 元;2003 年,上述两个地区的城镇职工平均工资分别为 27304 元和 11038 元。这组数据比较的是两个地区的城镇职工平均工资收入的差距。2003 年之后,中国经济重新进入了重化工业发展阶段,能源价格、重要原材料价格快速提升,这在一定程度上抑制了发达地区与落后地区的居民收入差距进一步扩大。不过,地区居民收入差距的问题依然没有解决。2019 年,还以上海市和黑龙江省为例,两个地区的居民收入差距还保持在两倍以上,上海市城镇居民人均可支配收入为 73615. 32 元,黑龙江省城镇居民人均可支配收入为 30944. 62 元。

以上的比较尽管简单,但也可以说明中国目前地区居民收入差距还是比较明显的。值得注意的一种现象是,在中国经济进入新常态之后,由于在实现经济转型,即从规模数量型向质量效率型转型过程中,地区间发展不平衡的问题更加突出,因此将带来地区居民收入差距的进一步扩大。

四、中国行业收入差距的现状

（一）改革开放后行业收入差距演变的背景梳理

中国自改革开放后,行业间收入差距呈现出不断扩大的现象。一方面是分配制度的调整;另一方面是行业发展的差距,引起行业间职工的收入差距拉大。在计划经济体制下,国家控制收入分配,实行平均主义式的按劳分配制度。在城市实行工资制,在农村实行工分制,无论是工资制,还是工分制,人们的收入差距都比较小。就行业收入差距来说,我们主要关注的是城市各行业之间的收入差距。1955 年 8 月,国务院发布了《关于国家机关工作人员全部实行工资制和改行货币工资制的命令》,结束了之前的工分制和工资制并存的局面。全部实行工资制后,国家工作人员的工资级别分 30 级,最高 560 元,最低 19 元,高低相差 31 倍,这是新中国成立以来工资档次拉开最大的一次。除国家机关工作人员外,企业工人也分级别,共分为 8 级(个别工种为 7 级),专业人员,如工程技术人员、教师、医务工作者也都相应地有自己的等级,且各系列之间可相互换算。与此同时,依据各地的自然条件、物价和生活费用水平、交通以及工资状况,并适当照顾重点发展地区和生活条件艰苦地区,将全国分为 11 类工资区,各区之间有所区别。1956 年,为了缩小最高工资与最低工资的差距,中央和国务院进行了一次工资改革。从 1957 年 1 月至 1960 年 10 月,先后三次降低了领导干部的工资,调整后的工资差距较之前缩小了一些。这一次工资调整后一直到 1985 年,工资标准基本保持稳定,没有大的变化。由于工资是国家机关工作人员和企业工人的主要收入,而且各行业工资标准是比照制定的,其差距较工资级别要小得多。因此,在计划经济体制时期,行业收入差距并不大。

中国行业收入差距是在改革开放后发生新变化的,特别是在改革由农村转向城市后,随着国有企业改革、私营经济发展,以及工资制度改革,行业收入差距逐步扩大。20世纪80年代中期,国有企业借鉴农村家庭联产承包责任制的经验开始实行承包制改革。在承包制下,国有企业打破了过去的工资制,职工的收入除了工资之外,还有一部分是与企业承包后的效益相联系,即职工的收入总额与企业利润挂钩。由于承包制最初实行时调动了企业和职工的积极性,因此,实行承包制的企业利润都有较大幅度的增长,职工的收入也相应地提高了。在这一背景下,实行承包制的行业较没有实行承包制的行业其收入增长得更快,也就是在这些行业之间出现了收入差距扩大的情况。私营经济在这个时期也不断扩大其范围,除了"三资"企业外,20世纪80年代中后期,私营经济的地位被承认,引起其快速发展。无论是"三资"企业,还是私营经济,在它们的最初发展阶段,在收入方面都有着相对于公有制经济的优势,这导致一些私营经济发展快的行业的收入高于私营经济发展慢的行业,从而使这些行业之间也出现了收入差距。

进入20世纪90年代中后期,随着国有企业改革的深化,对国有经济布局开始了战略性调整。国有经济在计划经济体制下覆盖了所有的行业,2008年完成的第三次全国工业普查的资料显示,在37个工业行业中或多或少地都有国有成分,其中,国有成分超过50%的行业有16个。国有经济的这一布局使得重点难以突出,国有经济的优势难以充分发挥,因此,对国有经济布局进行战略性调整成为国有企业改革新的方向。但这引起一个问题,那些国家"放"的国有企业在经营上出现困难,进而出现了大量下岗失业人员。国家"放"的国有企业比较多的行业,下岗失业现象比较普遍,这些行业职工的收入相对下降,进而引起与其他行业收入的差距。国有经济布局战略性调整的结果是使国有经济力量向优势企业集中,包括涉及国家安全的行业、自然垄断的行业、关系国民经济命脉的行业、支柱产业和高新技术产业中的重要骨干企业,如军工、航空、铁路运输、石油冶炼、通信,公共产品和服务等领域的国有企业。进入21世纪后,这些国有经济集中的行业获得了快速发展,一方面是由于这些行业有其高成长性,另一方面是基于行业的垄断地位。随着国有经济集中及行业垄断地位提升,这些行业的垄断企业获得高额利润,行业收入相应地大幅提高,成为行业收入差距的主要背景。

我国行业收入差距在最近几年又出现了一些新变化,这主要是产业结构升级导致的。改革开放之后,我国的产业结构升级相对缓慢,第二产业发展成为经济增长的主要支撑。然而,随着第二产业特别是工业的快速增长,出现了产能过剩,进而制约了工业的进一步发展,第三产业便成为经济增长的新动能。在第三产业发展中,生产性服务业特别是现代服务业显示出明显的优势,其成长带来相关行业收入的快速增长,如2006年,职工平均工资排名前3位的行业分别为信息传输、计算机服务和软件业,金融业,科学研究、技术服务和地质勘察业,几乎都是现代服务业。这成为行业收入差距的新背景。

我国的行业收入差距,还存在一种特殊现象,就是行业的地区差距比较明显。由于地区之间在改革开放进程中所经历的阶段不同,所享受的国家优惠政策有很大差别,因此不同地区的行业平均工资差异很大。2006年各行业平均工资最高的省份绝大多数处在东部经济发达地区,而各行业平均工资最低的省份绝大多数分布在中部、西部地区。

(二) 改革开放后行业收入差距的程度梳理

改革开放后各行业收入随着分配制度变革、经济结构调整呈现出差距不断扩大的趋势。据劳动和社会保障部2015年发布的《中国薪酬发展报告》显示,在1988年,收入最高行业是最低行业的1.58倍,到2005年,这一差距变成4.88倍,并达到了一个峰值。而据《中国劳动统计年鉴》(2011年)提供的数据,改革开放后行业间收入差距的变化也是比较明显的,见表2-5。

表 2-5　改革开放后行业间收入差距的变化趋势

年份	收入最高行业	行业收入（元/年）	收入最低行业	行业收入（元/年）	高低之差（元）	高低之倍数
1978	电力	850	居民服务	392	458	2.17
1999	金融	12046	农业	4832	7214	2.48
2003	信息	32244	农业	6969	25275	4.63
2006	信息	44763	农业	8430	35333	4.75
2010	金融	70146	农业	16717	53428	4.19

资料来源:《中国劳动统计年鉴》(2011 年)。

从这一收入最高和最低行业的收入变化趋势来看,虽然也有一些调整,但基本保持稳定,在大部分年份里,最高收入集中在现代高水平服务行业,最低收入都出现在农业。如果把最高收入行业加以扩展,2003 年统计的十大收入最高行业是证券、计算机服务、软件、航空运输、其他金融服务、电信和其他信息传输、烟草、新闻出版、管道运输、天然气和石油开采;2010 年统计的十大收入最高行业是证券、航空运输、软件、银行、其他金融服务、计算机服务、烟草、研究与实验、专业技术服务、水上运输。

据中国新闻网相关资料显示,2019 年,在非私营单位中,年平均工资最高的行业是信息传输、软件和信息技术服务业,为 161352 元。此外,在非私营单位和私营单位之间也存在着收入差距明显的倾向。2019 年,非私营单位年平均工资前三名的行业工资分别为 161352 元、133459 元、131405 元;私营单位中,年平均工资前三名的行业工资分别为 85301 元、76107 元、67642 元。

五、中国初次分配的劳动收入现状

(一) 改革开放后初次分配的劳动收入变动的背景梳理

中国改革开放前,由国家主导收入分配,在初次分配环节上形成了国家收入和劳动收入两部分。劳动收入通过国家制定的工资标准和集体制定的工分标准来获得。由于中国的经济基础较为薄弱,实现工业化必须建立在自我积累的基础上,因此,劳动收入或工资水平长期不变,这使得劳动收入在国民收入中的占比相对较低,由于居民的收入来源单一,与劳动收入占比较低相伴生的是居民收入差距也比较低。

改革开放后,在农村采取家庭联产承包责任制,把土地承包给农户。初次分配实行"交够国家的,留足集体的,剩下都是自己的"方式,使农户获得剩余索取权,农民生产积极性得到了很大的提高,农民收入也因此有了较大程度的增长。但农村内部因这种分配方式的改变而出现了收入差距扩大的现象。在城镇试点对国有企业进行"放权让利"的改革,国有企业不再把全部利润上缴国家,企业开始有了一部分利润收入。企业有了初次收入分配权后便打破了计划经济体制时期的平均主义分配制度,并且使劳动收入在初次分配中的占比有了一定程度的提高。同时,在不同企业之间也出现了劳动者收入差距的现象。

劳动收入占比最突出的变化是随着所有制结构改革而产生了私营经济后出现的。当私营经济出现后,初次分配的格局随之也发生了变化,计划经济体制时期初次分配的国家和劳动收入的二元结构变成了政府、企业(或资本)、劳动收入的三元结构。劳动收入不再完全由国家控制,但它受到来自资本的挤压。这不仅造成了劳动收入占比长期处于较低水平,而且还产生了由资本收入不断增长引起的收入差距扩大趋势。

(二) 改革开放后初次分配的劳动收入变迁的梳理

劳动收入是收入分配中的一项重要内容。中国改革开放后,劳动收入打破了计划分配的限制,开始发生变化。由于中国改革所走的是一条渐进式道路,劳动收入变化也是逐步演进的。在改革开放之初,劳动收入首先在农村发生了变化,随着家庭联产承包责任制的推行,农民的收入有所提高。当然,农民的收入具有综合性特点,无法准确地划分劳动收入和经营收入,但可以确定的一点是,农民的劳动收入较过去有了一定的提高。城镇职工的劳动收入即工资收入,在改革开放之初并无大的变化,直到 1985 年,城市经济体制改革启动,在国有企业实行承包制,这一改革改变了国有企业的分配体制,使职工工资与企业效益相联系。因此,随着国有企业的初步搞活和效益提高,职工的劳动收入也有所增长。由此形成了职工劳动收入增长的趋势,到 1995 年,劳动报酬占 GDP 的份额达到峰值,劳动收入占比达到 51.4%。[①] 不过,随着国有企业改革深化,特别是国有企业职工在 1995 年之后下岗再就业规模不断扩大,劳动收入份额开始下降。2003 年降到 46.2%,2016 年更是下降到 40% 以下。

第三节　中国收入差距影响的现实分析

一、中国收入差距对经济运行影响的现实分析

中国改革开放后,收入分配差距的扩大对经济运行产生了不同方面的影响。在宏观领域,收入分配差距对经济增长、就业、通货膨胀和进出口都产生了不同程度的影响;在微观领域,收入分配差距对生产者的积极性、资源的配置也产生了一定的影响。这里重点分析中国改革开放后不断扩大的收入差距对经济增长产生的现实影响。

收入分配与经济增长的关系实际上就是生产与分配的关系。生产决定分配,分配对生产具有反作用,这是马克思主义经济学的一个基本原理。不过,这一基本原理在不同社会以及同一社会的不同发展阶段表现各异。中国改革开放后收入分配差距的扩大与经济持续增长相伴生,一方面是经济增长的机制转换引起收入分配差距的扩大;另一方面是收入分配差距对经济增长产生

[①] 罗长远、张军:《经济发展中的劳动收入占比:基于中国产业数据的实证研究》,《中国社会科学》2009 年第 4 期。

了不同的影响。

收入分配差距对经济增长的影响体现在两个方面,一个是从供给的角度,另一个是从需求的角度。在供给方面,收入分配差距的影响主要体现在劳动者和资本方面;在需求方面,收入分配差距的影响主要体现在有效的消费需求方面。

中国改革开放之初,首先进行农村经济体制改革,也就是将过去集体所有的土地承包给农户经营。这种新的制度安排改变了农户的生产预期,农民有了剩余索取权,便可以准确预期自己的努力会得到多少回报。这一新机制大大地调动了农民的生产积极性,农业生产力得到释放,农业实现了快速的增长。家庭联产承包责任制不仅把农民的生产积极性调动起来,而且也把农民具有的不同生产能力释放出来。前者在总体上提高了农业劳动生产力,后者则在农村内部形成了农户之间的收入差距。在农村内部形成收入差距,也就是一部分农民通过辛勤劳动先富起来,这推动了农村内部的经济结构调整。一些通过从事农业生产富起来的农民,开始寻求更大的利润增长点,于是他们将积累起来的资金投向可以获利更多的产业,如养殖业、农业加工、商贸流通,等等。20世纪80年代在东南沿海地区迅速发展起来的乡镇企业,就是这种农村内部经济结构调整的重要成果。这在整体上改变了农村经济发展的方向,不仅推动了农村经济的发展,而且也为中国经济增长注入了新的活力。

在农村经济体制改革取得最初的成果后,中国的经济体制改革重点从农村转向城市。城市经济体制改革的中心是国有企业改革和所有制结构调整。"放权让利"改革使国有企业开始有了自己独立的利益,而且国有企业内部职工也在"放权让利"中得到一定的利益。不过,国有企业最初的改革并没有形成太大的收入差距,因为,对国有企业"放权让利"是有限的,城市内部的收入差距是随所有制结构调整、私营经济发展起来后才开始扩大的。不过,随着城市经济体制改革的推进,在计划经济体制时期就已存在的城乡收入差距进一步扩大,这成为中国经济增长的动力之一。

中国城乡经济二元结构在计划经济体制时期受户籍制度影响被长期固化。改革开放后,由于农村和城市的经济体制改革都释放出可以流动的生产要素,尤其是农村剩余劳动力向城市转移。改革开放之初,中国的城市化率只有 19.5%,这意味着有 9 亿人口集中在农村。随着农村实行家庭联产承包责任制,大量的潜在剩余劳动力被释放出来,随时准备着向城市转移。这种不断增加的农村剩余劳动力向城市转移,不仅实现了劳动力要素的优化配置,而且形成了巨大"人口红利"。这无疑是中国改革开放后实现经济持续高速增长的一个重要动力。

与城乡二元结构差距相伴生的还有中国的地区结构差距,特别是东南沿海地区率先改革又进一步拉大了这种差距,由此形成了中国改革开放后经济发展的梯度化倾向。这种梯度化发展引起地区之间的收入差距扩大,进而导致生产要素由落后地区向发达地区转移。就最初的影响来看,由于这种转移实现了要素的优化配置,因此也推动了中国经济的增长。

不断显性化的城乡收入差距和地区收入差距引起的生产要素特别是劳动力转移,对实现经济持续增长起到了积极的作用。而在这一过程中不断扩大的居民收入差距也对经济增长起到正向拉动作用。在计划经济体制时期,中国是勒紧裤带搞建设,人们的收入普遍很低,只能在低物价和配给制下生活。改革开放后,中国的经济建设路径发生了变化,一方面生产按比较优势进行,另一方面市场机制不断地介入经济运行。如此,中国的经济运行不再是完全由国家掌控,而开始按照市场需求来安排生产。这种按市场需求安排生产必须有有效需求扩大的支持,因此,如何增加居民的有效需求就成为经济增长的一个必要条件。在人们普遍贫穷的情况下,扩大有效需求可以有两种选择,要么提高所有居民的收入水平,要么提高一部分人的收入水平。前者在当时的背景下是无法实现的,因此,只能选择后一种途径。一部分人先富起来并成为相对高消费群体,这会在整体上提高收入的边际消费倾向,扩大有效需求。因此,居民收入差距最初的扩大有利于形成排浪式消费,以及消费空间的扩张。

居民收入差距对经济增长开始出现负向拉动的影响。这主要体现在对有效需求的负面影响。

收入差距在平均主义的分配格局基础上形成时,确实对经济增长起到一种正向拉动的作用。这不仅有利于扩大消费需求,而且在收入差距扩大的同时人们普遍性的收入增长又通过高储蓄形成了高投资趋势。但是,这种趋势延续到今天却出现了新的不利于经济增长的因素。收入差距引起消费需求扩大的趋势发生逆转。当收入差距不断扩大,而人们收入普遍增长的趋势不再延续时,居民收入的边际消费倾向会下降,消费需求增长遇到瓶颈。当收入差距扩大限制了消费需求的增长,而中国经济增长的投资拉动惯性又不断增强,这势必导致对出口需求的依赖。在世界经济发展较好的时期,这种增长体系可以顺利地循环起来;当世界经济出现问题时,这种增长方式便难以有效运行,经济高速增长转向中高速增长便成为一种新常态。

收入差距对经济增长的影响是一个越来越复杂的系统,不断地有新的因素加入,也有新的机制发挥作用。而就中国收入差距对经济增长的影响来看,在改革开放后总体上呈现出从有利到不利的转化。对此,我们目前的着力点应该是努力缩小收入差距,特别是居民收入差距,这是中国经济实现可持续增长无法回避的抉择。

二、中国收入差距对社会运行影响的现实分析

中国改革开放后,收入差距的扩大对社会运行的影响不断凸显。居民收入差距扩大引起了社会关系一定程度的紧张;城乡收入差距扩大推动城乡发展的不平衡;地区收入差距扩大加剧地区发展的不协调;行业收入差距扩大带来就业的失衡。

(一) 居民收入差距扩大对社会稳定的影响

居民收入差距扩大是任何社会矛盾爆发的直接原因。一方面收入差距扩

大会引起低收入群体生活困难和不平等;另一方面收入差距扩大还会对机会公平造成冲击。中国在计划经济体制时期,人们的收入差距较小,而且又都是低收入者,大家的收入水平普遍不高。在这种情况下,人们都对提高生活水平有所期待,并对自己能够获得更多收入的能力具有一定的信心。因此,当改革开放后人们获得了可以凭借自己的能力提高收入水平的机会时,大家对收入差距具有一定容忍度,而且,收入差距甚至成为激发社会活力的一个因素,也就是说,这种收入差距是建立在一种帕累托改进的基础上。虽然人们之间的收入出现差距,但所有人随改革都有利益上的增进。然而,当人们之间的收入差距不断扩大,不仅无法实现帕累托改进,而且也不能实现卡尔多改进,这时收入差距进一步扩大就会带来一系列的社会问题,进而影响社会的有序运行。

收入差距扩大首先带来人们社会地位的不平等,这导致人们对社会认同度的降低。在市场经济体制下,收入无疑是区分人们社会地位高低的一个重要指标,收入高的人处于社会较高的地位,而收入低的人处于社会较低的地位。特别是在计划经济体制下生活过的人们,不太接受这种由收入差距形成的社会地位差别。而许多人的一夜暴富,更是人们所诟病的现象,在一定程度上引起人们的仇富心理。这已经成为中国社会和谐的一个不稳定因素。

收入差距扩大还带来人们之间机会的不公平,这又会对收入差距形成强化效应,进而会影响到社会的稳定。中国在改革开放前的 1977 年恢复了高考制度,那时的青年可以凭借自己努力进入高等院校学习。那时教育资源的差距不太明显,即使一个处于偏远农村的学生也可以通过刻苦学习进入名牌高校读书。不仅如此,在大学生由国家分配的时期,那些低收入或农村家庭背景的大学生还可以进入大城市或大型企业。然而,随着人们之间的收入差距不断扩大,再加上教育改革的市场化取向,金钱介入教育过程的程度不断加深。富人的孩子可以进入好的小学、好的中学,进而可以进入好的大学,因此,教育机会越来越向富人的孩子倾斜。而大学毕业能否找到一个好工作,已不完全是基于能力的竞争,而要受到其家庭财富多少的影响。这种收入差距影响机会公平的机制不利于实现社会的稳定。

收入差距的扩大造成财富向少数人集中，而多数人处于贫穷的状况，如此呈现出"倒金字塔"型的社会收入结构。这样的收入结构属于一种失衡的社会结构，也极不利于社会稳定。社会结构如同建筑结构一样，只有协调平衡才能保持社会的大厦屹立不倒，而最有利于社会稳定的现代社会结构是"橄榄型"社会结构。这是因为"橄榄型"的社会结构意味着社会中间阶层的比例最大，即在这种社会结构中，生活相对富裕的中产阶级比例大、极富的上层阶层和贫困的下层阶层比例都小，如此有利于社会的平衡，或者社会的任何变化都会有一个较大的缓冲区，从而达到消解社会不稳定因素的效果。

（二）城乡收入差距对社会秩序的影响

城乡之间的收入差距是中国社会不平衡的一种重要现象。新中国的成立是建立在一个典型的农业国基础上，城乡二元结构一直是中国典型的社会结构。这种社会结构在产业结构升级的背景下具有一种禀赋差距。按照社会结构演进的一般规律，城乡二元结构会随着农村人口逐步向城市转移，最终达到一种平衡，即城乡收入差距缩小使得农村人口向城市转移的意愿降低。当达到了这样一种状态后，城乡二元结构就实现了一元化，城乡社会结构达到了均衡。

中国改革开放后，城乡二元结构的演进也表现为农村剩余劳动力逐步向城市转移。但是，中国改革开放后形成的农村剩余劳动力向城市转移趋势具有一些特殊性。农村剩余劳动力向城市转移实现了劳动力资源的有效配置，不仅可以提高国民经济的效率，而且也可以增加农村劳动力的收入。但由于农村剩余劳动力供给的无限性，大大地阻滞了其收入水平提高的速度，而农村剩余劳动力转移到城市所创造的财富远远超过了他们得到的工资。因此，中国改革开放后的农村剩余劳动力向城市转移并没有立即实现城乡收入差距的收敛，相反，城乡收入的差距进一步扩大。这种情况不仅影响到城乡二元结构一元化的进程，而且也影响到社会的秩序化建构。

133

　　城乡之间存在收入差距属于经济发展的一个阶段性特征。如果城乡收入差距随农村劳动力转移而缩小,那么这对社会秩序平衡是一种正向拉动,但如果城乡收入差距不能随农村劳动力转移而缩小,那么这对社会秩序平衡就会产生一种负向拉动。

　　城乡收入差距的扩大会加深城乡二元结构的不平衡。在社会结构演进过程中,结构不平衡是一种常态,关键是这种不平衡结构的发展趋势。当一种社会结构不平衡作为出发点,并且是一种逐步向平衡演进的趋势,那么人们对这种不平衡的社会结构有较高的认同度。但当一种社会结构演进中包含的不平衡呈现出来的不是逐步走向平衡,而是进一步向不平衡扩展,那么人们对这种不平衡社会结构的认同度会越来越低,由此积累起来的社会不和谐或矛盾会越来越突出。中国的城乡收入差距随着农村剩余劳动力向城市转移不仅没有缩小,而是进一步扩大。这在农村劳动力向城市转移有更高水平的背景下还能够为农民所接受,因为他们可以直观地感到自己的收入在提高。但是,当他们的收入提高受阻,或他们越来越感到相对收入水平的降低,农民就越来越难以接受这种城乡收入差距,即使他们仍然可以在城市获得相对于农村更高的收入。自2009年以后,中国改革开放后一直存在的农村劳动力过剩甚至被认为是无限供给的现象发生逆转,"民工荒"成为一个备受关注的新现象。这种现象在表面上与城乡收入差距的扩大是相矛盾的,因为城乡收入差距扩大应该是吸引更多的农村劳动力向城市转移,而在城乡收入差距扩大的情况下还出现"民工荒",一种解释就是农村劳动力转移殆尽。但实际情况不完全是这样,因为农村人口占全国总人口的比重仍然接近一半,而且是在考虑城市常住人口前提下的农村人口比重。这意味着农村还有较大数量的剩余劳动力,这些人不为城乡收入差距所吸引,一个合理的解释便是,农民认识到这种城乡收入差距留给他们的利益空间变小了,因此,即使存在城乡收入差距,农村劳动力也不愿意再像过去那样不断地向城市转移了。如果这种现象长期持续,那么不仅不利于进一步实现要素的优化配置,而且还可能加剧社会的分化,积累更多影响社会秩序稳定的消极因素。

（三）地区间收入差距对发展平衡的影响

地区间收入差距也是中国收入结构不平衡的一个重要表现。中国幅员辽阔,各地区经济发展的条件存在着较大差别,因此,地区发展不平衡一直以来都是中国经济发展中存在的一种现象。在改革开放前,高度集中的计划经济体制使国家具有充分的资源配置能力。为了实现地区发展平衡,国家通过计划手段配置更多资源来支持落后地区的发展,这在一定程度上改善了地区之间的不平衡状况。改革开放后,由于各地获得了发展经济的自主权,地区优势在经济发展中得以充分体现,因此,地区之间的发展不平衡成为一种新的趋势,而且随改革走向深入,这种差距越来越明显。

地区之间经济发展的不平衡自然造成收入差距的不断扩大。这种地区间收入差距扩大又逐渐成为引起地区发展不平衡的助推力量。在市场经济体制下,要素和资源的流动是经济运行的一种正常状态。这种流动通常是循势进行的,即哪里有优势,哪里就会形成要素集聚的洼地。改革开放后,一些具有市场发展优势的东南沿海地区快速发展起来,引起其他地区的资源和要素向东南沿海地区集中,劳动力成为要素流动中比较积极的要素。

落后地区的劳动力之所以向发达地区流动,最重要的推动力便是各地收入存在着较大差距。与城乡收入差距一样,改革开放后不断扩大的地区收入差距,使落后地区劳动力向发达地区转移,这实现了要素的有效配置,并对国民经济增长起到了促进作用。然而,地区间经济发展的不平衡在长期会走向收敛,因而地区收入差距也会缩小。就地区收入差距来说,随着劳动力及人口由落后地区向发达地区流动,人均国内生产总值以及人均收入应该实现收敛,因此,地区间经济发展的不平衡问题也会逐步缓解。如果地区间收入差距扩大的趋势不能逆转,或者地区之间收入绝对差距进一步扩大,那么落后地区劳动力向发达地区转移就会持续。这种趋势最终会改变劳动力流动的功能,即由要素的优化配置转化为加剧地区发展不平衡。目前,发生在东北地区的经济失速现象就有人口和劳动力净流出的影响。自 2014 年以来,东北三省的经济增长集体下降到全国倒数前五位的水平。造成这一现象的原因既有自身经济结构的问题,也是经济周期的一种反映。但也有一个很特别的情况反映出东北经济发展的一些深层问题。第六次全国人口普查显示,东北地区 10 年间人口净流出 180 万人,这是东北地区与全国其他地区之间人口流动的一个新现象,也是东北地区自"闯关东"以来第一次出现的人口流动现象。在对东北人口流动的"解剖"中发现,东北人口流动中有相当一部分是年轻人,其中有一部分还是高科技人才。对东北人口和劳动力外流现象进行分析,也可以找到许多原因,但东北地区相对于发达地区的收入差距一定是人们普遍认同的一个原因。在市场经济条件下,劳动力的流动是正常的,是对比较利益差距的一种反映。由于比较利益会随着劳动力流动而收敛,因此,劳动力流动在市场经济运行中并不被认为是一个问题。但是,当比较利益差距难以缩小,劳动力流动表现出很强持续性,那么,这种劳动力流动最终就无法发挥地区收敛的效果,反而是不断地加大地区之间的差距。如此,就形成了一种特殊的机制,即由地区间收入差距引发,劳动力持续地从相对落后地区向发达地区流动,最终使地区间发展差距进一步扩大。

地区间收入差距是一个经济体,特别是大的经济体难以避免的现象。一定的地区间收入差距并不完全是负面的,它可以推动要素的流动,进而实现要素的优化配置。但是,这种差距最终必须发生转化,成为有利于缩小地区发展的差距,或改变地区发展不平衡的格局。中国目前的地区间收入差距还没有发生明显逆转,因而也无法推动地区间发展不平衡格局的改变。

(四) 行业收入差距对就业结构的影响

行业收入差距是经济结构内部的功能性差异决定的一种现象。经济的行业结构是社会分工发展的结果,随着社会分工的深化,一方面行业结构越来越复杂,另一方面行业的功能性差距也越来越大。在市场经济体制下,这种行业的功能性差异自然会引起行业收入差距。但只要市场竞争是充分的,那么行业收入差距又会止于一定的程度。而在计划经济体制下,行业的功能性差异则并不必然体现在收入差距上,因为在国家控制分配权的前提下,行业收入差异取决于国家的意愿。中国在实行计划经济体制时期,国家控制的分配权导向是平均主义分配原则,由国家制定的工资标准并没有体现行业差异,不同行业适用的是相同的工资标准,如果有差异,只是体现在城乡间工业和农业这两大行业的差距。

中国实行改革开放后,随着"放权让利"改革的不断深化,以及市场化程度的不断扩展,行业间的功能性差异越来越明显地体现为行业收入差距。如前所述,行业间的收入差距在市场充分竞争的环境下具有一种有效的收敛机制,使得这种差距不会被无限放大,而是随着竞争和行业转移经历一个由扩大到缩小的过程。然而,在中国市场化取向改革中,行业间的竞争并不充分,因此,当行业的功能性差异被释放出来,同时却没有一种可以收敛行业收入差距的竞争机制,那么行业收入差距就会进入一个不断扩大的通道。就中国目前的行业收入差距来说,一个主要的现象是由行业垄断导致的行业收入差异。正是由于在行业间形成了某种垄断,使得行业收入差距被一定程度地固化,这一方面导致扭曲的结构性失业,另一方面引起人们对就业公平性的质疑。

行业垄断以及由此引起的收入差距会成为人们就业的一种导向,但这种导向会扭曲人们的就业选择,并产生一种主观特征明显的结构性失业。这种结构性失业与市场竞争充分条件下的结构性失业不同,它的形成并不是由于就业者无法满足行业技术要求而失业,相反,它是由于垄断行业的高收入形成比较利益优势而使就业者主动放弃其他就业机会的失业。由于垄断行业的就业机会是有限的,而行政干预下的垄断行业就业又存在着一定的权力寻租行为,因此,人们在这种就业结构中更多感到的是不公平,同时也会引起一种就业精力的浪费,即就业者不是提高自己的就业能力去把握更好的就业机会,而是参与到寻租活动中,通过提高自己的寻租能力来实现到垄断行业就业的目标。

中国行业收入差距的特征,对就业结构来说起到了一种扭曲的作用,不仅使就业结构失衡,而且也是对就业能力的误导,因此,必须打破行业垄断,引入竞争机制,使扭曲的就业结构得以平衡。这将有利于就业潜力的发挥和就业效率的提高。

三、中国收入差距对自然环境影响的现实分析

把收入差距与自然环境联系起来,表面看来似乎有些远,但它们在当今现实下的联系却是越来越密切,以致收入差距成为影响自然环境的一个重要因素。收入差距影响自然环境是基于不同收入水平的人对自然环境的需求存在着差异,进而产生不同的环境意识,导向不同的环境政策。中国从一个落后国家发展起来的历程,更加鲜明地反映了收入差距与自然环境的关系,并且浓缩了收入差距影响自然环境的演进过程。

改革开放之前,中国的主要经济目标是迅速实现国家工业化和赶超发达国家。因此,我们是勒紧裤带搞建设,即以牺牲人们的消费来进行社会主义经济建设。那个时期进行的社会主义经济建设主要依靠的是中国地大物博和人口众多。中国有960万平方公里的土地,还有漫长的海岸线,其中蕴含着非常丰富的资源,基于这一条件,我们曾认为自然是可以无限索取的,它给予经济发展的支持也是无限的。因此,我们把无节制地开发作为弥补其他建设条件不足的选择。这样就有了计划经济体制时期大规模的"围湖造田""毁林造田""垦草造田"等等。这使我们的自然环境遭受到沉重的破坏,并成为我们今天无法弥补的损失。

为什么我们做了那么多在今天感到后悔的事情?一个不能不正视的因素便是我们很穷。当我们把主要精力用于摆脱贫穷时,自然环境完全被我们作为一种利用的对象,它对于我们的意义似乎只在于提供劳动对象,而它本身的状态与我们无关。如果说这种整体的贫穷使我们忽视了自然环境状态本身具

有的意义,那么在贫富分化的条件下人们对自然环境的不同态度会从另外的角度对自然环境产生影响。

人们在解决不了温饱的时候,注意力主要集中于生产出来更多的粮食,因此才有中国 20 世纪六七十年代把所有能利用的土地资源都用于生产粮食,结果不但粮食问题没有最终解决,更为严重的是自然环境遭受到极大的破坏。然而,当人们的温饱问题得到解决,进而发展到小康和富裕水平时,人们不再为吃饭问题所困扰,对生活的环境越来越关注。青山绿水、新鲜空气成为人们更加关注的对象,并且成为人们追求生活质量的一项重要内容。如果这是一种规律的话,那么必需的一个前提就是人们的收入整体得到提高,人们的生活整体达到一个较高水平。而如果人们之间存在收入差距,地区之间的收入也不平衡,那么由此形成的对自然环境的不同态度,会成为自然环境保护的障碍。

中国改革开放后的经济持续高速增长是建立在粗放的经济增长方式基础之上的,也就是依靠大规模的生产要素投入来达到经济增长的目的,其中对自然资源的大量消耗和对自然环境的严重破坏成为经济增长的最大代价。因此,相对来讲经济发达地区自然环境受到的破坏较大,自然环境比较好的地区,其经济发展相对落后。当经济发达地区饱受自然环境破坏之苦,并开始意识到优良的自然环境更是高质量生活的一种保障时,它们便开始调整经济结构,将高消耗、高污染的产业向经济相对落后地区转移,而经济相对落后地区因为经济增长的压力也乐意接受这种产业转移,因为这些地区收入水平较低使得它们对提高收入的追求是第一位的,发达地区向它们转移高污染产业并不被认为是坏事,反而被认为是"雪中送炭"。如此的一种传递式发展最终会破坏各地的自然环境,也使人们追求的经济增长失去了意义。

收入差距对自然环境的这种影响是在生产力达到较高水平时才显现出来的。党的十九大报告提出中国进入新时代后,社会主要矛盾发生了转化,人民日益增长的美好生活需要和不平衡不充分的发展之间的矛盾成为主要矛盾。提供更多优质生态产品以满足人民日益增长的优美生态环境需要,是今后处理人与自然环境关系的主要目标。当中国民众在充分享受由不断提高的生产力所带来的丰富物质生活的时候，一定不要忽视这种生产力发展所付出的自然环境代价。而收入差距无疑是增加这种代价的一个重要因素，这是我们在关注收入差距带来的各种影响时不能不考虑的一个方面。

四、中国收入差距对对外经济关系影响的现实分析

一个国家的收入差距对它的对外经济关系影响都有着该国国情的背景。中国在实行对外开放后，对外经济关系对中国经济增长起到了巨大的推动作用。实行对外开放前，中国一直强调在"独立自主、自力更生"的原则下发展我们的经济，所取得的经济成就也是比较明显的。但是，由于我们与发达资本主义国家断绝经济往来，因此失去了利用世界先进技术的机会，与发达国家的经济发展差距不仅没有缩小，而是进一步扩大了。

改革开放后，我们建立起与发达国家的经济关系。借助这种关系，中国取得了发展经济的新机会。首先是技术引进，这是我们发展经济最缺乏的要素。在计划经济体制下，我们的国民只知道自行车、手表、缝纫机是高档消费品，而不知道电视机、冰箱和汽车会成为普通人的消费品。其实，这只是一个技术问题，只要我们有了这些技术，这些产品都会走入普通家庭。当然，这只是技术对于经济发展作用的一个缩影。与发达国家建立了经济关系后，我们可以通过引进这些在发达国家已经成熟了的技术，迅速地形成生产力。这也是中国改革开放后经济快速增长的重要出发点。

对外经济关系包含着许多内容，其中进出口是对外经济关系的主体。在国际贸易理论中，实现进出口平衡是对外经济关系的理想目标。然而，对于经济相对落后的国家来说，进出口平衡就成为一种奢望。中国实行对外开放后，我们发现与发达国家的经济有着巨大差距，因此，赶超又成为我们经济工作的一个重点。当然，这种赶超与 20 世纪 50 年代末进行的赶超不同，因为我们这时知道与发达国家的真实差距，也能够利用发达国家的技术和资金来发展我

们的经济,因此,这是一种现实的赶超。既然要赶超,那么我们经济工作的重点就必然是生产导向的,即必须把更多的资源和生产要素用于发展生产上,消费被放到次要的位置。在市场经济条件下,经济运行需要建立在供给和需求均衡的基础上,即一定时期内生产出来的产品必须卖出去,被有效需求所吸收。如果我们注重生产,这会引发更多的投资,投资虽然也是一种需求,但它的实现又会形成产出。如此,注重生产而不断加大的投资,会给消费带来很大压力。在储蓄率较高和收入较低的情况下,消费的增长受到限制。如何消化由高投资带来的高产出? 出路只能是向国外出口。对外开放后,这种出口有了更多的通道,再加上中国出口产品的成本优势,推动中国进出口实现了远超出经济增长速度的扩张。当然,在进出口高速增长的同时也出现了对外经济关系的不平衡。当我们开始改变这种对外经济关系格局时,我们发现,有一个因素制约着实现对外经济关系的再平衡,即中国收入差距的扩大。

中国收入差距扩大对对外经济关系的影响集中体现在它制约着国内消费的增长。收入差距扩大会限制消费需求的增长,这是基于收入的边际消费原理得出的一个简单结论。在中国收入水平整体很低时,集中于生产以及更多的产品难以在国内市场销售,必须通过出口来弥补这一需求缺口。但这最终会导致对外贸易的不平衡,当我们想改变这种格局,通过扩大国内消费来转变对出口的依赖时,却因为收入差距较大制约了消费需求的增大,使我国的对外经济关系再平衡成为一个难题。消费需求与收入差距的关系是经济学关注的一个重要命题。从机理来看,收入差距扩大通过不同的边际消费倾向影响到整体的边际消费倾向,进而限制了消费需求的扩大。2008 年国际金融危机发生后,中国的对外经济关系也发生了非常大的转变,进出口长期高速增长的态势终止了,相反,出现了进出口的负增长。这种结构上的变化要求我国必须调整经济增长的需求结构,必须挖掘消费需求的潜力。这除了要整体性地提高国民收入外,还必须缩小收入差距。这不仅是满足人民美好生活需求所要求的,而且也是调整需求结构的重要因素。

第三章　中国收入分配差距
原因的综合分析

中国分配差距在改革开放后出现扩大的事实,经济学界已经有广泛而深入的研究。但随着中国经济发展,收入分配差距出现了一些新情况。在这样的背景下,如何进一步推进中国分配差距原因的研究? 笔者认为,首先应该对中国分配差距原因进行综合分析,在此基础上寻找引起中国分配差距的一些新因素,以丰富中国收入分配的研究。对中国分配差距的原因进行综合分析,可以从国内的微观和宏观以及国际经济关系等角度展开。

第一节　中国收入分配差距的微观因素分析

一、中国分配差距的市场化改革因素分析

中国收入分配从改革开放前的收入比较平均转变为改革开放后收入分配差距的扩大,首先与市场化改革有关。中国的市场化改革是如何引起分配差距扩大的呢?

(一) 市场对生产与分配关系的影响

市场作为一种交换行为出现在原始社会末期。随着原始公社的扩大,人

口增长,特别是各氏族间的冲突,一个氏族征服另一个氏族,这导致分工有了新的变化。过去建立在纯生理基础上的自然分工,转变为通过氏族间交换而形成的经济分工。不同的公社在各自的自然环境中,从事着不同的生产,消费着不同的产品。当氏族间开始接触后,这种不同生产以及不同产品自然会引起互通有无的交换。如此,形成了人类社会最早的交换形式或商品经济。

商品交换改变了人类社会的生产和分配关系。在氏族范围内,人们集体从事生产活动,生产的产品在氏族内部平等分配,随着市场的出现,生产与分配之间不再是一种直接的关系,由于市场介入而变成一种间接的关系。这种变化本身包含着引起分配不平等的可能性。

交换对分配的影响体现在两个方面:一方面是在交换者之间引起的分配差距。这是由于过去封闭的氏族基于他们生产环境的差异,有着不同的生产力水平,在互不往来的时候,这种差别没有现实意义。但是,当氏族间开始交往,这不仅产生了一个更大的社会,而且也使得过去他们之间的差别具有了现实意义。因此,交换在这个层面所起的一个作用就是把过去有所差别的不同氏族变成可以比较的经济关系,从而造成一种更大范围的社会差别。另一方面是交换引起原来氏族内部的分配差距。这是由于交换引致的反馈机制发挥了作用。氏族之间的商品交换最终会改变氏族内部的生产关系,原来在氏族内部形成的人们生活共同体开始瓦解,因为,氏族里的人们有了新的生活方式,可以不再依靠氏族这一生活共同体来满足自己的生存需求,而可以通过交换获得自己生活所需的物品。这种交换使得氏族内部具有不同生产能力的人们不再平均分配自己的劳动所得,开始要求对自己生产的产品拥有所有权,从而氏族内部也发生商品交换,曾经的平等分配被收入差距所代替。

以上是对商品经济缘起所作的分析,它反映出交换或市场对生产与分配关系的深刻影响,也反映出交换或市场在其最初的发生机制中是如何引起分配差距的。对此,我们可以在我国的市场化进程中找到一些新证据。

(二) 中国市场化改革对分配差距的影响

中国在实行计划经济体制时期,人们之间的收入差距比较小。这既是社会主义制度的一个本质要求,也是体现社会公平正义的一种选择。平等地分配收入这是人类社会产生后的漫长历史演进中长期保持的一种分配方式,因此,收入平等是一种人类性的追求。然而,人类进入文明社会以后开始体现出不平等,或许这种不平等是人类进步的一个因素,但这并没有改变人们对追求收入平等的天性。在资本主义社会,人类发现了一系列提高生产力的手段和途径,同时,也把收入不平等推向了之前社会从未有过的程度。财富越来越向少部分人集中,而广大的无产阶级处于相对甚至是绝对的贫困,这是资本主义积累的一般规律,也是资本主义走向灭亡的主要原因。因此,社会主义取代资本主义必须改变资本主义社会的收入两极分化状态。社会主义制度在一些国家建立后,特别是在计划经济体制建立后,收入分配差距大大地缩小了,收入分配均等化成为社会主义经济制度的一个重要特征。中国自 1956 年建立计划经济体制后形成的收入分配制度,目标是缩小人们之间的收入差距,实践中比较好地实现了这一目标,反映收入差距的基尼系数一直比较低,改革开放之初我国的基尼系数仅为 0.2 左右,呈现出一种平均主义的收入分配状态。然而,这种局面随着经济体制改革,即计划经济体制向市场经济体制的逐步过渡而发生了改变,出现了一个非常明显的趋势,就是收入差距不断扩大。这种相关的情形包含着一个比较密切的因果关系,即市场化取向改革是引起中国分配差距的一个重要原因。

中国的经济体制改革开始于农村。1978 年,安徽省凤阳县小岗村推行的家庭联产承包责任制开启了中国农村经济体制改革的进程。农村经济体制改革改变了实行 22 年的农村粮食统购统销制度,使每一个农户获得了对剩余农产品的自由处置权,也就是可以把承包集体土地获得的剩余农产品作为商品出售,从而使商品交换成为中国经济运行中的一个因素。随着中国经济体制改革从农村扩展到城市,商品交换或商品经济的范围不断扩大,商品化的程度不断提升,市场经济也成为中国经济运行的一个重要机制,并逐步取代计划调节成为中国经济运行中起决定性作用的资源配置方式。市场经济在中国经济运行中的这种地位,不仅对优化中国的资源配置起到了积极的作用,而且也成为改变中国分配格局的重要推动力量。

市场经济在中国经济运行中的作用不断加强,把存在于人们之间、企业之间、地区之间、城乡之间的潜在差别显性化,从而形成了一个推动中国收入差距扩大的重要机制。在计划经济体制下,国家控制着几乎所有资源的配置,个人、企业、地区、城市、农村之间的差别都无法在资源配置过程中显现出来。因此,这些差别也不能作为获得收入和财富的依据,一切都按照国家的计划来获得资源、取得收入。在国家追求平等化的目标下,无论是个人之间、企业之间,还是地区之间、城乡之间,其收入分配被最大限度地平均化。随着市场化取向改革的不断深化,市场逐步取得了资源配置的基础地位,而市场经济是以承认市场主体的产权为前提的,因此,市场主体的不同禀赋势必转化为市场中的不同优势,在市场平等交换的原则下,这种不同优势又成为他们在市场上获得不同收入的依据。

总之,中国改革开放不断扩大的收入差距首先是市场化本身引起的。中国的市场化改革对收入分配的影响表现在市场从无到有的过程中释放出来的不同市场主体或经济体差别对收入分配的影响。因此,中国的市场化改革引起收入分配差距具有一定的必然性。

二、中国分配差距的分配制度改革因素分析

任何收入分配差距都是某种分配制度的结果。不同的经济体制决定了各异的分配制度。中国的市场化改革释放了各个市场主体的差别,进而为他们获得不同收入提供了一个前提。中国的收入分配差距为什么会达到目前较高的程度? 通过对分配制度改革进行分析可以找到部分答案。

（一）分配制度与分配差距的关系

分配制度是一个社会经济制度的重要组成部分,其结构可以分为微观的分配制度和宏观的分配制度,或初次分配和再分配。这里主要考察微观或初次分配对分配差距的影响。微观分配是指在生产领域参与价值生产的各要素所有者之间进行的分配。这是整个社会分配最基础的环节,也是收入差距大小最基本的决定因素。

生产领域创造的产品或价值该如何分配,这从来都是经济学关注的一个重要问题。因为人类采取的集体生存方式涉及的最基本问题,就是如何将集体创造的产品加以分配。为此,必须形成一定的分配制度来分配产品。分配制度的核心在于分配的根据。

初次分配的依据主要有两个,一个是各生产要素在生产中所作出的贡献;另一个是各生产要素所有者在生产中所处的地位。前者是把生产与分配的关系直接化,即各要素所有者在分配中获得的份额,直接决定于他们所拥有的生产要素在生产中所作出的贡献;后者则是把生产与分配的关系间接化,即各要素所有者在分配中所获得的份额,与他们所拥有的生产要素在生产中作出的贡献无关,而与他们拥有的生产要素在生产中所处的地位相关。这种不同的收入分配依据成为不同收入分配理论的出发点。

亚当·斯密作为西方经济学的创始人,他的收入分配理论是以要素所有者的地位为主线展开的。他指出:"在资本积累和土地私有尚未发生以前的初期野蛮社会,获取各种物品所需要的劳动量之间的比例,似乎是各种物品相互交换的唯一标准。"[①]因此,"在这种社会状态下,劳动的全部生产物都属于

---

① [英]亚当·斯密:《国民财富的性质和原因的研究》(上卷),郭大力、王亚南译,商务印书馆1972年版,第42页。

劳动者自己"①。而"资本一经在个别人手中积聚起来,当然就有一些人,为了从劳动生产物的售卖或劳动对原材料增加的价值上得到一种利润,便把资本投在劳动人民身上,以原材料与生产资料供给他们。叫他们劳作。与货币、劳动或其他货物交换的完全制造品的价格,除了足够支付原材料代价和劳动工资外,还须剩有一部分,给予企业家,作为他把资本投在这企业而得的利润"②。除此之外,"一国土地,一旦完全成为私有财产,有土地的地主,像一切其他人一样,都想不劳而获,甚至对土地的自然生产物,也要求地租"③。由此可以看出,亚当·斯密把初次收入分配与生产要素所有权的垄断联系起来,并且可以自然延伸出各要素所有者在生产中的地位决定了他们取得份额的多少。因为,斯密在分析利润和地租时,讲的都是对劳动增加价值的一种占有,也就是说,资本和土地不创造价值,但其所有者却可以借此获得利润和地租,凭借的就是对资本和土地的所有权。当然,由于斯密的劳动价值论包含着矛盾,因此,在对商品价格的组成部分分析中,进行了一些调整,认为"工资、利润和地租,是一切收入和一切可交换价值的三个根本源泉"④。这样的一种延伸混淆了价值创造与价格构成的关系,从而为后来的新古典经济学的收入分配理论留下了发展的空间。

新古典经济学的收入分配理论体现了其边际主义的核心思想,其典型代表——约翰·贝茨·克拉克提出的分配的边际生产力理论,抛弃了斯密的生产要素所有者参与分配的所有权垄断依据,即收入分配的地位论,而对斯密分配理论的一个延伸分析大加发挥,认为生产过程中的所有要素都能创造价值,

---

① [英]亚当·斯密:《国民财富的性质和原因的研究》(上卷),郭大力、王亚南译,商务印书馆1972年版,第43页。

② [英]亚当·斯密:《国民财富的性质和原因的研究》(上卷),郭大力、王亚南译,商务印书馆1972年版,第43页。

③ [英]亚当·斯密:《国民财富的性质和原因的研究》(上卷),郭大力、王亚南译,商务印书馆1972年版,第44页。

④ [英]亚当·斯密:《国民财富的性质和原因的研究》(上卷),郭大力、王亚南译,商务印书馆1972年版,第47页。

作为要素所有者获得收入的多少,取决于这些要素在生产中所创造价值的大小,或作出的贡献大小。因此,新古典经济学导向的收入分配理论完全是一种贡献论。

马克思主义政治经济学也继承了亚当·斯密古典经济学的一些思想,其中主要是劳动价值论,而斯密从劳动价值论出发建立的收入分配理论,也可以在马克思的政治经济学中找到一些印记。如果按照收入分配依据的"贡献论"和"地位论"的划分,那么马克思的收入分配理论更倾向于"地位论"。因为马克思的劳动价值论虽然认为价值是由劳动创造,但劳动创造价值的分配权掌握在资本家手中。因此,生产要素所有者获得收入并非一定是其拥有的要素创造价值的回报,而是凭借其对生产要素的所有权或垄断获得的相应收入。

这些对收入分配依据的不同理论分析,是建立收入分配制度的出发点。资本主义制度建立后,新古典经济学取得主流地位,它的分配理论也成为西方资本主义国家建立分配制度的基础。各生产要素所有者在初次分配中的所得完全决定于它们各自所形成的市场供求关系。劳动力、资本、土地这些基本的生产要素有各自的市场。劳动力的工资决定于劳动力供求的均衡价格;资本的利息决定于资本供求的均衡价格;土地的地租决定于土地供求的均衡价格。如此,资本主义制度形成的是一个市场机制决定收入分配的制度。这种分配制度反映出来的伦理思想认为,各要素所有者得到的收入都是他们应得的,因而也是公平的。在这种分配制度下出现的收入差距不仅未失公平,而且也符合社会正义。因此,建立在新古典经济学分配理论基础上的资本主义收入分配制度,内在地决定了收入差距是资本主义制度的一种必然现象,而且在这种理论基础上的收入差距还被赋予符合社会正义的伦理价值。

由市场机制决定的收入分配制度为什么容易产生收入差距? 市场机制下各生产要素所有者所获得的收入完全是由要素稀缺程度所决定,也就是由要素的供求关系所决定。在资本主义制度下,随着生产力水平的提高,劳动力在生产中的重要性下降,由此导致土地变得越来越稀缺,而生产力的发展又主要借助于资本积累,因此,资本也成为一个稀缺的要素。这种劳动力的地位下降并相对地变得越来越充裕,而资本、土地等要素则越来越稀缺,如此,各生产要素市场的不平衡性不断加强,劳动市场的供求关系表现为供过于求,其价格很难提高;资本和土地市场的供求关系表现为供不应求,它们的价格不断提高。这种类似于"剪刀差"的价格变化趋势,自然就引起占有生产资料的所有者较只拥有劳动力的劳动者有着更大的优势,因而可以获得更多的收入。如此,通过市场机制实现初次收入分配的制度很容易造成收入差距。这成为资本主义经济运行中的一个难以解决的困境。

　　然而,社会主义制度建立后,马克思主义经济学成为指导社会主义经济建设的经济理论,其收入分配理论也成为构建社会主义分配制度的基础。马克思的收入分配理论建立的前提是社会主义基本经济制度。当生产资料公有制建立后,也就是生产资料属于全民或集体所有,这意味着生产资料的占有不再作为个人收入分配的依据,国家代表全民占有生产资料,从而获得了生产资料参与生产过程应得的份额,即企业利润。个人不再是生产资料的占有者,他们只能根据自己付出的劳动获得收入。因此,社会主义制度下实现的分配制度体现的是按劳分配原则。当然,马克思也设想过在共产主义高级阶段实行按需分配,如马克思所指出的:"在共产主义社会高级阶段,在迫使个人奴隶般地服从分工的情形已经消失,从而脑力劳动和体力劳动的对立也随之消失之后;在劳动已经不仅仅是谋生的手段,而且本身成了生活的第一需要之后;在随着个人的全面发展,他们的生产力也增长起来,而集体财富的一切源泉都充分涌流之后,——只有在那个时候,才能完全超出资产阶级权利的狭隘眼界,社会才能在自己的旗帜上写上:各尽所能,按需分配!"①按劳分配是社会主义分配个人消费品坚持的原则,其分配过程是对社会总产品做了各项必要的社会扣除后,按照个人提供给社会的劳动数量和质量分配个人消费品。

---

①　《马克思恩格斯文集》第 3 卷,人民出版社 2009 年版,第 435—436 页。

建立在按劳分配原则基础上的社会主义收入分配制度是如何达到收入平等化的？按劳分配阻塞了初次收入分配过程中个人凭借生产资料获得收入的渠道，使个人收入分配的依据只有劳动这一因素。本来按劳分配的原则下提倡的是多劳多得、少劳少得、不劳动者不得食，但由于在进行按劳分配时监督劳动数量和质量的成本比较高，因此，体现按劳分配原则的具体分配制度包括工资制和工分制，前者主要是在城市实行的一种分配形式，后者主要是在农村实行的一种分配形式。这两种分配形式都导致一种"吃大锅饭"现象，即干多干少一个样，干与不干一个样。结果是不管在实际从事生产活动中付出多少劳动，只要从事的工作相同，享受的级别一致，都获得相同的收入。如此，建立在按劳分配原则基础上的社会主义收入分配制度引起的是一种普遍的平均主义分配格局。

（二） 中国分配制度改革对分配差距的影响

中国在计划经济体制时期建立的分配制度解决了此前长期存在的收入差距问题。不过，这种分配制度也带来了一系列的负面影响，即平均主义分配一定程度地消解了人们从事生产劳动的积极性和主动性，进而严重影响了中国经济的效率。1978 年开启中国经济体制改革的直接目的就是要改变中国经济发展的态势，尤其是要提高广大人民群众的生产积极性。作为一个重要抓手，启动了分配制度改革。

分配制度向来体现着效率与公平的关系。如果分配制度更倾向于公平，那么就可能以牺牲效率为代价；如果分配制度更倾向于效率，那么就可能以牺牲公平为代价。当然，围绕公平与效率关系的讨论远比这一归纳复杂，但我们在现实社会中还是可以看到公平与效率关系在分配制度选择上具有的导向意义。

中国改革开放之初，对分配制度的一个基本认识是，我们实行按劳分配虽然缩小了收入差距，但也影响了劳动者的生产积极性。因此，改革分配制度的目的就是要借此提高经济效率。如何改革分配制度？首先我们认为导致计划经济体制下的平均主义分配是由于没有很好地贯彻按劳分配，因此改革分配制度最初探索的是恢复按劳分配原则，真正体现多劳多得、少劳少得。其实，按劳分配的核心是对"劳"的理解。在计划经济体制下，个人劳动和社会劳动的界限消失了，个人劳动直接就是社会劳动，不需要通过市场进行转化。如此，按劳分配的关键在于界定每个人付出的劳动，并以此作为分配的依据。如何界定每个人付出劳动的多少？这远比想象的复杂，实践中很难把握每个人所付出劳动的数量，对劳动质量的把握就更是一个难题。因此，改革分配制度只在按劳分配本身做文章是难有成效的。

随着经济体制改革的推进，商品经济被认为是落后国家发展生产力不可逾越的阶段，因此，党的十三大确立了社会主义有计划的商品经济体制的改革目标。当我们把计划经济体制时期的产品经济调整为商品经济时，分配制度的改革也就有了新的基础，或者说，对按劳分配的"劳"的确定不再局限于个别劳动，而可以借助社会劳动来确定每个人付出的劳动具有多少价值。由于分配制度都是建立在生产资料所有制基础之上，因此，中国改革逐步形成的以生产资料公有制为主体，多种经济成分并存的社会主义初级阶段的基本经济制度成为分配制度改革的基础。随着单一公有制经济格局被打破，首先是个体经济，进一步是私营经济，它们的出现意味着人们可以借助生产资料的私有权获得收入，而不再是过去将劳动作为获得收入的唯一渠道。与此同时，国有企业的"放权让利"改革，改变了过去单纯工资制的按劳分配形式，出现真正开始体现多劳多得、少劳少得原则的其他分配形式，如奖金、福利等。由于市场化改革，国有企业工人的个人劳动不再是直接转化为社会劳动，其价值也不是由个人劳动决定，而是由社会劳动决定，因此，国有企业工人的收入分配不仅受到企业自身按劳分配的调整，而且还要受到企业经营情况的影响。如此，计划经济体制时期的按劳分配制度受到多方冲击，过去基于按劳分配的平均主义也无法持续，个人之间在初次分配中出现了收入差距。

1992 年,党的十四大召开,中国经济体制改革自此进入了一个新的阶段,社会主义市场经济被确定为中国经济体制改革的目标。这也为分配制度改革明确了方向,中国的分配制度必须是既要遵循经济发展的规律,又要体现中国的国情。遵循经济规律就是要承认经济增长中发挥重要作用的除劳动力之外的其他要素拥有参与分配的权利。体现中国国情就是要不能忽视中国社会主义制度的这一基本特征。因此,建立在社会主义市场经济体制下的分配制度应该是把按劳分配和按生产要素分配结合起来,在坚持按劳分配主体地位的前提下,允许和鼓励资本、技术等生产要素参与收入分配。分配制度的如此变化,对初次分配的收入差距产生了较为明显的影响。

中国分配制度改革对分配差距的影响不仅在于改革后的分配制度因为体现要素禀赋差别而造成收入差距,而且还在于分配制度改革过程对收入分配形成特殊的影响机制。分配差距既是一个现时现象,也是一个长时间的积累过程。如果是在一种确定的分配制度下,那么初次收入分配的差距通常是由各生产要素的禀赋情况所决定。如果分配制度处于一个调整或改革的过程,那么初次收入分配的差距就取决于生产要素参与收入分配的地位变化及其程度。

中国经济体制改革是一个渐进过程,因此,中国分配制度改革也是一个渐进过程。农村实行的家庭联产承包责任制改革,虽然是平均分配土地给个人或农户,但农民的生产积极性被调动起来。这使得个人禀赋在生产中得以最大限度地体现,因此,个人禀赋差别就会转化为生产和经营效率上的差别,最终导致收益上的差距。在农村改革之初,农民之间的收入差距还主要是由于在土地生产经营上的差别。随着经济体制改革的不断扩大和深入,农民获得收入的渠道变宽了,也多样化了,不仅可以通过经营土地获得收入,还可以通过劳动力转移获得工资性收入,其中一些有一定积累的农民,通过投资获得资本性收入。农村改革后的分配制度改革伴随着农民拥有的各种生产要素不断释放而引起农村内部收入差距的扩大。

在农村改革取得较为明显的成效之后,中国经济体制改革的重点由农村转向城市。城市经济体制改革一方面围绕国有企业改革展开;另一方面生产资料公有制逐步调整。这些都影响分配制度改革,并影响到收入差距的变化。国有企业改革实行的"放权让利",使国有企业获得了一定程度的收入分配自主权,虽然在开始时并不大,但国有企业内部工人的差别可以体现在收入上,而不同国有企业之间在生产经营上的差别可以体现在工人的收入差距上。分配制度在国有企业中的改革,导致分配差距开始显现,但并不算明显,因为这种分配制度改革只是针对劳动力要素本身进行的,其扩大收入差距的效应有限。所有制结构调整使得非公有制因素不断增长,个体经济和私营经济中掌握资本的人搭上了收入的市场机制分配列车,进入了收入和财富的快速增长期。技术在生产中的重要性越来越大,使得掌握技术的人也获得高额报酬。如此,除劳动力之外的资本、技术等要素在生产中的地位越来越突出,使得拥有这些要素的人在收入分配中占据有利位置,取得的收入越来越高。再加上中国在改革开放进入一定阶段后,财富的积累效应越来越强,用财富增加收入,用财富积累财富的机制作用越来越明显。这使得分配差距呈现不断扩大的现象。

三、中国分配差距的分工发展因素分析

分工是劳动生产力增进的最重要机制。分工也是导致人们之间收入差距的一个基础性的因素。无论是禀赋相同的人,还是禀赋不同的人,都会因为分工的不同,而处于不同的境遇。这不仅引起社会分层的差别,而且导致收入的差异。就中国来说,改革开放后迅速发展起来的生产力伴随着分工的发达和分工的调整,这也是中国分配差距形成的微观因素。

(一) 分工发展与分配差距的关系

分工发展是人类社会生产力进步的一条主线。人类社会不同阶段生产力发展的程度,通常可以用分工来界定。从原始社会向奴隶社会过渡的标志就是最早出现的社会分工。农业、手工业、商业是原始社会末期出现的三次大的

分工,也正是这三次大分工,使人类突破了原始社会的蒙昧和野蛮,进入文明社会。资本主义社会诞生的生产方式起点——协作和工场手工业的核心在于形成的分立发展。协作或资本主义协作是较多的工人在同一时间、同一空间,为了生产同种商品,在同一资本家指挥下工作的生产方式。这种以分工为基础的协作使劳动生产力得到极大的提高。到了工场手工业时期,分工取得了一种典型的形式。不同种的手工业工人在同一资本家的指挥下联合在一个工场里,同种的手工业工人同时在一个工场里为同一个资本家所雇佣。无论是哪一种形式,最终都使得分工达到了一个新的水平。正如马克思所指出的:"工场手工业在工场内部把社会上现存的各种手工业的自然形成的分立再生产出来,并系统地把它发展到极端,从而在实际上生产出局部工人的技艺。另一方面,工场手工业把局部劳动转化为一个人的终生职业"[1]。当然,这也只是资本主义生产方式的起点,在资本主义生产力进一步发展的过程中,都可以看到分工的形式和性质变化所起的重要作用。

分工不仅推动社会生产力的发展,也造成了人们之间的差别,而且这种差别与人的禀赋无关。在这一点上,马克思有过一个经典的分析:"因为总体工人的各种职能有的比较简单,有的比较复杂,有的比较低级,有的比较高级,所以他的器官,即各个劳动力,需要极不相同的教育程度,从而具有极不相同的价值。因此,工场手工业发展了一种劳动力的等级制度,与此相适应的是一种工资的等级制度。"[2]这种分工引起工场手工业内部劳动力工资的差距,可以说是分工与收入差距关系的一个典型性事实。但分工在工场手工业内部造成工人的畸形化,最终会延伸到工场手工业之外,成为工人失业和陷入贫困的一个重要原因。

不仅工场手工业内部分工会影响到工人的收入,并造成工人之间的收入差距,甚至造成整个工人阶级的贫困化,而且社会分工对收入差距也会造成影

---

① 《马克思恩格斯文集》第5卷,人民出版社2009年版,第394页。
② 《马克思恩格斯文集》第5卷,人民出版社2009年版,第405页。

响,而且其影响的机制更为复杂。

　　社会分工与个别的分工不同,它是各种社会经济形态所共有的。社会分工的发展是人类生产力发展的另一种表现形式。它的产生基于两个方面,一方面是由原来不同而又互不依赖的生产领域之间的交换产生的;另一方面是由曾经直接互相联系的整体的各个特殊器官互相分开和分离产生的。但它的发展却离不开一个重要的物质前提,即人口数量和人口密度。这正如马克思所讲的:"一定量同时使用的工人,是工场手工业内部分工的物质前提,同样,人口数量和人口密度是社会内部分工的物质前提,在这里,人口密度代替了工人在同一个工场内的密集。"①因此,"一切发达的、以商品交换为中介的分工的基础,都是城乡的分离"②。社会分工的产生和发展不仅推动了人类生产力的进步,而且也成为收入分配的基础。

　　社会分工对收入分配的影响主要是借助新行业的出现和行业地位的改变为人们提供不同发展机会表现出来的。人类进入文明社会出现的三次社会大分工,不仅推动社会生产力达到了一个新的水平,而且也使得人们获得的收入在这三次大分工中有了较大变化。农业的出现是人类社会分工发展史上的一个重要成就,它的出现,无论是种植业,还是畜牧业,都比原始的采集和狩猎有较大的生产力进步,因此也有了更多的收获,从事农业的人们相较于从事采集和狩猎的人们获得更多的产品,或有更多的收入。尽管这种增加的产品和收入属于整个群体,但也能由此看出这种社会分工的进步确实提高了从事农业的人们的收入。与此相似,手工业和商业的出现,不仅使社会分工进一步发展,而且这些新的社会分工相较于农业有更大的优势,这使得从事手工业和商业的人们获得较从事农业的人们更多的收入。

　　人类进入文明社会后出现的社会分工对收入分配的影响都是以更高生产力为中介实现的。这一原理到了近代以后表现得更加突出。第一次工业革命

---

① 《马克思恩格斯文集》第5卷,人民出版社2009年版,第408页。
② 《马克思恩格斯文集》第5卷,人民出版社2009年版,第408页。

是人类社会生产力发展的又一次质的变化。伴随这一变化的社会分工达到了一个新的水平，采用机器的大工业催生了一个社会分工的"大跃进"，"机器生产用相对少的工人人数所提供的原料、半成品、劳动工具等等的数量不断增加，与此相适应，对这些原料和半成品的加工也就分成无数的部门，因而社会生产部门的多样性也就增加。机器生产同工场手工业相比使社会分工获得无比广阔的发展，因为它使它所占领的行业的生产力得到无比巨大的增长"[①]。发达的社会分工不断提高生产力，其自身也越来越多样化和差异化，处于社会分工的不同行业和领域的人们自然也会出现收入的差异。

社会分工对收入分配的影响还有一个特点，就是它使得人们之间的收入差距建立在社会分工对人的某些特征认同的基础上。当社会分工普遍认同人的体力因素时，拥有强壮的体魄就成为能否获得更高收入的主要依据。当社会分工开始更加认同人的智力因素时，拥有高智商和丰富知识的人可以获得更多的收入。

（二）中国分工发展对分配差距的影响

中国的分工体系随改革开放发生了比较大的变化。在计划经济体制时期，分工呈现出来的最大特点是较为封闭。中国的分工体系不仅决定于生产力状况，而且也有比较严重的"计划"的影子。从个别分工来看，出现在企业内部的分工尽管有技术的根据，但从人的角度看已不完全依附于技术的分工了，人与人之间被当成平等的主体，他们可能有着不同的岗位，但获得的是相同的工资。从社会分工来看，计划经济体制时期中国的国民经济体系也有比较大的发展，从新中国成立之初的一个标准的农业国变成一个有着完备工业体系的国家。这种社会分工的发展推动了中国生产力的进步。但从人们的地位来看，并没有因为社会分工的发展而有太大的变化。生活在计划经济体制

---

① 《马克思恩格斯文集》第 5 卷，人民出版社 2009 年版，第 512 页。

下的人们无论身处何地,从事怎样的行业,其地位也没有太大的差别,或挣得的工资也基本上是相同的,特别是级别相同的人,无论你在哪里,挣得的工资基本是一样的。如此看来,在计划经济体制时期的中国的分工体系虽然从技术上把人们分在不同的岗位上,但他们的地位是相同的,所获得的收入也是相同的,除了因级别不同而产生的较小差距外。

改革开放后,中国的分工体系有了比较大的变化,这一方面表现在技术进步引起的社会分工发展上,另一方面表现在人们所处分工的地位变化上。中国在改革开放后,改变了过去独立自主的技术进步路径,而开始主要通过技术引进来实现技术进步。这一变化大大地推动了中国技术进步的速度,中国的分工体系得到前所未有的发展。许多新产品生产在计划经济时期都是空白,但改革开放后我们通过不断地引进国外先进技术,使中国的产业结构发生了很大变化。因此,中国的分工体系也有了新的进展。

分工体系的变化也影响到处于这一分工体系下的人们的收入分配。这一影响机制的关键在于,无论是企业内部的分工,还是社会内部的分工,都开始把人们在分工中的差别体现出来,并形成不同的社会地位,以此为根据获得不同的收入。从企业内部来看,由分工决定的人们所处的不同岗位,如果只是一个生产问题,那么对人们的生产积极性没有太高的要求;如果是一个生产和经营问题,企业的产品卖不出去,其效益就会下降,那么企业内部的各个岗位便具有特殊意义,它不仅是生产体系的一个环节,而且也是激发企业职工积极性的一个机制。在这样的环境下,由分工的差别引发收入的差距就成为企业良性运行的一种内在要求。从社会分工来看,改革以后的社会分工体系不再是过去那种全国一盘棋的格局了,也就是社会分工的各个行业和领域不再通过计划相互联系,而是逐步借助市场相交换了。随着社会分工的发展,新行业不断出现,新领域逐渐诞生,这种社会分工体系的扩大和调整,很容易造成分工系统内的不平衡,从而使一些行业在整个分工体系下处于优势,而另一些行业则处于相对劣势,如此,不同行业的发展也变得不平衡,处于不同行业的人们的收入也就有了差距。

中国改革开放后分工体系的发展,一方面引起生产力的进步;另一方面也导致人们之间地位的变化,无论是企业内部分工下的各要素所有者,还是社会分工下的各群体,都因为他们的地位差别引起收入的差距。

第二节　中国收入分配差距的宏观因素分析

一、中国分配差距的经济增长因素分析

从宏观的角度看,收入分配是以经济增长为基础的。经济增长对收入分配的影响,不仅体现在量的方面,而且也体现在结构方面。在量的方面,随着经济的快速增长,创造的财富增加,人们的收入水平也随之提高;相反,随着经济的逐渐低迷,创造的财富减少,人们的收入水平也相应降低。在结构方面,经济增长的不同方式,可以影响到收入分配差距的扩大或缩小。中国改革开放前后不同的增长速度,使中国居民的收入水平体现出明显的差距;中国改革开放前后不同的增长方式,又使中国居民的收入差距有所不同。

(一) 经济增长与分配差距的关系

经济增长与分配差距的关系是生产与分配关系的一种反映。人类的经济活动始终伴随着生产与分配的关系,生产是分配的基础,分配可以通过对人的激励影响生产。在人类社会生产力水平比较低的历史时期,生产与分配的关系更主要体现在生产对分配的基础作用方面。当生产力水平极低,生产的产品仅能满足人们的生存需求时,分配必须是平等的,否则,人类的生存必然面临严峻挑战。因此,这是一种在生存原则下的生产与分配的关系。当生产力水平有了一定的提高,生产的产品有了一些剩余,分配便出现了差距。但是,由于生产力水平提高得十分缓慢,使得这种分配差距不会太大,其表现形式通

常是大多数人生活水平比较低,只有极少数人比较富有。而在生产遭受一定挫折时,如农业社会遇到天灾时,生产的产品减少,许多人会陷入贫困或受到生存威胁,这时往往会出现社会动荡,并通过一定的变故来重新恢复平衡。

人类社会生产力缓慢发展的历史到近代以后发生了一次重要转变。近代工业革命使一些率先发展的国家进入了经济快速增长的时期。这一时期生产的财富大量增加,对收入分配的影响也发生了变化。

首先,实现经济增长的新的生产方式使收入分配有了一个新的机制。近代以后的经济快速增长是建立在资本主义生产方式的基础上。资本主义生产方式"是在同一个资本同时雇用较多的工人,因而劳动过程扩大了自己的规模并提供了较大量的产品的时候才开始的。人数较多的工人在同一时间、同一空间(或者说同一劳动场所),为了生产同种商品,在同一资本家的指挥下工作,这在历史上和概念上都是资本主义生产的起点"①。资本主义的生产方式将生产活动变成了简单的资本和劳动的投入,而且这两种要素的投入表现为较多的工人受雇于一个资本家,工人虽然是价值的创造者,但他们创造价值的一部分即剩余价值被资本家占有。如此形成了一种多数人与少数人之间的收入分配机制。

其次,实现经济增长的技术因素引起收入分配的新趋势。传统的经济增长主要是借助增加劳动力、资本、土地要素投入,或提高要素配置效率而实现的。因此,由经济增长带来的收入或财富的分配主要是以要素贡献的大小或它们在生产中所处的地位决定的。近代以来,经济增长不仅借助劳动力、资本、土地这三个基本生产要素,技术也逐步成为一个独立的要素介入经济增长,并在经济增长中发挥着越来越重要的作用。这种技术要素加入生产过程的新格局,引起收入分配也出现了新趋势。这种趋势的一个主要特征是加剧了分配差距的扩大。其基本理由是,技术进步在生产中的作用通常是以提高

---

① 《马克思恩格斯文集》第5卷,人民出版社2009年版,第374页。

全要素生产率体现出来的。如果对其加以解剖,那么生产过程中的新技术应用,或者是以物质资本的形式出现,或者是以人力资本的形式出现。物质资本通常是由投资者所控制,人力资本则是由科技人员所拥有。当技术作为生产要素也参与分配,那么其份额或者为资本所有者所获得,或者为科技人员所获得。这会引起收入分配在资本家、普通劳动者和科技人员之间的新差距。由于资本家掌握物质资本形式的新技术,其获得收入的筹码进一步增加,从而获得更大的收入份额,而普通劳动者因为技术进步,地位进一步下降,获得的收入份额更小。只有科技人员是一个不太确定的变量,如果科技人员在生产中占的比例较小,那么资本和劳动力收入差距将主导着整体的分配差距;如果科技人员在生产中占的比例较大,那么可以在一定程度上熨平整体的分配差距。

再次,实现经济增长的需求动力凸显,赋予收入分配对增长新的意义。现代经济增长的动力具有两个来源,一个是供给侧的要素投入;另一个是需求侧的"三驾马车"拉动。在生产力水平比较低的阶段,经济增长主要依靠要素的投入;当生产力达到较高水平,需求或有效需求对于经济增长的意义越来越凸显。在需求成为经济增长的重要动力后,经济增长与收入分配的关系也有了新的特点。在生产力水平较高前提下的经济增长,意味着有更多的财富被生产出来,而这在市场经济的条件下,如果没有相应的需求来消化这些财富,那么经济便会陷入危机。为此,如何扩大有效需求成为现代经济增长的一个重要课题。有效需求的"三驾马车"包括投资、消费和净出口,增加投资固然是扩大有效需求最便捷、最高效的途径,但投资不仅属于有效需求,而且还意味着是资本的投入。如果增加投资没有消费需求扩大的支持,并且也没有外部需求增长的配合,那么增加投资的扩大有效需求的途径是不可持续的。对于发达国家来说,则更加明显。因此,扩大有效需求最终离不开消费需求的支撑,而扩大消费需求又与人们的收入水平密切相关,并且与收入差距的程度有关。在收入水平比较高,而且收入差距比较小的情况下,收入水平的提

高就会增加消费,扩大消费需求;在收入水平比较高,但收入差距比较大的
情况下,收入水平的提高就不会有相应的消费增长,也不会有消费需求的扩
大。这一机制决定了经济增长的消费需求效应凸显时,不仅提高收入水平
对扩大消费需求意义重大,而且缩小收入差距也是消费需求增长不可或缺
的因素。当这一机制充分发挥作用时,经济增长势必伴生着分配差距缩小的
趋势。

最后,实现经济增长的不同方式对收入分配提出不同要求。经济增长与
收入分配的关系,不仅可以从引起增长的供给和需求两个角度分析,而且也可
以从经济增长本身出发加以分析。从经济增长本身出发分析经济增长与收入
分配的关系,自然会归结于经济增长的性质。经济增长以其是否包容分为包
容性增长和非包容性增长。传统的经济增长通常是非包容性的,其对收入分
配的影响如前所述。而今天的经济增长越来越要求是包容性的,这也成为世
界各国努力实现的一种理想的增长方式。包容性增长由亚洲开发银行在
2007年首先提出,它寻求的是社会和经济协调发展、可持续发展。与单纯追
求经济增长相适应,包容性增长倡导机会平等的增长,最基本的含义是公平合
理地分享经济增长成果。因此,包容性增长也可以称为"机会平等的增长"。
公平合理地分享经济增长成果或实现机会平等的增长,其最重要的特征是缩
小收入分配差距。包容性增长主要解决的是平等和公平问题。这不仅包括有
形的因素,如缩小基尼系数、增加公共产品的一般供给和分配;而且还包括无
形因素,如人们对社会参与的希望。如果能够增加有形因素,如一般公共品,
包括教育、卫生、住房、人身安全、生活技术设施的供给,那么收入即使存在差
距,人们也可以接受。如果能够支持无形因素,如人们对自己参与社会有更多
的希望,那么人们获得收入的机会增多,收入差距自然会缩小。

现实的经济增长与收入分配远比这几层关系复杂。如果我们把分析聚焦
到中国的现实,那么呈现出来的经济增长与收入分配关系不仅复杂,而且具有
鲜明的中国特点。

（二）中国经济增长对分配差距的影响

中国经济在改革开放前后有着不同的增长经历。改革开放前，中国经济增长大起大落，而且在计划控制的分配制度下，这种经济增长与分配差距几乎没有关系。改革开放后，中国经济进入了一个增长的快车道，由于分配制度的改革，这种经济增长开始成为影响分配差距的一个因素。其影响的机理也越来越复杂和多样。

首先，中国改革开放后的经济粗放增长以大量要素投入为动力，而各要素投入的不同路径决定了它们的所有者获得不同收入，从而改变了改革开放前的分配格局，出现了分配差距。在改革开放初期，我们能够增加的生产要素投入主要是劳动力。通过改革我们把过去潜在的劳动力释放出来，开始主要是把束缚在农村土地上的劳动力释放出来，因此大大地提高了劳动生产力，劳动所有者也可以分享到生产力提高带来的收益。这使得农村劳动者收入有了一定的提高，并缩小了过去与城市居民的收入差距，整个社会的分配差距因此有所下降。用基尼系数衡量，1981年，我国居民总体收入分配差距基尼系数为0.2780，到1985年下降到0.2656。但随着改革开放走向深入，特别是对所有制结构的调整和改革，又开始出现不同于国有和集体所有制的私人资本的投入。这不仅增加了投入的来源，而且也冲击了过去的收入分配机制。在计划经济体制下是消灭了资本的，因此，在分配结构中也不存在资本的份额。改革开放后，随着私人资本出现并在经济增长中发挥的作用越来越突出，经济增长的成果开始不断地向资本所有者倾斜，随着资本所有者的收入快速增长，收入差距不断扩大成为伴随经济增长的一个新现象。从我国改革开放后居民收入差距的基尼系数来看，1986年以后的全国居民收入差距基尼系数呈现长期增长的趋势。

其次，中国改革开放经历了一个渐进的过程。经济体制改革是"摸着石头过河"，对外开放是从沿海到内地的逐步推进。回顾中国改革开放后经济增长的历程,各个地区经济增长速度与改革开放进程有着非常密切的关系。凡经济体制改革走在前列的地区都率先进入快速增长期,而对外开放走在前面的地区都获得了巨大的增长效应。中国经济增长的这一趋势改变了改革开放前各地区的发展格局,之前处于全国增长前列的东北地区为珠三角和长三角地区的快速增长所超越。在整体上,中国按照东部、中部、西部划分的区域结构呈现出来的增长态势是,东部地区的经济增长相对较快,而中部、西部地区的经济增长相对缓慢。这种经济增长的态势自然引起收入分配的区域差异。东部地区居民的收入增长较中部、西部地区居民收入增长的速度更快,这不仅引起地区居民之间的收入差距,而且也影响到全国居民收入差距,并导致全国居民分配差距的扩大。

再次,中国改革开放后经济增长的投资和外贸驱动形成对国外市场的依赖和对国内市场的替代,抑制了居民收入的增长,并形成了推动居民收入差距扩大的特殊机制。改革开放后,中国经济增长的主要动力来自投资拉动。当一个经济体主要由投资拉动增长,那么必须以抑制消费为代价。由于消费和投资内在地要求一种平衡,即投资形成的生产力或生产的产品最终需要靠消费来实现,如果消费水平太低,那么投资形成的生产力就会过剩,从而使现代经济的平衡运行难以为继,其严重后果便是生产过剩的经济危机。要避免这一后果,并使经济持续增长,那么可供选择的只能是借助国外市场,即依靠国外需求来克服国内因投资和消费不平衡可能引起的生产过剩问题。因此,中国在改革开放后,特别是在加入世界贸易组织之后,经济增长的投资和出口主导特征越来越明显。这虽然为中国经济提供了一个高速增长的路径,但也带来居民收入分配差距的扩大。形成这种局面的主要机制是,投资和出口对经济增长的主导作用使出口企业和经济外向型突出的行业和地区,不仅取得高速增长的优势,而且实现了居民收入的快速增长。这在不同企业工人之间、不同行业人员之间、不同地区居民之间,都引起收入差距扩大的现象,从而成为全国居民收入差距扩大的一个因素。

最后,中国经济增长近期出现的一种"脱实向虚"的倾向,对居民收入差距扩大起到一种推波助澜的作用。中国经济在经历了四十多年的持续高速增长之后,现已进入了一种"新常态"。在这种"经济新常态"下,经济增长告别接近10%的高速度阶段而进入中高速阶段,伴随这一转型,中国面临一系列供给侧的结构性问题,如产能过剩、房地产库存严重、债务杠杆率高、高新技术产业发展滞后、企业成本压力较重等等。这些问题标志着中国的实体经济发展进入一个困难期,如此,在大量资本追逐利润的趋势下,虚拟经济便成为资本主要的"栖身之所",反过来,由于虚拟经济形成的较强吸引力,使实体经济进一步"失血",其原有资本也抽身转投虚拟经济,从而进一步催生虚拟经济的发展或泡沫化。这样的相互反馈,形成了一种失衡的经济增长态势。这种"脱实向虚"的经济结构,不利于缩小收入差距。因为,虚拟经济惠及的人群要远远低于实体经济惠及的人群,而且虚拟经济造成的收入增长效应要远远大于实体经济引起的收入增长效应,如果不能很好地调整这种结构,那么,居民收入差距会进一步扩大。

二、中国分配差距的通货膨胀因素分析

通货膨胀作为宏观经济运行的一个重要指标,不仅可以反映宏观经济运行的状况,而且在一定程度上影响分配差距的变化。通货膨胀是如何影响分配差距的? 这其中包含着一般性的机理,也可以在中国的现实中发现一些特殊的机理。

(一) 通货膨胀与分配差距的关系

通货膨胀是宏观经济运行的一个重要指标,也是宏观经济稳定与否的重要标志。宏观经济学将通货膨胀定义为,在信用货币制度下,流通中的货币数量超过经济实际需要而引起的货币贬值和物价水平全面而持续地上涨。在这一定义中,通货膨胀首先被理解为是一种货币现象。正如货币主义经济学的

重要代表弗里德曼所讲的,通货膨胀无处不在并且总是一种货币现象。通货膨胀还被认为是一种价格变化的反映,而且是价格全面上涨的形态。通货膨胀是现代经济运行中的一种普遍现象。在现代信用制度下,相对于商品的购买力不仅来源于货币,而且还包含着信用。从规模上来说,信用或债务构成的购买力要远远大于货币总量,这往往是导致通货膨胀的主要因素。由货币和信用构成的购买力所引发的通货膨胀是一个更为复杂的宏观经济现象,它对收入分配或分配差距的影响也有着一个较为复杂的机制。

首先,通货膨胀通过对不同收入人群的差异化影响推动分配差距的扩大。通货膨胀使货币贬值和物价水平全面而持续地上涨。这使得资产(实物资产、金融资产)和消费品价格升高,货币的价格降低。如此,拥有资产和提供消费品的人群在通胀的情况下会变得富裕,而获得固定货币收入的,如工薪阶层,或由于取得的固定工资贬值,或由于工资收入增长赶不上通胀水平,实际收入都会下降。在工薪阶层中,那些收入较低的人群更是由于支出结构中基本消费品的比重较大,而这些消费品价格上涨的幅度又大,因此,这部分人的实际收入下降得十分明显。因此,在高通货膨胀的情况下,拥有资产的人变得更加富有,而固定收入者则相对贫穷,其中低收入者会越来越穷。这导致的一个结果便是,收入差距特别是实际收入差距会进一步扩大。

其次,通货膨胀恶性化会引起普遍的财富再分配,使很多人变得一无所有。恶性通货膨胀是通胀的一种极端表现。如果用通胀率来衡量恶性通货膨胀,则通胀率超过500%被认为是最低的界限。① 恶性通货膨胀很大程度上会加剧通货膨胀的成本。这种成本最突出的表现是,货币持有成本非常高。在恶性通货膨胀发生时,人们必须尽快地把自己手中的货币花出去,因为价格每天甚至每个小时都会发生变化。人们都不愿意持有货币,又加快了货币的周转速度,进一步推高通货膨胀率,结果形成了一种快速的负反馈机制。恶性通

---

① ［美］罗伯特·H.弗兰克、本·S.伯南克:《宏观经济学原理》(第3版),李明志等译,清华大学出版社2007年版,第151—152页。

货膨胀通常不会持续很久,但其破坏性是很强的,许多人在这一浩劫中变得一贫如洗,从而出现绝大多数变贫穷和极少数人变富裕的状况。

最后,通货膨胀会恶化经济运行环境,影响经济增长,引发经济衰退甚至是危机,进而导致失业增加和收入差距扩大。经济增长必须有一个稳定的宏观经济环境,企业经济活动必须有一个稳定的预期,而这都离不开一个适宜的通货膨胀率。如果通货膨胀率太高且又在短期内难以降低,那么就意味着宏观经济很不稳定,企业面对这种不稳定的宏观经济,不能作出准确的预期,因而不愿意增加投资,经济增长便失去了重要动力并出现增速下滑。这或者导致经济衰退,或者陷入经济危机。此外,在信用经济越来越发达的今天,通货膨胀在很大程度上是由信用引起的。而信用的另一种说法便是债务,因此,在通货膨胀比较严重的时期,通常会积累较高的债务,随着债务率不断提高并形成很高的杠杆率,经济就需要"去杠杆"。"去杠杆"很容易使经济陷入长期萧条,而在经济萧条时期,一定会形成贫富差距。

(二) 中国通货膨胀对分配差距的影响

通货膨胀在新中国成立后的变化呈现两个特征鲜明的阶段,即改革开放前抑制的通货膨胀和改革开放后释放的通货膨胀。抑制的通货膨胀是在国家对价格实施管制的前提下,尽管也存在供不应求的失衡,但并没有引起物价上涨的宏观经济现象。这种现象的一种突出表现是,票证的普遍化和常态化。在涉及人们生活的绝大多数领域,购买一种生活用品不仅需要支付现金,而且还要有一张对应的票证。因此,虽然人们享受着比较低的价格,但是以限制人们的消费为代价。表面上看,似乎不存在通货膨胀,但这种通货膨胀是被抑制的。释放的通货膨胀与抑制的通货膨胀相对应,是随着价格放开后,由供需关系引发价格变化的机制开始发挥作用,而形成的一种通货膨胀。这两种通货膨胀对收入分配产生怎样的影响? 又是如何影响分配差距的?

首先,改革开放之前抑制的通货膨胀使通胀影响收入分配的机制不能正常地发挥作用,从而对分配差距的影响相对较弱。新中国成立之后到改革开放之前的期间,最严重的通货膨胀发生在新中国成立初期。1949 年到 1952 年的国民经济恢复时期,新中国面临着严重的通货膨胀问题。这主要是因为此前长期的战争消耗了大量的物质,而生产在战争期间又无法正常进行,在新中国成立之初,物质匮乏。相反地,战争期间发行的货币不仅不会消失,而且不断地甚至大量地增加。在这种物质匮乏、货币发行量增长的形势下,新生的中华人民共和国也受到通货膨胀的严峻考验。按照通货膨胀影响收入分配的一般机理,这种通胀也应该引发收入差距扩大的效应。然而,由于国家对经济的强力控制,并施行供给制,这种恶性通货膨胀并没有引起收入差距扩大的趋势。在国民经济恢复顺利实现后,中国经济进入了向社会主义过渡的改造阶段,并在 1956 年建立起计划经济体制。这种体制仿效苏联的高度集中计划经济体制而建立,其基础在于生产资料公有制,其运行特点包括国民经济计划化、计划执行指令化。国民经济计划化,使各种产品和服务的价格都受国家计划控制,因此也不会发生表面上的价格普遍上涨的通货膨胀。不过,在计划经济体制时期虽然出现了较为突出的"短缺"现象,但并没有显现为通货膨胀。通货膨胀被抑制或通货膨胀隐性化,使得价格并不能发挥调节收入的功能,也就是说,这个时期的隐性通货膨胀对收入分配或分配差距几乎没有影响。

其次,改革开放之后释放的通货膨胀形成了对收入分配影响的新机制,并成为引发收入分配差距的一个因素。市场化取向的经济体制改革,价格机制相应地发生改变,过去一切资源、产品、服务和要素都由国家定价的机制,逐步向由市场决定价格的机制转换。因此,在计划经济体制下一些资源、产品、服务和要素的价格被抑制的状况发生转变,从而出现价格上涨的趋势。当然,在从计划价格向市场价格转变的过程中,我们不是采取一步到位的方式,而是采用逐步放开的方式。在价格改革之初,我们发明了一种叫"双轨制"的价格形成机制。这虽然符合中国渐进式改革的要求,但逐步放开价格,或者"价格双轨制"对中国的通货膨胀变化产生了一种特殊的影响,也形成了一种影响居民收入分配差距的特殊机理。"价格双轨制"是指国家允许放开的资源、产品、服务和要素价格实行市场定价,而国家仍然控制的资源、产品、服务和要素价格继续实行计划定价。实行"价格双轨制"后,过去部分资源、产品、服务和要素因价格放开而使得抑制的通货膨胀变成现实的通货膨胀,其他仍然受政府控制的价格并未发生变化。如此,对居民收入分配的影响就呈现出来,凡拥有放开价格的资源和要素,以及生产放开价格的产品和服务的企业或个人,会因为价格上涨而获得更多的收入;相反,其他拥有和生产仍然受国家控制价格的资源、要素、产品和服务的企业或个人,并没有发生收入的变化。这种价格机制发挥作用,就有了扩大居民收入差距的可能性。如改革开放之初,首先实行的农村经济体制改革使部分农产品的价格不完全受国家控制,出现了价格上涨的趋势,借此,部分在家庭联产承包责任制下的农民适应农产品价格变化的形势,调整其生产结构,从而获得了更多的收入。虽然这种收入变化并没有对整体的居民收入格局产生太大影响,但使得一部分农民成为最先富裕起来的人群,当时被称为"万元户"。在"价格双轨制"下,还有一部分人也成为较早富裕起来的人群。这部分人属于掌握权力或与掌权者相通的人,他们利用"价格双轨制"形成价差进行寻租,从而也获得了较高的收入。尽管"价格双轨制"是价格改革渐进式推进的必要选择,但它也成为人们之间收入差距扩大的一个影响因素。

最后,经济体制改革不断深化引起通货膨胀新变化,并成为影响收入分配差距的宏观因素。随着中国经济体制改革的不断深化,最终在 1992 年党的十四大确立了建立社会主义市场经济体制的改革目标。把社会主义市场经济体制确立为改革目标,大大推进了价格改革的进程。在召开党的十四大之前,价格改革就针对"双轨制"展开,在 20 世纪 80 年代中期实行的"价格双轨制",进入 90 年代后逐步向价格的市场化过渡。除极少数重要的原材料外,绝大部分生产资料和消费资料的价格都被放开,市场的价格形成机制主导了绝大多数商品交换。商品价格放开形成了继 1988 年价格改革闯关导致高通胀后的又一个通胀高峰。1988 年至 1989 年物价上涨率为 18.5%,1994 年至 1995 年上半年通货膨胀率超过 20%。[①] 这样的高通货膨胀对收入分配差距起到了助推的作用,表现在用基尼系数衡量的居民收入差距随 1994 年至 1995 年的高通胀发生了重大变化,1994 年,我国的基尼系数突破国际警戒线,超过了 0.4 的水平。在经济体制改革不断深化的进程中,要素市场价格的放开对收入分配差距的影响更为明显。20 世纪 90 年代初,中国的资本市场有了重要突破,股票及股票市场重新以资本市场的重要形式出现在中国大陆。20 世纪 90 年代末,房地产市场开放也成为中国社会主义市场经济体制建立的一项重要内容。要素市场的形成对收入分配体制改革起到了积极作用,助推了分配制度的按劳分配和按要素分配相结合这一新体制的形成。按劳分配和按要素分配相结合打破了在按劳分配制度下的平均主义分配格局,使可以直接或间接地获得资本或土地要素的人站到了收入分配的制高点,形成了一个特殊的高收入群体,进而成为扩大收入分配差距的一个新因素。

三、中国分配差距的就业因素分析

就业是居民重要的和普遍的收入来源。就业水平高低决定着收入水平高低。就业水平高意味着居民对经济增长的共享性也高,这会在一定程度上抑制收入分配差距的扩大。因此,各国在提高人们收入水平和缩小分配差距的目标下,都致力于扩大就业,降低失业率。

(一) 就业与分配差距的关系

就业是劳动者获得收入的主要途径。在收入分配结构中,不同要素所有者根据自己所拥有生产要素的贡献或地位获得不同的收入。其中,劳动者借助自己拥有劳动力这一生产要素获得收入。从这个意义上讲,劳动者的就业

---

① 山莜彪:《试析我国当前高通货膨胀率下的社会承受力》,《江汉论坛》1996 年第 1 期。

水平越高,就会有更多的人获得收入,从而在总体上降低收入分配的差距。考察劳动者就业还有一个重要维度,即劳动者就业会随着生产力的发展呈现结构性变化,不同劳动者适应分工处于不同的劳动岗位,这决定了劳动者在实现了就业后还会面临一种结构性差异。这种结构性差异引起劳动者之间的收入差距,而且生产力越发达,这种差异越明显,劳动者之间的收入差距也越大。

就业与收入分配差距的关系首先具有不同的社会制度属性。就业对收入分配差距的影响在不同的社会制度下呈现出不同的作用机制。在资本积累和土地私有尚未发生以前的初期野蛮社会,劳动的全部生产物都属于劳动者自己。在这样的社会,劳动者如果都能实现就业,或者从事个体生产,那么整个社会的收入差距就比较小。在这种社会的收入差距也主要体现为普通劳动者与特权阶层之间的差距。当然,我们的讨论可以避开这样的社会,就业与收入分配差距关系的典型形态应该是伴随资本主义生产方式的产生而形成的。"资本一经在个别人手中积聚起来,当然就有一些人,为了从劳动生产物的售卖或劳动对原材料增加的价值上得到一种利润,便把资本投在劳动人民身上,以原材料与生活资料供给他们,叫他们劳作。"①资本的出现并独立,使劳动与生产资料相分离,劳动者从事生产不再是一种自给自足的状态,而需要将自己的劳动力出卖给拥有生产资料的资本家。如此,就业取得了新的意义。劳动者不再是利用自有的生产资料进行自主的生产,而是只有被资本家雇佣才能从事生产,劳动者实现就业需要到资本家的工场或工厂中去干活。在这样的就业状态下,收入分配形成了工人与资本家之间的分配关系。整个社会的收入分配差距主要体现为资本家阶级与工人阶级之间的收入差距。在资本主义生产方式下,受制于资本主义追求剩余价值的绝对规律的支配,财富越来越向少部分资本家集中,贫困越来越严重地侵袭工人,成为资本主义社会的重要现象。在形成这一趋势的过程中,资本不断积累与工人相对过剩或失业的共生

---

① [英]亚当·斯密:《国民财富的性质和原因的研究》(上卷),郭大力、王亚南译,商务印书馆1972年版,第43页。

性起到了最主要的推动作用。资本来到人间,使赚钱成为最重要的经济活动。资本所有者成为资本人格化的代表,忠实地去履行资本赚钱的目标。当然,资本家要赚钱并不是一件容易的事情,他们必须到市场上去竞争。为此,每个资本家都希望在市场竞争中获胜,于是,资本积累成为资本家适应竞争的被迫选择。在资本主义经济运行中,资本积累呈现出一个基本规律:积累起来的资本有机构成不断提高,资本规模越来越大;但用于雇佣工人的可变资本却相对地或绝对地减少,工人相对甚至绝对过剩成为伴随着资本积累的一种常态。这一趋势的演进,最终形成了资本主义积累的一般规律,即:"社会的财富即执行职能的资本越大,它的增长的规模和能力越大,从而无产阶级的绝对数量和他们的劳动生产力越大,产业后备军也就越大。可供支配的劳动力同资本的膨胀力一样,是由同一些原因发展起来的。因此,产业后备军的相对量和财富的力量一同增长。但是同现役劳动军相比,这种后备军越大,常备的过剩人口也就越多,他们的贫困同他们所受的劳动折磨成反比。最后,工人阶级中贫苦阶层和产业后备军越大,官方认为需要救济的贫民也就越多。这就是资本主义积累的绝对的、一般的规律。"①这一资本主义积累一般规律是马克思分析资本主义经济运行揭示出来的重要规律,也是对资本主义制度下就业与收入分配差距关系的一种最本质的揭示。资本积累一方面会引起相对过剩人口或失业人数的增加,也就是工人阶级作为一个整体越来越贫困;另一方面使财富越来越向资本所有者集中,而且是向少数的富裕资本家集中。这便是所谓的贫富两极分化。马克思把就业与收入分配差距关系放在资本的分析框架下进行讨论,这尽管不是有关就业与收入分配差距关系的全部分析,但这是最本质的分析。由此,我们从最根本的意义上掌握了就业与收入分配差距的关系。

就业与收入分配差距的关系除了这种体现在就业水平上的影响机制和影响结果外,还可以从就业结构的角度上看到就业与收入分配差距的另外一种

---

① 《马克思恩格斯文集》第5卷,人民出版社2009年版,第742页。

关系。就业结构对收入分配差距的影响是一个更为复杂的关系,它是一个随生产力水平提高而越来越复杂的问题。

就业结构也就是社会劳动力分配结构,一般是指国民经济各部门所占用的劳动力数量、比例及其相互关系。在考察就业结构时通常会选择不同的角度。大致说来,就业结构可以有以下几种划分,即就业的部门结构、就业的职业结构、就业的地区结构。就业的部门结构是就业人口在国民经济各部门的分布,如就业人口在各产业的分布。就业的职业结构是就业人口在不同职业之间的分布,它随社会分工的发展而变迁并越来越复杂,有些职业在社会经济发展中逐步被淘汰,许多新职业又随社会经济发展不断产生,在这个意义上讲,职业结构是社会经济发展水平的一种反映。就业的地区结构是就业人口在不同地区之间的分布,它是生产力布局的一个组成部分,就业的地区分布与经济发展、生产力水平、自然地理条件以及政策影响联系在一起。

就业结构与生产力发展的密切关系,决定了就业结构影响收入分配差距的机制。在生产力水平比较低的时期,就业无论是作为集体劳动的一部分,还是个体劳动本身,都比较简单,人与人之间并无太大差别。在这样的情况下,人们凡能就业或从事劳动,所获得的收入也无太大差距。随着生产力的发展,人类的生产活动越来越复杂,不仅在广度上,而且在深度上,都呈现出多样化和复杂化的趋势。如此,人们的就业结构随之也不断发生变化,体现在人们被分配到不同的产业、不同的职业。由于不同产业、不同职业,以及地区间不同产业、不同职业随生产力发展形成不同的生产能力,如果这种差异发生在市场经济环境下,那么其创造的不同价值会最终表现为从事这些不同产业、不同职业人们之间的收入差距。考察随生产力发展而形成的就业结构影响人们收入分配差距的历史,具有转折意义的是第一次产业革命。在之前的农业社会,人们之间的收入差距主要是基于对土地占有关系而发生在地主和农奴之间的差距,在广大劳动者之间,由于他们主要从事的是农业劳动,无论是自耕农,还是为地主耕种土地的雇农,在收入方面都没有太大的差距。第一次工业革命发生后,首先引起的是产业结构发生了重大变化,过去人们主要从事农业劳动,自工业革命后,不断有劳动者流入城市的工场或工厂中从事工业生产。英国工业革命前后的"圈地运动"就是农民大量流入城市工场或工厂中的典型事实。工业革命不仅导致农村人口向城市转移,而且还导致人们之间从事生产的性质和职业变化。这种变化形成了人们获得收入的不同途径,也带来了人们获得收入多少的差异。第一次工业革命引起人们从事生产活动的多样化,或就业结构的复杂化,是打破过去人们从事农业生产而收入较为均等格局的一个重要的历史事件。当然,这也只是一个开始,第一次工业革命后的生产力变化更为迅速,产业的扩张以及产业内部分工深化,带来就业更加多样化,获得收入的途径也更加多样化,从而为收入差距带来更多的变数。

(二) 中国的就业对分配差距的影响

中国的就业对分配差距的影响有着鲜明的历史特征。在新中国成立后的发展中,以1978年开始的改革开放为分界线,可以看到就业对收入分配差距的不同影响。

在改革开放之前,中国经济是在计划经济体制下运行。计划经济体制规定了国民经济必须在整体的指令性计划下运行。一切资源都被纳入国家计划,由计划来分配。劳动在计划经济体制下就是由计划来分配的,因此,劳动者在计划安排下进入不同的行业,从事不同职业的工作。劳动的计划配置使商品经济运行中个体劳动与社会劳动的矛盾得以解决。个体劳动在计划配置中直接转化为社会劳动。这种变化使得个体劳动之间的差别被淡化了,个别劳动时间成为衡量劳动者贡献的唯一标准。由于在计划经济体制下国家包就业,因此只要是符合劳动年龄的人口,都能实现就业,再加上对就业的劳动者实行平均主义的按劳分配,因此,所有劳动者的收入只有很小的差距,体现在工资的级别之间。在我们可以找到的用来衡量居民收入差距的基尼系数统计中,改革开放之前的基尼系数都在0.2左右。这意味着,改革开放之前的居民收入分配差距并不受就业结构的影响,也就是说,不管你在哪个行业工作,也不管你从事的是怎样的职业,只要是工资级别相同,所获得的收入就相同。如果说有差别,那也只是不同工资级别之间的差距,而且工资级差又比较小,并不会对收入差距产生多大影响。中国的就业结构影响收入分配差距主要体现在改革开放后,随市场化取向改革使得就业结构成为影响收入分配差距的一个宏观因素。

改革开放后,在从计划经济体制向市场经济体制转变的过程中,就业结构开始对收入分配差距产生影响,或者说,就业结构成为影响收入分配差距的一个宏观因素。

首先,计划经济体制下被抑制的就业结构对收入分配差距的影响得以释放。在计划经济体制下,人们在不同行业、不同职业工作,其生产效率并不影响人们的收入分配。即使工作的性质不同,生产的效率也不同,但只要在统一的工资体系下处于相同的工资级别,所获得的收入都是相同的。随着经济体制改革,市场逐步介入经济运行,并最终成为在资源配置中起决定性作用的因素。这种变化带来就业结构对收入分配新的影响。人们在不同行业、不同职业就业,其生产的产品不再通过计划直接配置,而是要通过市场实现其价值。如此,不同行业、不同职业的生产效率不同,产品的市场供求关系不同,都会使这些部门实现的价值或价格不同。能够创造更多价值或卖出较高价格的部门,会给在该部门就业的人们带来更高的收入,相反,不能创造更多价值或不能卖出较高价格的部门,人们在这些部门就业获得的收入就相对较低。在改革开放之初,最先实行市场化改革的领域,得益于价格放开取得了比较好的收益。在这些领域就业的人们也获得了比较高的收入。如农村最早开始实行改革,部分农副产品的价格也比较早地放开,如此,取得经营自主权的农民,通过农产品价格放开的农副产品,获得了比较高的收入,因而,改革之初的城乡收入差距呈现缩小的趋势。1978 年到 1984 年间,城乡收入差距呈不断缩小的趋势。20 世纪 80 年代中期,随着改革由农村转向城市,适应"放权让利"的国有企业改革,对国有企业生产的工业产品实行"价格双轨制"。"价格双轨制"对激活国有企业起到了积极的作用,再加上国有企业改革采取承包制的形式,使实现利润与工人收入挂起钩来,一些积极推进改革并能够提高效率的国有企业,给工人带来较好的工资和福利收入。国有企业改革对计划经济体制下的按劳分配形成了一定的冲击,造成了不同行业、不同职业的人们不再像过去那样只拿固定的平均工资,而是有了一定的差距。城市的经济体制改革激活了国有企业的效率,并提高了工人的工资,使改革初期的城乡收入格局变化发生了逆转,在城市工作的人们在收入上再次超过农民,从而使城乡之间的收入差距开始不断扩大。

其次,对外开放引进的新产业使得就业结构对收入分配差距产生了新的影响。改革开放之前,我们的对外经济关系处于一种封闭状态。无论与发达资本主义国家,还是与以苏联为首的社会主义国家,都很少有经济往来。虽然我们依靠自己的力量建立了一个比较完整的工业体系,但与发达资本主义国家的隔绝,使我们并没有分享到第三次产业革命的成果。由于发达资本主义国家把我们排斥在外,使得这些新型产业无法进入我们的产业体系。这种局面随着我国实行对外开放发生了改变。我们在 20 世纪 70 年代末和 80 年代初开始实行对外开放。这是一个经济全球化大发展的时期。我国的对外开放正好迎合了这样一个时代,因此大大地加快了我国对外开放的进程。我国实行对外开放,改善了与发达资本主义国家的关系,特别是经济关系发生了极大的改变。发达国家的成熟产业需要转移,而我国则是一个巨大的市场。这给我国带来了一个历史性的机会,大量对于我国来说的新产业,通过对外开放进入我国。这不仅大大地扩展了我国的产业结构,而且也形成了许多新的就业机会,改变了我国的就业结构。这种就业结构的变化对收入分配差距也产生了新的影响。这种影响主要是大量新产业出现,以及新职业的产生,给人们带来新的就业机会。这些新产业所生产的产品在最初上市时都是稀缺的,不仅生产这些产品的企业获得了丰厚的利润,而且也给在这些企业中工作的人们带来了较高的收入。中国自实行对外开放后,不断地引进新技术、新产品,从最早的电视机、电冰箱、空调,到后来的计算机、汽车、手机,这些新产品的生产大大地改变了中国的产业结构,也为人们创造出一个新的就业结构。由于这些新产品的引进是一个递进的过程,所以,就业结构也呈现出一个不断升级的过程。每一种新的就业结构形成,都会使首先介入这种就业结构高端的人们获得了最先提高收入的机会,由此形成了一个收入分配差距持续扩大的趋势。

最后,经济虚拟化引起就业结构的变化对收入分配差距产生巨大影响。在产业演进的历史中,绝大部分时间是由为人们提供产品和服务的实体经济所主导。这种实体经济长期主导人们经济生活的主要原因又在于生产力水平比较低,难以满足人们的生活需求。这种情况自第一次产业革命后发生了质的变化,在英国完成第一次产业革命后所获得的巨大生产力背景下爆发了第一次经济危机,即生产过剩的危机。经济危机的生产过剩表明,人类有能力创造超过人们需求的产品。不过,这也会引起一系列新的问题,如何克服这种周期性爆发的经济危机? 在生产过剩的背景下如何追求更多的利润? 在寻求这些问题答案的过程中有过不同认识,提出过不同的解决方案。在资本主义经济演进中,虚拟经济的诞生为资本主义经济发展提供了新的空间。资本追求剩余价值的本性在虚拟经济中找到了它新的支撑点。当然,这并不能从根本上解决资本主义经济制度的固有矛盾,但它是缓解资本主义经济运行危机的一种选择。我国的经济运行在计划经济体制下并不会发生生产过剩的问题,而用产品经济代替商品经济后,也无法形成所谓的虚拟经济。然而,改革开放后,随着社会主义市场经济体制的最终确立,我们也开始让市场在资源配置中发挥基础性乃至决定性作用。市场机制发挥作用自然也召回了在中国大地消失了的虚拟经济。随着实体经济的利润空间越来越小,这种被释放出来的虚拟经济渐成气候,并成为人们逐利的新战场。虚拟经济的不断发展和扩张,改变了中国的经济结构,也改变了中国的就业结构。从事虚拟经济的人们,特别是在虚拟经济中的少数主导者,成为新的高收入人群,甚至是暴富人群。目前,中国在经济转型过程中,经济"脱实向虚"趋势较为明显,从事实体经济的人们的收入远远低于从事虚拟经济的人们的收入。这样的格局直接影响了中国的收入分配差距,成为在新形势下中国收入分配差距扩大的一个助推因素。

第三节　中国收入分配差距的对外经济关系因素分析

一、中国分配差距的对外贸易因素分析

在世界经济一体化的趋势下,任何国家只要加入了世界经济这个大家庭,其经济运行就不再是一个完全独立的经济循环了,直接或间接地受到世界经济影响成为经济运行的常态。分析一个国家的任何一种经济现象,都必须考虑外部因素对这种经济现象的影响。在对外经济关系中,外贸是最普遍的一种形式,也是对各国经济影响最突出的一种形式。研究我国的收入分配差距,除了前面分析的国内微观和宏观诸因素外,还需要考虑外贸这一外部因素。

(一) 对外贸易与分配差距的关系

对外贸易是国家之间经济交往的最古老、最重要的形式。对外贸易的古代意义主要是相互间调剂余缺。然而,近代之后的对外贸易被赋予新的意义,它在功能上不仅仅是调剂余缺,更重要的是为商品经济发展开拓新的市场。这样的转变主要是因为商品经济在近代发展到一个新水平。建立在这种发达商品经济基础之上的资本主义经济制度以不断开拓市场作为其发展经济的重要支点。对海外殖民地的开发是资本主义原始积累的一个因素,向海外推销过剩产品是资本主义经济摆脱危机的一个出路。对外贸易在资本主义经济发展史上发挥了巨大的作用,体现在各个方面。仅就对外贸易影响收入分配差

距的关系来说,也可以找到许多事实和理论根据。

英国是早期资本主义的典型代表。对外贸易在英国资本主义形成过程中所发挥的作用是非常突出的,而且在英国对外贸易中还有着强大军事力量的介入。无论是对美洲的贸易,还是对亚洲的贸易,都可以发现其赤裸裸的军事侵略背景。这种不平衡的贸易关系使英国获得了丰厚的贸易红利,从而影响了英国的政治进程和工人运动的方向。英国的宪章运动表明,英国的这一工人运动与欧洲大陆工人运动不同,并没有直接提出夺取资产阶级政权的要求,而是争取工人认为应有的权利。英国工人运动与欧洲大陆工人运动的这一区别,在之后的工人运动中一直有所体现。英国工人运动的不同性质决定于工人阶级在英国有着与欧洲大陆国家不同的一些特性。19世纪上半叶,已完成了工业革命的英国资产阶级为了攫取市场垄断地位以榨取更多的利润,往往设法垄断那些具有专门技术的熟练工人。在19世纪初,纺织业资本家就规定,凡经过本行业五至七年专门训练的学徒工人经考试合格者方可录用为本厂的技术工人。资本家对这样的工人往往给予高薪。马克思曾引用过的1839年英国纺织工人的工资资料表明,当时每周工作60小时的混合染色工、印花机工、印花工和工长的平均周薪是35先令到40先令;而每周工作69小时的非熟练的青年男工的平均周薪是10先令至11先令,清棉女工是7先令,筒子工是4先令。① 那个时期的工会主要是由各行业中有固定职业、工资较高的熟练工人所把持。对此,我们除了可以看到资本家剥削工人的本性外,还应该发现英国工人之间的收入是存在差距的。对这种收入差距,不能仅仅看作是资本家笼络熟练工人的结果,在其背后还有一个重要的条件是不能忽视的,就是英国凭借对外贸易的垄断地位获得了丰厚利润,进而将这些利润向工人贵族进行了部分转移。英国在19世纪发生的这一对外贸易影响工人阶级之间收入差距的事实,是对外贸易与分配差距关系的一种典型证明。当然,对

---

① 《马克思恩格斯全集》第15卷,人民出版社1963年版,第91—92页。

外贸易与分配差距的关系并不局限于这样的事实,随着经济全球化不断演化,世界经济一体化的进程不断加快,对外贸易对任何国家经济的影响都越来越明显。相应地,对外贸易自然成为影响国家居民收入分配差距的一个因素。

对外贸易与分配差距的关系,也是许多经济学理论关注的对象。在经济思想史上,早期的贸易理论主要关注对外贸易影响国家致富的问题,如重商主义时期的经济理论主要研究的就是这方面的内容。从18世纪中期开始,随着古典经济学的逐步诞生,贸易理论由亚当·斯密和大卫·李嘉图发展为古典贸易理论,绝对优势理论和相对优势理论为国际贸易自由化作了最好的诠释。不过,在古典贸易理论中,劳动生产率成为解释国际贸易发生的主要根据,这意味着古典贸易理论提出的是一种贸易与生产力之间的关系。贸易理论发展到新古典贸易理论后,解释国际贸易发生的根据由劳动生产率扩展到要素的禀赋。新古典贸易理论认为,国家间存在的要素禀赋差异是一国比较优势的来源。如新古典贸易理论的代表俄林(Bertil Ohlin)对生产要素禀赋影响国际贸易的基本逻辑进行了归纳,他指出,商品价格差异是国际贸易的基础,而商品价格的差异是由于商品生产成本的比率不同;而商品生产成本比率不同,是因为各种生产要素的价格比率不同;而生产要素价格比率不同,则是由于各国的生产要素禀赋比率不同。因此,生产要素禀赋比率的不同,是产生国际贸易的最重要的基础。[①] 把生产要素禀赋与国际贸易联系起来,使得生产要素价格随国际贸易发生变化。在国际贸易条件下,一国选择出口该国相对富裕要素密集产品,而进口该国相对稀缺要素密集产品。因此,国际贸易会熨平国内要素稀缺程度不同决定的要素价格差距,进而也会缩小由于要素稀缺程度不同引起的要素所有者之间的收入差距。如果说国际贸易与收入分配差距的关系在新古典贸易理论中还是一个需要延伸分析的问题,那么由斯托帕尔-萨缪尔森(Stopar-Samuelson)创立的S-S理论,则为研究国际贸易与收入分配关

---

① 张二震、马野青:《国际贸易学》(第三版),人民出版社、南京大学出版社2007年版,第66页。

系提供了直接的理论根据。如费舍尔用 2×2 动态模型从长期和短期的角度分析国际贸易对收入分配的影响。他认为两国的消费偏好可能不同,这使得国际贸易对收入分配的影响表现为,资本富裕型国家在投资该国密集型要素生产的产品时,由于贸易的不均衡性一定会带来其收入分配差距的扩大,当该密集型要素生产的产品引起其他国家增加其进口时,又将改善进口国的收入分配差距。

无论是典型事实,还是理论分析,都能够看到国际贸易对收入分配差距具有一定程度的影响。当然,国际贸易对收入分配差距影响的具体机制远比如上表述的复杂。我们可以就中国的收入分配差距受国际贸易影响的机制做进一步说明。

(二) 中国国际贸易对分配差距的影响

中国的国际贸易在改革开放前后呈现完全不同的两种状态。在改革开放之前,中国的对外贸易一方面受计划控制;另一方面规模很小,特别是与苏联关系紧张后,我们与世界经济基本上是隔绝的。1978 年,中国进出口贸易总额为 206 亿美元,其中出口额为 97.5 亿美元,进口额为 108.9 亿美元。[1] 对于世界第一人口大国和第一发展中大国来说,这样的贸易规模可以说是微不足道的,与中国目前超过 3 万亿美元的贸易规模相比更是不可同日而语。改革开放前,对外贸易在中国经济中的地位及规模决定了它对中国经济的影响并不突出,因此,也很难形成对外贸易影响收入分配差距的机制。但是,随着1978 年开始实行对外开放,以及对外开放的程度不断扩大和加深,中国的对外贸易形成了一个快速增长的态势,而且速度远远超过经济增长的速度。中国对外贸易的快速增长,对中国经济包括收入分配差距产生了比较明显的影响,而这一影响也体现为一个不断演进的过程。

---

[1] 国家统计局国民经济综合统计司编:《新中国五十五年统计资料汇编(1949—2004)》,中国统计出版社 2005 年版,第 68 页。

中国实施对外开放,主要是想通过加入世界经济运行,来为中国经济发展提供有利的条件。中国在计划经济体制时期依靠自身力量建立了比较完整的国民经济体系和工业体系,取得的经济成就是值得肯定的。但是,在这些成绩的背后,我们也付出了非常大的代价。由于经济处于相对封闭状态,我们不知道世界经济和技术发展到怎样的程度,世界经济和技术的外溢效应也与我们无关。这种局面大大限制了中国经济的发展,或者说限制了中国经济高效发展。党的十一届三中全会确立了"以经济建设为中心,坚持四项基本原则,坚持改革开放"的党的基本路线,对外开放成为经济增长的重要动力。

对外开放在 1978 年之后的中国经济运行中发挥了十分重要的作用。中国实行经济体制改革后,经济建设的中心地位被确立,全党上下一致关注经济增长。然而,中国当时实现经济增长的条件并不充分,除了有丰富的劳动力资源和比较丰富的自然资源外,对现代经济增长更加重要的资本、技术、管理等要素非常缺乏。在这种情况下,实现经济增长最快捷的途径就是打开自己的国门,借助世界市场获得我们短缺的要素。事实上,中国也正是走了这样一条道路,并在这条道路上开启了中国经济高速增长的模式。

中国在实行对外开放后其经济运行的方式发生了重大改变。从一般意义上讲,经济运行可以简单地概括为一个供给和需求的循环。供给提供产品和服务,需求将供给提供的产品和服务消化,也就是供给的产品和服务价值得以实现,进而经济开始新一轮的循环。经济的这种循环可以有多重实现形式。从空间上来讲,可以表现为一国内部的循环,也可以表现为国际范围内的循环;从实现机制来看,可以通过计划来完成循环,也可以通过市场来完成循环。中国改革开放之前,经济运行在国内循环,借助的机制是计划经济体制,改革开放之后,经济运行开始突破国内界限,在国际范围内实现经济循环,借助的机制是计划与市场相结合的新体制。中国经济运行的这种转型不仅能够通过国际市场获得经济增长所需要的短缺的要素,而且能够在一个更大的国际市场上销售自己生产的产品和服务。这意味着中国经济增长进入了更大的发展空间。其中,对外贸易在这一背景下开始快速增长,1978—2008 年,中国对外贸易总额年均增长速度达到了 17.4%。[1] 这种快速增长的对外贸易趋势对中国收入分配差距具有怎样的影响?

对外贸易对中国收入分配差距的影响机制可以简单地概括为,对外贸易改变了中国的需求结构,进而决定着需求内部的比例以及要素分配的结构。在一个封闭的经济环境下,需求结构由投资和消费两个部分组成,而在一个开放的经济环境下,需求结构则由投资、消费和净出口三个部分组成,这被称为"三驾马车"。中国改革开放之前,需求结构由投资和消费两部分构成,因此,经济运行中特别重视积累和消费的比例,如在实行计划经济体制时期,作为长期主管经济工作的陈云同志,高度重视积累与消费的关系。他认为,中国需要快速地进行经济建设,但同时经济发展计划的制定也必须符合中国的国情国力。他在 1956 年 10 月的一次国务院常务会议上指出:"我国的经济建设究竟应该多大,是个根本性问题。前三年的建设基本上按计划进行,今年规模大了。国家建设和人民生活的矛盾很好解决,现在国内市场很紧张,人人都有意见,今后建设,粮食、肉、植物油等吃的东西必须得到保证。"[2]由此看出,在计划经济体制下,努力调整好积累和消费的关系是维持经济正常运行的条件。改革开放之后,中国经济从封闭的状态逐步转向一个开放的格局,需求结构因此发生了变化,除了投资和消费之外,还增加净出口这一重要因素。净出口或对外贸易使得中国的经济运行变得更加复杂了,过去在计划经济体制下努力要保持的积累与消费协调,因为有对外贸易而增加了一个新的调节因素。因为积累会形成生产能力,在封闭的环境下,这种生产能力提供的产品和服务必

---

① 李坤望:《改革开放三十年来中国对外贸易发展评述》,《经济社会体制比较》2008 年第 4 期。

② 朱佳木主编:《陈云年谱一九〇五——一九九五》(中卷),中央文献出版社 2000 年版,第 337—338 页。

须有相应的消费水平才能实现,而在开放的环境下,这种生产力能力提供的产品和服务可以由国内消费和净出口共同实现。如此,积累可以摆脱消费的限制,达到更高的比例。计划经济体制时期,我们提倡的积累和消费的最优比例是 25∶75,也就是积累应该占 25%,消费应该占 75%。① 改革开放后,为了实现赶超或达到更高的经济增长速度,积累的比例不断提高,最高时达到 50%以上。这种超高的积累率为中国经济高速增长作出了巨大贡献,而能够维持如此高积累率的一个重要基础便是对外贸易。通过不断增加出口来缓解积累与消费不平衡带来的矛盾,这虽然形成了经济增长的一种新模式,并实现了中国经济高速增长,但也带来一个新问题,即不断增加的对外贸易降低了消费在实现总供给和总需求平衡中的作用,进一步抑制了收入的增长,并引起收入差距的不断扩大。这其中的形成机制是,消费的地位和比例下降,引致收入的相对比例降低,而收入降低的最大部分是普通劳动者收入的降低,资本所有者由于积累的快速增长其地位不断上升,收入比例相对提高,如此便形成了收入差距不断扩大的趋势。

二、中国分配差距的技术引进因素分析

在一个开放的环境下,对外贸易自然是国家之间经济关系的重要形式,但技术引进是提升国际经济的重要推动力。随着技术进步节奏加快,技术发展周期在缩短,技术先进国家向技术落后国家转移技术的步伐也在加快。不过,对这种技术引进效应的分析,较少关注它对收入分配差距的影响。其实,在技术引进的背后隐藏着它引起收入差距扩大的机制。

(一)技术引进与分配差距的关系

技术引进是技术落后国家实现技术进步的重要途径。在一个技术发展水

---

① 傅人仲:《积累与消费比例关系的意义和作用》,《学术月刊》1981 年第 1 期。

平严重不平衡的国际格局中,技术的差距既是引起各国经济发展差距的主要原因,也是落后国家在经济全球化趋势下形成后发优势的重要因素。在技术发展水平不平衡的国际格局下,落后国家实现技术进步的一个十分有利的条件是可以向发达国家引进技术,而且在全球经济联系越来越紧密的形势下具有很强的现实性。

技术引进是指一个国家或地区的企业、研究单位、机构通过一定方式从本国或其他国家、地区的企业、研究单位、机构获得先进适用的技术的行为。在对外经济关系的视野下,技术引进特指一种跨国行为。从广义的角度看,技术可分为软件技术和硬件技术,软件技术指的是技术知识、经验和技艺,也称纯技术;硬件技术是指机器设备之类的物化技术。如果从国外购入机器设备而不买入软件技术,一般称为设备进口;如果从国外购入软件技术的同时又附带购买了设备,这种行为被称为技术引进。技术引进的目的是提高引进国或企业的制造能力、技术水平和管理水平。对技术引进加以细分,可以归纳出以下几种类型。

(1)从国外引进工艺、制造技术,包括产品设计、工艺流程、材料配方、制造图纸、工艺检测方法和维修保养等技术知识和资料,以及聘请专家指导、委托培训人员等技术服务。

(2)引进技术的同时,进口必要的成套设备、关键设备、检测手段等。

(3)通过引进先进的经营管理方法,充分发挥所引进技术的作用,做到引进技术知识和引进经营管理知识并举。

(4)通过广泛的技术交流、合作以及学术交流活动、技术展览等,引进国外的新学术思想和科学技术知识。

(5)引进人才,即技术人才,这是技术引进最有前途的一种方式,它不仅可以尽快地掌握先进的技术,而且也有利于技术消化和技术创新。

如此多样的技术引进方式为一个技术落后国家提供了不同的选择。而有效地利用这些技术引进的形式,是一个国家发展自身经济的重要机会。一个国家通过技术引进实现技术进步,进而发展自身经济,这已经成为广泛的共识。然而,技术引进对技术输出国和技术引进国的收入分配差距会产生怎样的影响? 这在全面考察对外经济关系对收入分配差距的影响时,是一个不能忽略的问题。

对于技术输出国来说,技术输出为技术进步提供了更大的市场。技术进步或技术创新不仅需要人才和投入,而且还要一个更加广阔的市场。技术先进国家借助技术输出获得了一个广阔的世界市场,这也是发达国家技术进步加快的一个不可忽视的原因。发达国家借助世界市场加快的技术进步,使技术先进的企业或行业摆脱了国内市场约束,获得了更高的利润,引起相关企业和行业的技术工人收入大幅提高,从而形成与低技术企业和行业的工人收入差距扩大的趋势。

对于技术输入国来说,技术输入可以加快输入国技术进步的步伐,为输入国经济增长注入巨大的动力。与此同时,这种技术引进会改变输入国的产业结构。一些新的产业通过技术引进在输入国诞生,一些传统产业借助引进技术实现了升级。由于这种产业结构变迁是渐进的,因此,呈现出来的产业结构是不平衡的。能够分享技术引进红利的产业或企业拥有较高的利润,而不能分享技术引进红利的产业或企业经营困难,如此,这种因技术引进导致的产业结构不平衡,势必会形成收入不平衡,不同行业的收入差距会扩大。如果这种技术引进是一个持续的过程,那么收入分配差距则呈现不断扩大的趋势,直到技术输入国的技术水平与技术输出国的差距缩小并达到一种均衡状态后,这种技术引进对收入分配差距的影响效应才可能消失。

这种技术引进与收入分配差距的一般关系,特别是对于技术输入国来说,由于它们的发展程度不同,表现出来的技术引进与收入分配差距的关系或技术引进影响收入分配的机制也不相同。中国在改革开放后极大地分享了技术引进的红利,不仅为经济增长注入了巨大动力,而且也为收入分配差距增添了一个新因素。

（二）中国技术引进对分配差距的影响

中国在实行对外开放后的技术引进成为经济增长的一个重要动力。改革开放之前,中国的技术进步主要是在一个封闭的状态下独立自主地实现的。虽然也取得了一些举世瞩目的成就,如"两弹一星";但与国际社会的隔绝,使技术进步的总体水平比较低,也无法获得国际前沿的技术成果,因此,经济增长的技术动力比较弱。改革开放之后,我们把国门打开才发现,此前二十多年的封闭状态,使得我国与发达国家的技术水平形成相当大的差距。历史地来看待这一现象,我们可能会惋惜失去了一些发展的机会,但立足于现实,我们发现这种差距孕育了非常大的机会。在开放的环境下,技术水平的差距蕴含了巨大的技术进步的潜力,通过技术引进不仅可以实现技术进步,而且还是成本最小化的技术进步。事实上,中国改革开放后持续高速的经济增长,与这种技术进步的方式有着比较大的关系。对这一点,人们基本上取得了共识,有一种代表性的观点认为,中国改革开放后的主要动力来自技术引进而形成的动力。

技术引进对中国技术进步,进而对中国经济增长产生了非常积极的影响。技术引进对中国的分配差距具有怎样的影响? 这是在讨论对外经济关系影响分配差距这一主题时不能不关注的。技术引进对分配差距的影响机制,主要是通过改变产业结构以及引起地区发展不平衡而形成的。在我们打开国门后,面对与发达国家巨大的技术落差,技术引进具有非常多的机会。起初,技术引进集中于工业消费品领域,家用电器成为技术引进主力军。随着家用电器等工业消费品的生产技术引进,中国的工业结构开始了改革开放后的重要调整,过去在计划经济体制下工业结构的重工业化趋势发生逆转,由技术引进获得了轻工业发展的巨大空间,因此工业结构调整具有了现实基础。轻工业不同于重工业,多属于劳动密集型产业。轻工业发展带来更多的就业机会,因此,在一定程度上缩小了收入差距。不过,由于中国对外开放呈现出的是一个梯度演进的过程,即首先是东南沿海地区率先开放,在东南沿海开放的基础上再向内地逐步推进。这样的开放格局造成了东南沿海因为最先受益于技术引进而快速发展自己的轻工业,内陆地区因为开放的滞后期而获得的技术引进红利相对较少,如此便形成了地区之间经济发展差距,进而也造成了地区间的收入差距。

技术引进除了在地区间表现不平衡之外,在城乡之间的表现也不平衡。改革开放以来,技术引进主导了中国的技术进步方向。在引进发达国家先进技术的过程中,由于城乡之间存在着比较大的技术引进条件的差距,特别是东南沿海地区的城市,通过开放窗口,如建立经济特区和经济技术开发区,形成了比较大的引进外资的优势,借助引进外资的形式,国外的先进技术也随着被引进。相应地,农村引进外资比较少,获得技术引进的机会也比较少,如此不同的两种趋势,造成城乡之间的生产力不平衡和城乡收入差距的扩大。①

技术引进对中国分配差距的影响还是一个不断演进的过程。在中国早期的技术引进中,由于与发达国家的技术差距比较大,引进技术的成本比较低,引进技术涉及的范围比较广,因此,技术引进不仅大大提高了劳动生产率,加快了经济增长,而且提高的收益也惠及了较多的人群,这有利于提高较多人的收入,也在一定程度上缩小了收入差距。然而,当技术引进的空间不断缩小,技术引进便出现行业上的差距。比较容易引进的技术越来越少,而要求比较高的技术引进不具有普遍性,只出现在比较少的行业,如此,技术引进形成了行业发展不平衡的效应,从而导致了行业间工资差距扩大的结果。引进技术从低端到高端的演变,使中国的经济结构经历了一个从普遍性扩展到重点突破的过程。这个过程对收入分配差距的影响经历了一个缩小到扩大的转变。目前,技术引进出现了新形势,属于成熟技术的引进基本结束了,甚至中国借助庞大的市场实现了许多成熟技术对发达国家的超越。而属于关键技术、核

---

①　龙少波、黄林、胡国良:《技术引进、金融发展与城乡居民收入差距》,《经济问题》2015年第5期。

心技术的引进因发达国家的保护而变得十分困难。这使得行业间收入差距扩大受技术引进的影响变小,随着引进技术变得越来越缓慢和困难,技术引进对中国行业间的收入差距的作用逐渐淡化。①

技术引进是中国发展对外经济关系中一个非常重要的内容。它不仅大大地推动了中国的技术进步和提高了劳动生产率,进而为中国改革开放后的经济持续高速增长作出了贡献,而且因为对中国经济结构变化的影响成为影响收入分配差距的一个因素。由于缺乏建立在数据上的分析,这样的结论难以得到普遍的认同,但把技术引进作为分析中国收入分配差距的一个外在因素,还是可以肯定的。

三、中国分配差距的国际资本流动因素分析

对外贸易和引进技术是中国改革开放后发展对外经济关系的两个重要内容,它们对中国经济增长所起到的作用比较突出,且发挥了影响收入分配差距的作用。除了这两个方面外,资本的国际流动对中国经济增长的贡献也是不能忽视的,对中国收入分配差距也起到了一定的作用。

(一) 资本国际流动与分配差距的关系

资本流动是国际经济关系的重要形式。在经济全球化的今天,资本流动对世界经济的影响更加深刻。资本在国际范围内流动已经成为世界经济发展的潮流,资本的国际流动是指资本从一个国家或地区,转移到另一个国家或地区的一种国际经济活动。进行资本的国际流动主要是为了获得比国内更高的经济收益。资本的国际流动形式是多样的。按资本流动的方向,资本的国际流动可分为资本输出和资本输入两个方面。资本输出指从国内资本流向国外,如本国投资者在国外投资建厂、购买外国债券等;资本输入指国外资本向

---

① 陈璋、廖海勇、龙少波:《引进式技术进步、资本流动与行业收入差距》,《现代财经(天津财经大学学报)》2014 年第 12 期。

本国流动,如外国投资者到本国投资建厂、本国在国外发行债券或向国外金融机构贷款等。按投资时间的长短,国际资本流动可分为长期投资和短期投资两大类。按投资方式,国际资本流动可分为间接投资和直接投资两大类。国际间接投资包括国际证券投资和国际借贷资本输出,其特点是投资者不直接参与使用这些资本的企业的经营管理;国际直接投资指投资者投资于国外的工商企业,直接参与或控制企业的经营管理而获取利润的一种投资方式,其不同于间接投资的主要特征是,第一,它以谋取企业的经营管理权为核心;第二,它不仅仅是资本的投资,还包括专门技术、生产设备、管理方法以及销售经营等国际转移,是经营的综合投入。

资本的国际流动是国际经济活动的一种比较成熟的形式。早在 16 世纪的殖民运动中就伴随着资本从宗主国向殖民地流动的现象。国际经济关系不断向深度和广度拓展,在很大程度上是借助资本的国际流动实现的。第二次世界大战之后,国际资本流动持续发展,在规模日益庞大的同时,投资方式、地区结构和部门结构都不断地发生变化,呈现出来的特征也越来越鲜明,如国际资本流动数量不断增大,国际直接投资增长迅速;国际投资主体趋于多元化,但发达国家一直居于主导地位;国际资本流动的部门结构发生重大变化;国际资本流动的地区分布日趋失衡。这些特征反映出,资本国际流动的规模越来越大,流动的形式和结构越来越复杂,流动的不平衡问题越来越突出。资本国际流动的这些特征决定了其对各国经济发展的影响也越来越大。单从对各国收入分配差距的影响来看,资本的国际流动对输出国和输入国的收入分配都起到了一定的作用。

资本的国际流动对资本输出国来说,缩减了其国内生产规模进而降低了对劳动者的需求,从而影响到资本输出国的收入分配。资本输出国将资本输出到国外,是按照比较收益选择目的地的,借助资本输出,资本家可以获得高额利润。相应地,随着资本输出减少国内投资,同时减少对国内劳动者的雇佣,使得劳动者相对过剩,出现失业或收入减少的现象。资本输出给输出国带来的这两方面变化,可能引起的一个结果是收入差距扩大,因为资本输出如果是过剩资本,或者资本输出削减了某个部门的生产,却发展起更具效率的其他部门,工人从削减的部门流出,会进入其他更具效率的部门。此外,资本输出还结合管理技术人员的输出等形式让国内劳动者分享了其收入的一部分,从而使整个劳动阶层的收入提高,这可能使收入差距缩小。[①] 因此,资本输出对收入分配差距的影响是必然的,但实际的效果却要依具体情况来定。

资本的国际流动对资本输入国来说,会使该国资本总收入减少和劳动者收益增加。资本输入国接受外国资本可能会挤占国内资本的空间,造成本国资本收入减少。相应地,接受外国资本可能会给国内劳动者提供新的就业机会,增加劳动者的收入。因此,资本输入为输入国提供了一种减少收入差距的机制;但这只是资本输入的一种可能结果。在现实经济生活中,由于市场的不完全及社会制度等多方面的因素,资本输入并不一定就会发生有利于劳动者的收入再分配。[②]

因此,资本的国际流动无论对输出国,还是对输入国都会形成影响收入分配差距的机制。基于各国情况的不同,国际资本流动对各国收入分配差距影响的结果也不同。中国在改革开放后也加入了资本国际流动的行列,开始主要是引进国外资本,目前,中国的资本输入也在不断增加。如此,中国已经成为一个既是资本输入国,又是资本输出国的资本国际流动大国。

(二) 中国的资本国际流动对分配差距的影响

中国改革开放之初,国内利用外资几乎是零,流出国外的资金属于支援性质,也谈不上对外投资。1979 年 1 月,邓小平同志同几位工商界领导人谈话,

---

① 张二震、马野青:《国际贸易学》(第三版),人民出版社、南京大学出版社 2007 年版,第 355 页。

② 张二震、马野青:《国际贸易学》(第三版),人民出版社、南京大学出版社 2007 年版,第 255 页。

他指出:"现在搞建设,门路要多一点,可以利用外国的资金和技术,华侨、华裔也可以回来办工厂。"①在邓小平同志的推动下,五届全国人大二次会议于1979年7月1日通过了《中华人民共和国中外合资经营企业法》。此后,我国又陆续制定了《中华人民共和国外资企业法》《中华人民共和国中外合作经营企业法》等,以及有关实施条例和细则。这些法律法规为中国吸引和利用外资提供了基本的法律依据,也为营造一个有利于外商投资的环境奠定了基础。万事开头难,有了这样一个突破,中国的引进外资工作不仅有了方向,而且也得到快速推进。进入20世纪90年代,随着社会主义市场经济体制改革方向的确立,中国对外开放进入了全面推进的阶段,引进外资也取得重大突破,利用外资的增长速度大幅度提高。进入21世纪后,随着中国加入世界贸易组织后,利用外资在广度和深度上进一步提升,逐步实现了中国利用外资从零到世界第一的转变。② 中国在国际资本流动中不仅引进了大量外资,目前也成为重要的资本输出国。进入21世纪以来,中国参与国际资本流动的取向发生了变化,从过去主要是"引进来",转向"引进来"和"走出去"并举。2010年,中国对外直接投资占世界外商直接投资(FDI)总量的5.1%,成为全球第五大对外直接投资国,也是发展中国家最大的对外直接投资国。③ 2016年中国对外直接投资流量创下1961.5亿美元的历史高点,全球占比达到13.5%。④

中国的资本国际流动对经济增长起到非常积极的作用,对中国经济的各方面都产生了一定的影响。其中,资本的国际流动对中国收入分配差距的影响形成了比较特殊的机制。

中国引进外资对收入分配差距的影响较为复杂,形成了多方面的冲击,体

---

① 《邓小平文选》第二卷,人民出版社1994年版,第156页。

② 陈文敬:《中国利用外资三十年回顾》,《中国外资》2008年第5期。

③ 姚树洁、冯根福、王攀、欧璟华:《中国是否挤占了OECD成员国的对外投资?》,《经济研究》2014年第11期。

④ 中华人民共和国商务部等编:《2016年度中国对外直接投资统计公报》,中国统计出版社72017年版。

现出不同的影响收入分配差距的机制。从大的方面看,引进外资对收入分配差距具有两种倾向,一种是扩大了收入差距;另一种是缩小了收入差距。

第一,引进外资扩大了收入差距。导致这一结果的机制比较复杂,首先,引进外资的地区不平衡引起地区之间经济发展不平衡,扩大了地区间的收入分配差距。中国的对外开放经历了一个渐进的过程,先是在广东和福建开办了4个经济特区,接着是开放沿海14个城市,进一步建立海南省,进入20世纪90年代又决定开发浦东,党的十四大之后才形成全方位的对外开放格局。这个过程使得引进外资多集中于东南沿海地区。2002年,东部、中部、西部外商直接投资中,东部地区占90.8%,中部地区占7.6%,西部地区占1.6%。[1]这些地区借助各种形式的外商直接投资,为地区经济发展注入了活力,并率先发展起来,成为先富起来的一部分地区。相反,广大内陆地区在引进外资方面同其对外开放一样滞后了,没有分享到外商直接投资带来的最初红利,经济发展因缺乏这样一个重要动力也相对落后了,形成了与沿海地区发展的较大差距,进一步引起与沿海发达地区的收入差距不断扩大。其次,引进外资导致非公有制经济比例扩大,从而扩大了收入分配差距。这是因为引进外资推动了私人经济发展,使得私人资本通过合资和合作企业获得了比较高的收入,相应地,劳动收入份额在这个过程中不断下降,收入分配差距扩大。最后,引进外商直接投资建立的企业都有一套成熟的现代企业制度,激励约束机制完善,按效率支付工资,而且为了吸引本地劳动力,外资企业在较长一段时间内倾向于支付高工资。内资企业工资定价在改革开放后较长时期内主要由行政决定,制约了工资水平的提高。这引起内、外资企业工资差距并对收入分配差距作出了"贡献"。[2]

---

① 张昊光、姜秀兰:《必须防止外资拉大我国居民收入分配的差距》,《财经科学》2004年第2期。

② 傅元海、李文星:《外资经济对中国居民收入差距的非线性效应》,《当代财经》2014年第5期。

第二,引进外资缩小了收入差距。引进外资可能扩大收入差距,也可能缩小收入差距,这并不矛盾,而是基于条件差距形成不同的引进外资影响收入差距的机制。如外商直接投资可以为城镇失业人员提供就业机会,增加城镇失业家庭的收入,这有利于缩小城镇居民收入差距。此外,外资企业消除了就业的身份歧视,吸收了大量农村劳动力,增加了农村居民的收入,有利于缓解城乡收入差距扩大的趋势。[①]

对以上引进外资对收入分配差距影响的不同机制分析,可以发现,并不能得到一个确定的结果。这可能是分析的角度和选择的机制不同,也可能是不同阶段,适应条件变化而呈现的多样性。但是,不管怎样,通过这些分析可以肯定,引进外资对中国的收入分配差距具有一定的影响。

资本输出也是中国参与国际资本流动所表现出来的一种形式。其快速发展的势头显示出中国在世界经济中的地位正在发生改变。这一趋势自然会引起对收入分配差距的影响,并形成一种影响收入差距的新机制。

中国资本输出在规模上和速度上都呈现出一种"井喷"的态势。特别是随着中国"一带一路"建设的推进,中国资本输出将会形成一个长期扩张趋势。这种资本输出对收入分配差距也会产生一定的影响。首先,随着大规模的资本输出,中国的过剩生产力会得到释放,从而有利于就业的增长,普遍性地提高收入水平,这会起到缩小收入差距的作用。其次,通过"一带一路"建设实现资本输出,有利于中部、西部的"一带一路"节点地区或城市的发展,对缩小地区之间经济发展差距以及地区间的收入差距,都会有积极的作用。再次,伴随着资本输出的规模扩大,并能够达到结构优化,中国经济在国际上的地位会进一步提升,中华民族伟大复兴的中国梦会更早地实现,这最终会推动中国进入发达国家的行列,共同富裕的目标才能够真正实现。最后,资本输出也是一把双刃剑,如果资本输出的结构不合理,或者引起国内产业的空心化,

①　盛斌、魏方:《外国直接投资对中国城乡收入差距的影响:中国省际面板数据的经验检验》,《当代财经》2012 年第 5 期。

这对于我们这样一个大国来说,所遭受的冲击是难以承受的,不仅会对经济发展产生灾难性影响,而且会引起更大的收入差距。

以上对中国分配差距原因所做的综合性分析,实际上是一个梳理。我们把别人的研究和自己的分析结合起来,从宏观、微观和对外经济关系几个大的方面来分析影响中国收入分配差距的各个因素。应该说,所有这些因素都在不同程度上影响了中国收入分配差距。因为我们没有进行更进一步的实证分析,所以对各个因素到底对收入差距的影响有多大,也没有数据上的说明。这样的安排,主要是因为我们想提供的是一个涉及中国收入分配差距原因的分析框架。我们从收入差距原因的一般理论分析到中国收入分配差距原因的具体分析,形成了一个比较全面的分析收入分配差距原因以及中国收入分配差距原因的框架。从这个意义上讲,我们达到了目的,但还没有涉及研究的主题。本书研究的是收入逆向转移对中国分配差距的影响。这是在上述分析框架中没有涉及的一个因素,但它所起到的作用不仅有理论上的根据,更反映了中国收入分配差距形成的现实。所以,后文的分析将围绕这个因素展开。

第四章 中国收入逆向转移的 历史和现实

收入分配差距归根结底是人们获得收入的结果。如果人们之间获得的收入相对均等,收入差距就小;如果人们之间获得的收入不太均等,收入差距就大。人们获得收入通常有两种途径:一种是通过自己拥有的要素并在经济活动中作出贡献获得收入,也可称为挣得收入;另一种是借助自己所处的地位并在一定社会环境下取得非功能性收入,也可称为转移收入。转移收入一般是为了矫正社会不平等而进行的一种收入再分配。如果转移收入有利于实现社会平等,那么这种转移收入就属于正向转移;如果转移收入不利于实现社会平等,那么这种转移收入就属于逆向转移。收入逆向转移是经济生活中的一种普遍现象,世界各个国家都存在,中国的收入逆向转移不仅现在存在,而且还是一种历史现象。

第一节 收入逆向转移概述

一、收入逆向转移的界定

收入逆向转移是转移收入的一种形式。转移收入是人们获得收入的途径之一,按照转移者的身份来划分,转移收入可分为组织与个人之间的转移;按照收入高低的不同来划分,转移收入可分为高收入者向低收入者转移和低收入者向高收入者转移;按照地位高低的不同来划分,转移收入可分为地位高的人向地位低的人转移和地位低的人向地位高的人转移。由于转移收入是对挣得收入的一种补偿,在经济生活中,并不是所有人都能挣得收入,也并不是所有人都可以通过挣得收入来维持自己及家庭的生存,因此,转移收入是对生活在各领域、各阶层中人们的一种保障。从这个意义上讲,发生在收入或地位高低者之间的收入转移就有正向和逆向的区分。高收入者向低收入者转移收入,或地位高的人向地位低的人转移收入,这些都有利于社会稳定和进步,也有利于实现社会的公平和正义,这种收入转移是属于正向的,或称为收入正向转移。低收入者向高收入者转移收入,或地位低的人向地位高的人转移收入,这些都不利于社会稳定和进步,也会加剧社会的不公平和不正义,而这种收入转移是属于逆向的,或称为收入逆向转移。

二、收入逆向转移的渠道和形式

(一) 收入逆向转移的渠道

我们把收入逆向转移界定为从低收入者向高收入者转移收入,或者地位低的人向地位高的人转移收入。这是一种基于社会公平和正义的界定。具体说来,收入逆向转移是如何实现的? 或者说是通过怎样的渠道完成的? 这对于理解收入逆向转移来说,是一个必须首先回答的问题。

1.直接的收入逆向转移

这是指低收入者直接将自己的一部分收入向高收入者转移。之所以会发生低收入者向高收入者转移收入的现象,主要是由不合理的制度安排所导致的。人类从一开始就是结成一定的社会组织来生存的,也就是说,任何单一个人是无法独立活下来的。人们为了生存所结成的社会组织赋予人们不同的社会地位。处于社会组织上层的人因为掌握更多权力,对处于社会组织下层的人有诸多控制。当该社会组织的制度设计比较合理,这种权力安排是有利于社会组织正常运行的。当该社会组织的制度设计不合理,这种权力安排就有可能演变为权力寻租,引发收入逆向转移。通常来说,地位高的人收入相对比较高,地位低的人收入相对比较低,因此,地位低的人向地位高的人转移收入,在多数情况下是低收入者向高收入者转移收入。

2. 间接的收入逆向转移

这是指低收入者或地位低的人通过某种中介向高收入者或地位高的人转移收入。这种收入逆向转移的渠道通常比较隐蔽,而且是间接收入转移被扭曲才发生的现象。在一个社会中,人们之间转移收入是非常正常的现象,而且也是社会正常运行所要求的。自古到今,收入转移都存在,而且对社会的维持和稳定有重要意义。正因如此,每一个社会都会设计一些实现收入转移的渠道。如现代社会的财政制度,就是由政府设计并借助政府强制力推行的一种收入转移制度。当然,现代财政制度并不完全是收入转移制度。实现收入转移是现代财政制度的一部分功能。在正常的情况下,通过现代财政制度实现的收入转移是正向的,因为现代财政制度被赋予的一种功能就是实现社会公平。但由于现代财政制度的功能并不是单一地实现社会保障,而是具有综合性,如果这种财政制度设计和执行出了问题,就很有可能使转移的收入最终流入地位较高和收入较多的人群,结果出现收入逆向转移。

收入逆向转移的这两种渠道在不同的社会以及一个社会的不同阶段所发挥的作用不同。在法律制度比较完善、权力被充分约束的社会,收入逆向转移发生概率会相对比较低;相反,在法律制度不健全、权力不能被严格约束的社会,收入逆向转移发生的概率就比较高。从历史的视角看,在古代社会,人类的共同体特征比较明显,转移收入较为普遍,但很少发生逆向转移的现象;在现代社会,人类社会借助生产力发展创造的财富越来越多,社会结构失衡的问题就越来越突出,在社会结构处于优势的少数人群可能借助这种优势向处于劣势的人群寻租,从而产生收入逆向转移的现象。收入逆向转移有不同的渠道,也有不同的形式,而且在一个社会中,如果不能有效地控制收入逆向转移,那么其形式会被不断创造,不仅会助推收入逆向转移的扩大,而且还会严重地影响社会公正和发展。

(二) 收入逆向转移的形式

归纳收入逆向转移的形式,可谓多种多样,但具有典型意义的,主要有如下一些形式。

1. 权力寻租

权力寻租是收入逆向转移的最典型,也是最突出的形式。权力寻租是指握有公权者以权力为筹码牟取自身经济利益的一种非生产性活动。权力寻租是商品交换向权力运行渗透的一种结果。它是把权力商品化,或以权力为资本,去参与商品交换和市场竞争,目的是牟取金钱或其他物质利益。

从权力寻租的概念来看,它源于经济学的一项研究。20世纪70年代,美国经济学家克鲁格、巴格瓦蒂和斯瑞尼瓦桑等人从国际贸易入手建立了寻租模式。他们之所以分析国际贸易市场中的寻租腐败行为,是因为在国际贸易领域对发展中国家实施贸易限制,由此出现了大量的寻租活动。正是这种寻租腐败行为吸引了经济学家的注意力,并演化出寻租经济学这样一门经济学分支。随着寻租行为研究的不断深入和扩展,政府行为、经济运行的制度背景被内生化并引进到寻租的研究中。寻租研究与个人或集团在社会等级结构中的特殊地位被利用相关。

寻租是对租金的一种行为反应。现代经济运行中公共权力对经济活动干预或管制也会创造租金。有租金自然就会有人要进行寻租。因此,寻租也可称为权力寻租。对寻租的理解涉及一个基本价值判断问题,就是它不同于一般的经济租的获取,不具有合理性和合法性。在这个意义上讲,寻租就与腐败联系起来了。腐败是一个历史现象且十分普遍,世界各国存在着各种各样的腐败。寻租显然属于一种腐败行为,但腐败并不限于权力寻租。准确地讲,权力寻租是旨在获取权力租的腐败行为。

权力寻租不合理、不合法,而且属于社会的一个"毒瘤",但任何社会都难以避免。寻租是一种纯粹的收入或财富转移活动,属于一种非生产性活动。寻租不创造任何财富,它的主要功能是转移财富或收入。更关键的问题是,寻租实现的财富或收入转移通常意味着社会强势群体对弱势群体的剥夺,这很容易导致社会的不平等和利益分配的矛盾,正是基于这一点,权力寻租所实现的收入转移属于逆向转移。

2.公共资源不合理分配

公共资源是指人类社会公有、公用的自然与社会资源。它具有两个基本属性:一是被全体社会成员所有;二是被全体社会成员利用。在经济学中,公共资源也被人们从竞争性和排他性的角度来规定。公共资源一般都具有非排他性的特征,但在竞争性方面,根据公共资源的类型,有的具有竞争性,有的具有非竞争性。具有非排他性和非竞争性的公共资源属于公共物品,具有非排他性和竞争性的属于准公共物品。从大的类型来说,公共资源有公共的自然资源和公共的社会资源的区分。公共自然资源是指一切可作为生产投入的未经人类劳动加工而自然存在的物质及其可利用的条件,具体包括水资源、土地资源、森林资源、海洋资源、气候资源、矿产资源等。公共社会资源是除自然资源之外,用于公共服务的资源,如图书馆、学校、医院、城市道路、城市公园、路灯、桥梁等。公共社会资源是人类集体创造的并属于公共所有的财产,它能为人类生存和发展创造必要的条件,是关系社会公共利益、关系人民群众生活质量、关系国民经济和社会可持续发展的资源。

公共资源在总体上具有公有、公用的性质,但在具体体现公共资源的公有和公用性时,会发现情况较为复杂。在社会发展的不同阶段和不同的社会制度下,公共资源所发挥的作用不尽相同,其公有和公用性也有不同的表现。在社会生产力水平比较低的历史阶段,公共自然资源较为丰富,并成为社会经济发展的重要条件,而公共社会资源比较贫乏,在社会经济发展中的作用并不突出。在社会生产力水平比较高的历史时期,公共自然资源变得越来越稀缺,它不仅在经济发展中很重要,而且又演化为一种对经济发展的制约,但公共社会资源越来越丰富,在社会经济发展中的地位越来越突出。

公共资源在社会经济发展中的作用意味着它也参与了价值的创造。在公共资源的公有、公用的性质得到充分体现时,这种创造的价值自然也就是属于所有的社会成员。然而,公共资源的公有、公用的性质在实际经济生活中体现得并不充分。社会成员在公有和公用方面存在着事实上的不平等占有和获得公共资源收益的不平等。如此,公共资源在占有方面的不平等分配最终成为引起个人之间收入差距的一个因素,而且这种收入分配具有逆向的性质。这是因为,公共资源参与创造的价值通常更多地被掌握公共资源分配权的人及其相关者所获,从而使本来属于全体社会成员的收益,有一部分向权力拥有者及其相关者转移。这虽然不是由普通社会成员直接将自己获得收入的一部分向掌握公共资源分配权的人或相关者转移,但公共资源引起的这种转移属于间接转移的一种形式,而且是逆向转移的一种形式。如稀缺的公共自然资源在现代经济发展中的作用越来越大,而公共自然资源虽然是公有、公用的,但对于公共自然资源的分配权并不掌握在全体社会成员手中,实际的分配权是由少数拥有相关权力的人所掌握。因此,有一部分公共自然资源可能被少数人占有,由此形成的收益也被一少部分人占有。这种分配并不一定不合法,占有公共自然资源的人可能是通过合法的程序获得的,因而也不属于腐败,但会使一部分人富起来,从而造成收入差距。因为这种收入分配与社会地位相关,是公共收益向地位较高的少部分人集中或转移,使公共自然资源失去了共享性质,从而具有逆向转移的性质。

3. 行政垄断性收入

在国外的经济学术语中,有类似的政府垄断和政府授予垄断的说法,前者是政府直接行使垄断权力,如酒类专卖、烟草专卖等,后者是政府将垄断经营权授予某个企业,如一些特许经营权。中国的行政垄断与西方国家的经济垄断有所区别,成为中国学术界研究的特殊对象。

　　行政垄断可以分为地区垄断、部门垄断和行政性强制行为,也有部分,如限制企业竞争行为带有一定的行政垄断色彩。地区垄断是地方政府及其职能部门通过行政权力建立的市场壁垒的行为;部门垄断是行业管理者为了保护本行业的利益运用行政权力限制竞争的行为;行政性强制行为是政府不适当干预企业的经营自主权,强制企业购买、出售某种产品或与其他企业合并等扭曲市场竞争原则的行为。行政垄断形成后,一方面对市场经济运行本身会造成一定的影响,起到限制市场竞争的作用;另一方面会形成一种特殊的利益分配格局,在这种利益分配格局中包含了一些不合理的成分,也体现出收入逆向转移的特征。

　　行政垄断实质是把一定利益空间划定给一些特定群体。不管行政垄断因何形成,最终必然使一部分人受益。如行业垄断都可以获得垄断利润,这使该行业工作的社会成员获得相对其他社会成员更高的收入。由于行政垄断所获得的垄断利润并不来源于生产和经营,而是借助垄断价格的转移收益,当这种转移收益成为在垄断部门工作的成员收入时,这不仅形成一个高收入群体,而且具有逆向转移收入的性质。

　　4. 逆收入再分配

　　国民收入再分配是指一个国家的国民收入在实现了初次分配后进一步在全社会范围内实施分配。如果说初次分配属于挣得收入,那么收入再分配就属于转移收入。收入再分配是一国政府借助社会管理者的身份通过税收和财政支出等形式参与国民收入分配的过程。之所以进行收入再分配,是因为它可以承担各种推动社会正常运行的功能,如促进社会的均衡发展、实现对社会成员的社会保障、应对社会运行中出现的一些突发事件,等等。国民收入再分配是任何时代的国家都需要采用的一种收入分配形式。在现代国家中,收入再分配不仅规模越来越大,形式越来越复杂,其实现的社会功能也越来越多。

大多数国家在实行收入再分配时都会赋予它一个实现公平的责任。而许多经济学理论中都认同一种秩序,即收入初次分配主要关注效率,而收入再分配应该注重公平。正是在这样一个基点上,我们把正常的收入再分配称为收入的正向转移。如果收入再分配不能实现这一功能,而是进一步造成收入的不公平,那么这种收入再分配就具有了逆向转移的性质,或者也可以说是逆收入再分配。

逆收入再分配具体是如何形成的? 从收入再分配的渠道来看,主要有国家预算、银行信贷、价格变动、劳务费用等,其中国家预算是再分配的主要渠道。国家预算是国家制定的年度财政收支计划。国家通过税收形成国家预算收入,然后通过预算支出形式,把资金用于经济建设、文教卫生、国防建设、福利设施、行政管理等方面。现代财政是一个非常复杂的机制,它所要发挥的主要功能是对社会经济的有效调节,如提供公共品、实现社会公平等。在实现社会公平的过程中,收入再分配需要借助的一个机制就是从富人口袋里拿一部分钱转移到穷人的口袋里。然而,实现这一功能并不是一帆风顺的。包括财政制度设计的漏洞,以及利益博弈的影响都会使财政的收入再分配功能大打折扣,甚至演化为收入逆向转移。就我国来说,在税收方面,我国实行的税收结构主要包括流转税、所得税和财产税,其中流转税是主体,2019 年,流转税占整个税收比重达 57.4%。因此,我国的税收结构可以称为以流转税为主体的税收结构。以流转税为主体的税收结构是适应经济发展水平比较低的阶段而设计的一种税制。它具有征收简单且易于筹集资金的特点,是比较适合我国经济发展水平的。但是,这种税制并不利于调节收入分配。所得税特别是个人所得税比较低,2019 年,个人所得税规模占全部税收规模的 6.6%,同比下降了 25.1%。这意味着个人所得税对我国的收入调节功能比较小。由于我国的个人所得税设计比较简单,结果是个人所得的主要形式为工薪收入,其他个人收入难以纳入课税对象。表面看来,个人所得税达到了低收入者不纳税的目标,但高收入者可以合法或不合法地避税,从而达不到调节收入差距的目的。在财政支出方面,我国的财政支出的经济建设功能比较突出,各级政府将更多的财政资金用于发展经济的项目上。如此的财政支出必然会对财政的社会保障功能产生挤出效应,难以达到转移收入的正向功能。而在财政支出过程中,不管是扶贫、救灾款项,还是支农款、重大项目、科技基金以及社保基金等,都有被截留、挪用等现象。这表明,我国财政收入再分配有逆向性,一定程度上表现为收入的逆向转移。

5.价格转移收入

价格是市场机制的一个重要形式。市场的调节功能在很大程度上是借助价格变化实现的。价格是商品价值的货币表现,或者说是商品与货币交换比例的指数。在市场经济体制下,价格承担着比较多的职能,如调节职能、信息职能、表价职能、核算职能、分配职能。其中分配职能具有收入转移的属性,价格转移收入是通过其变动实现的。价格变动可以改变国民收入在各部门和各阶层居民之间的分配,如提高农副产品收购价格和降低农用生产资料价格,就会增加农民收入。如果价格变动实现的收入再分配有利于社会经济关系的和谐,那么这种价格转移收入就是正向的。相反,如果价格变动实现的收入再分配不利于社会经济关系的和谐,甚至导致社会经济关系的进一步扭曲,那么这种价格转移收入就是逆向的。我国的价格转移收入逆向性特征比较明显,存在着许多逆向价格转移收入的现象。如政府对教育、公共卫生等公共服务以及资源领域实行不对称的市场化,即市场化只限于需求方面,而供给方面仍是垄断经营,加之缺乏相应的市场监管机制,一些公共服务的价格比较高,这大大增加了普通社会成员的生活成本。这种价格变动引起的收入转移具有"逆调节"的性质。

收入逆向转移是一种具有普遍性的现象,所表现出来的形式也是多种多样的。基于生产力发展水平、社会经济制度特征、利益群体关系等因素,收入逆向转移发生的程度并不相同。

三、收入逆向转移形成的机理

（一）生产力发展状况是收入逆向转移的物质基础

生产决定分配，一方面生产力水平决定着分配的数量；另一方面生产方式决定着分配的方式。收入逆向转移作为分配的一种形式是如何受生产影响的？对这个问题，可以从两个角度加以分析，一个是生产力的水平对收入逆向转移的基础性作用；另一个是生产力提高的速度对收入逆向转移发生程度的显示性作用。

在生产力水平极低的历史时期，人们生存在一个共同体范围内。由于生产力水平极低，人们共同劳动只能获得维持生存所需的消费资料，因此，没有直接参加劳动的共同体成员也可以获得一些转移的消费资料。从转移收入的性质来看，这种转移是正向的，且不可能发生逆向转移的现象。

在生产力达到一定水平后，生产有了剩余，这使得分配打破了共同体的平均分配格局，出现一少部分人占有剩余产品的分配方式。由于在这个历史时期，生产方式主要是自给自足，剩余很少，收入转移主要发生在普通民众与统治者之间。这种转移有维护社会稳定运行功能的需要，但也有部分统治者利用权力获得转移收入。这个时期的收入逆向转移主要体现为后一种情况。

当生产力在近代工业革命以后取得了重大突破，物质财富大大地增加了，分配方式也随之发生了改变。近代工业革命之后的生产力进步是借助科技革命实现的，与分工发达有着密切的关系。无论是生产组织内部的分工，还是社会内部的分工，其发达程度都直接决定了生产力发展的水平。分工的发达不仅可以提高生产力水平，而且也会形成社会的等级结构，这种等级结构最终形成了以地位为根据的收入分配方式。从收入分配的根据看，这种以地位为根据的收入分配也属于正常的收入分配，但是，这种地位差距为收入分配的逆向转移提供了一个重要基础。当分配制度出现不合理的情况时，这种地位差距便演化为现实的收入逆向转移。

当生产力水平达到了更高的水平,如马克思预言的共产主义社会的生产力水平,生产的物质财富极大地丰富,可以达到按需分配的程度,那时的收入分配也就没有挣得收入和转移收入的区别,转移收入也没有正向和逆向的区分。

以上历史性地分析了生产力水平对于收入逆向转移的影响,可以看到的是一个有着一定规律性特征的螺旋式循环。在生产力水平极其低下时,尽管存在着消费资料的转移,但并不属于逆向转移。收入逆向转移出现在生产力水平可以提供剩余的阶段。当生产力达到极高的水平,物质财富的生产能够满足按需分配时,收入的逆向转移现象也就消失了。这就是说,在我们现实的生产力水平下,收入逆向转移还是一个无法克服的现象,而且是一个表现极为复杂的现象。进一步地分析生产力发展对收入逆向转移的影响,还有一个很重要的角度,就是生产力发展速度是生产力影响收入逆向转移更为现实的物质基础。

在生产力达到一定水平后,生产力发展速度的加快可能引发比较严重的收入逆向转移现象。生产力达到一定水平是指生产可以带来剩余,而生产力发展速度加快可以从整个人类历史的视角考察,也可以指某个历史阶段出现的情况。从整个人类历史的视角考察,撇开原始社会不谈,即使在漫长的奴隶和封建社会,生产力发展也非常缓慢。按照麦迪森的估计,世界经济在公元1000年达到的人均 GDP 并不比公元 1 年时的水平更高,而公元 1820 年时的水平也只比公元 1000 年的水平高 53%。① 从某个历史阶段来看,也可以发现了一些经济增长相对较快的历史时期。一般来说,当生产力发展速度加快时,通常会有比较多的物质财富被创造出来。当这种情况出现时,旧的分配制度往往得不到相应的调整,从而为收入逆向转移留下比较大的空间。当然,生

---

① 转引自[美]菲利普·阿格因、彼得·豪伊特:《增长经济学》,杨斌译,中国人民大学出版社 2011 年版,第 5 页。

产力发展状况对收入逆向转移的影响并不是唯一的一个维度。形成收入逆向转移的除了生产力发展这一基础外,还有制度因素起着更直接的作用。

(二) 分配制度的性质是收入逆向转移的制度基础

制度是人类社会生活秩序化不可或缺的一种安排。在人类社会发展的进程中,出现过各种各样的制度。对这些制度加以理解,可以有广义和狭义之分。从广义来讲,制度是在一定条件下形成的政治、经济和文化等方面的规则体系,如政治制度、经济制度、社会制度、文化制度等等。就狭义而言,制度是指一个系统或单位制定的要求其成员遵守的具体规则、程序或行动准则,如工作制度、财务制度、教学制度等等。我们这里所涉及的制度,主要是在广义的视角下来选择的。从影响收入逆向转移的角度看,我们主要选择经济制度来分析其对收入逆向转移影响的机制。

经济制度是指一个国家的统治阶级围绕占统治地位的生产关系而建立起来的经济秩序,以及为了维护这种经济秩序而确认或创设的各种规则和措施的总称。在人类社会发展的不同阶段,有着不同的、占统治地位的生产关系,因而,在人类社会的不同历史形态下建立了不同的经济制度。作为生产关系总和的经济制度,由生产关系的四个环节所建立的制度构成,包括生产制度、分配制度、交换制度和消费制度。经济制度一方面需要适应生产力发展的要求,并能够起到促进生产力发展的作用,另一方面还需要体现社会的公平正义,并能够维护社会的和谐稳定。这种对经济制度的要求可以作为评价经济制度合理性的标准,而趋于这一标准的过程可以称为经济制度的合理化。从经济制度的几种形式来看,生产制度、分配制度、交换制度和消费制度都会对收入逆向转移产生影响,但最直接的影响收入逆向转移的制度是分配制度,其他制度都通过分配制度产生间接影响。

生产制度的核心是生产资料所有制,这是生产的前提和出发点。生产资料所有制是生产的一个条件。"如果说在任何财产形式都不存在的地方,就谈不到任何生产,因此也就谈不到任何社会"①。生产制度决定着分配制度。从人类社会的发展史来看,原始共产主义社会的生产资料公有制决定了原始社会是绝对平均主义分配制度;奴隶社会、封建社会、资本主义社会的生产资料私人占有,虽然是不同形式,但基本分配制度是受生产资料私有制支配的不平等分配;共产主义社会的生产资料公有制将决定在更高的形态上重现原始社会的平均主义分配制度,而且物质的极大丰富,还将实现按需分配。交换制度是建立在商品经济基础上的一种旨在促进商品流通的制度。在人类社会演进过程中,商品经济在资本主义之前都很不发达,因此,也没有较为成熟的交换制度。随着商品经济的发展,交换制度也越来越发达。交换制度的发达势必影响分配制度,市场经济下分配必须以生产产品在市场上实现了的价值为对象,而且人们分配的根据借助交换大大地拓展了,生产不再是获得收入的唯一来源。消费制度作为一种正式安排通常是指国家通过政策或行政命令与法规而对国民的私人消费和集体消费所作出的限制或引导,这种安排构成了居民消费选择的约束。在现实生活中,消费制度通常体现为国家的消费政策。在不同经济体制和不同国家中,消费政策的范围和强度并不相同,因而消费制度也不相同。这种消费制度或消费政策通过对消费的限制或引导,最终会对不同产品的需求产生影响,从而间接地影响分配。

分配制度对收入逆向转移的影响并不是单一的,它要受到生产制度、交换制度和消费制度的间接作用,也就是说,生产制度、交换制度和消费制度可以通过分配制度对收入逆向转移产生间接影响。这里我们集中分析的是分配制度对收入逆向转移的影响机制。

不同的分配制度或某种分配制度的执行情况会影响收入逆向转移的发生及程度。在市场经济体制下实行的分配制度,在结构上包括初次分配和再分配,初次分配是按要素贡献进行的分配,再分配是通过国家财政体系进行的分

---

① 《马克思恩格斯文集》第 8 卷,人民出版社 2009 年版,第 11 页。

配。初次分配,是各生产要素所有者获得收入的重要渠道,这样的收入属于挣得收入,在这个环节上是不存在转移收入的,因而也没有收入逆向转移问题。再分配实质上是一个收入转移过程,通过再分配获得的收入属于转移收入,作为收入分配结构的一种安排,这种转移收入是有其根据的,因而也是合理的。如果再分配出现扭曲,那么这种转移收入就可能逆向化,产生逆向转移收入,这种情况是较容易发生的。因为再分配过程存在着许多人为因素,或受到政策调整,在一些情况下,通过再分配途径,收入可能会流向一些收入较高的人群,也可能被一些社会地位较高的人占有。如一些发达的资本主义国家,它们的基本分配结构都是由初次分配和再分配构成。再分配也是通过一定的财政体制实现的。在实施财政政策时,受一些利益集团博弈的影响,财政政策的实施会向某些具有优势的利益集团倾斜,从而使国家的财政收入不是用于提供公共品,进而实现社会的公平,而是通过一些渠道流向富裕人群,如此的财政收入转移就是逆向的。计划经济体制下实行的分配制度,在结构上是单一的,整个社会只有国家一个分配主体。这样的分配体制是由单一的生产资料公有制决定的,生产资料属于全民或集体,但最终都是由国家占有并控制的,因而分配的权力自然就属于国家。在生产资料公有制的前提下,生产是由国家计划安排并实施的,生产的全部剩余(扣除生产资料转移部分)都掌握在国家手里。国家通过制定统一的分配制度,并以统一的分配标准在全社会进行收入分配。如果对这种分配收入作一个区分,也有挣得收入和转移收入之别,这一区分的根据是在计划经济体制下对生产劳动的一种认识。在计划经济体制下,生产劳动指的是物质生产部门的劳动,而非物质生产部门不属于生产劳动,也就是在非物质生产部门工作的人们是不创造价值的。按照这样的理论,在物质生产部门从事生产劳动的人们创造价值,因而他(她)们的收入属于挣得收入,当然,他(她)能够获得多少收入,并不是按照贡献分配的,而是国家制定统一的分配标准来分配的。农村集体所有制下农民从事农业生产也创造价值,对他(她)的分配是由集体决定的,分配的标准也是统一的。其他非物质生产部门都被划在非生产劳动的范围内,因而不创造价值,其最终获得的收入也属于转移收入。由于非生产劳动虽然不创造价值,但却是社会功能实现不可缺少的,因此,这样的转移收入有利于社会的正常运行,转移的性质应该是正向的。

任何一种分配制度都包含着转移收入。转移收入是保持社会秩序、实现社会正义不可或缺的手段。在合理的分配制度下,转移收入通常是正向的。然而,当分配制度出现扭曲,而且在分配制度受到人为影响时很容易出现这种扭曲,那么,这种分配制度包含的转移收入就可能出现逆向的特征,也就是产生收入逆向转移。而使分配制度扭曲的重要原因是国家对经济的干预。

(三) 国家干预经济是收入逆向转移的直接根据

国家干预经济可能造成分配制度的扭曲,当国家过度干预经济,或发生干预者自身利益嵌入现象,收入逆向转移就会扩大甚至普遍化。国家干预经济是有着较长历史的经济现象,可以分为传统的国家干预经济和现代的国家干预经济。传统的国家干预经济是 20 世纪 30 年代之前,在资本主义国家实施的一些经济干预的政策。这个时期的国家干预经济又包括两个阶段。在重商主义时期,国家对经济的干预较为明显,对国际贸易的管制是重商主义政策的立足点,因为为重商主义政策提供理论基础的人认为,货币就是财富。因此,国家的经济政策和一切经济活动的宗旨就是积累金银。如何积累金银? 主要的途径是通过国际贸易顺差来实现。为此,国家制定干预经济的政策是必要的,而且需要积极地干预。如通过制定法令以保护国内的工商业;设法维持低工资政策,以制造贫困来强制劳动者工作,同时通过低成本来加强本国产品在国际市场上的竞争力。重商主义时期的国家干预是适应世界市场刚刚打开后带来的发展机会而选择的一种经济政策。随着工业革命的发展,经济增长的动力发生改变,由第一次工业革命引发的生产力的巨大进步,给经济增长带来许多机会,外贸作为经济增长动力被国内生产力发展这一动力所取代。这样的变化对重商主义时期的经济理论和经济政策都造成巨大冲击。在经济理论方面,重商主义经济学被古典经济学所取代;在经济政策方面,自由放任的经济政策取代了国家干预经济政策。但从广义上来说,工业革命以后的资本主义经济运行并不是没有任何国家干预,而是国家干预改变了自己的形式,主要以维护自由市场秩序的目标介入经济运行。与这一经济现实相适应,西方主流经济学以古典和新古典经济学的国家不干预经济的理论为主导。这种局面随着1929—1933年的资本主义经济大危机爆发又发生改变,为解决经济危机而催生的国家干预经济政策以一些新的形式受到资本主义国家的推崇,再加上凯恩斯经济学提供的理论支撑,最终使国家干预成为资本主义世界经济运行不可或缺的一部分。

经济干预的出现并盛行,增加了经济运行中的主观成分,因为国家干预经济的政策都是由人来设计并执行的。这样的经济政策有可能改变收入再分配的功能,并形成引发收入逆向转移的机制。

国家干预经济一般是通过微观的管制政策和宏观的财政和货币政策实施的。传统的国家干预经济主要是运用管制的手段,而现代的国家干预经济主要是运用财政和货币政策。管制导致垄断,因而会产生寻租行为。财政和货币政策是收入再分配的重要渠道,具有转移收入的功能。财政和货币政策是用来弥补市场失灵的手段,因而,转移收入应该是正向的,但财政和货币政策都是人制定的,有时会受到他人影响。如果出现这些情况,就会引起财政和货币政策功能扭曲,进而使收入转移逆向化。

（四）政治廉洁程度是收入逆向转移的外在条件

收入逆向转移的重要形式是权钱交易,也就是寻租行为。其发生的程度与政治廉洁有关。一个廉洁的政府,会将权钱交易控制在最小的范围,而一个腐败的政府,会把权钱交易放大。政治廉洁程度成为收入逆向转移的外在条件。

政治廉洁的关键是把权力管住、管好。国家权力是人民赋予的,掌握权力的人应该有一份承诺,就是把人民赋予的权力用来为人民服务。这是权力运行的基本逻辑,也是对权力实施管理的基本遵循。然而,现实中掌握权力的人往往不会自觉遵守这份承诺,出现追求自身利益的行为。如何克服这一现象?现代社会提出的一个理想方案是,建立合理的权力形成机制;制定规范权力的权威制度;形成民主监督的权力运行体制。这样的一种权力形成、规范和监督体系是有较高成本的,因此,一个有效的社会,还必须有一套道德体系来形成一种人们的内心约束,如此会大大降低权力运行过程中为约束权力所付出的高昂成本。这种内在的道德约束和外在的制度约束,是任何一个社会建立廉洁高效政治体制所必需的。

如果这样的一个权力运行体制本身出现了问题,而且约束权力的成本越来越高,那么权力被私人用来寻租就会成为一个普遍现象。如果再没有一个道德约束,那么寻租会被人们认为是一种正常的现象。对所有国家权力腐败现象进行分析,都会发现最为严重的权力寻租腐败一定发生在权力的制度约束和道德约束崩溃时期。

收入逆向转移的形成是一个由生产力基础、分配制度、国家干预和政治廉洁等因素综合作用的结果。收入逆向转移发生的程度与这些因素发挥作用的性质有关。这些因素对收入逆向转移产生怎样的影响?这又是一个历史现象,就中国的情况来看,收入逆向转移具有明显的历史性特征。

第二节　中国收入逆向转移的历史梳理

一、中国古代社会的收入逆向转移

收入逆向转移是一个历史现象。在中国古代就有收入逆向转移现象,追溯其历史始点,发生在生产力发展有了剩余、社会等级结构形成的时期。剩余的产生是转移收入的前提,而等级结构是收入逆向转移的基础。在没有剩余的原始社会,人们集体生产只能维持生存,并且必须进行平均分配才能实现这一目标。因此,在这样的历史时期不会发生收入逆向转移现象。随着生产力发展而有了剩余以后,分配制度也发生了改变。平等分配生产物并不是必然的选择,剩余产品可能会被一些人占有,分配差距也就随之产生了。剩余产品是如何被一少部分人占有的? 这需要从分配制度去理解。

中国古代最早建立不平等的收入分配制度是在奴隶社会,从公元前 21 世纪的夏朝开始,至公元前 476 年的春秋时期结束。中国奴隶社会同样是伴随生产力发展而建立起来的。随着金属工具即青铜器的普遍使用,石器时代为青铜器时代所取代。这样的变化带来了生产力的进步,劳动生产率有了较大的提高。社会产品除了维持人们的生活必需外,开始有了剩余。剩余产品的出现,一方面为一部分人摆脱繁重的体力劳动,专门从事社会管理和文化活动提供了可能;另一方面也为私有制的产生准备了条件。随着私有制的产生,社会上出现了剥削阶级和被剥削阶级,原始社会开始解体,奴隶社会取而代之。在社会上出现专门从事社会管理的人群,使得奴隶社会的结构变得复杂了,社会不再是一个扁平的结构,而是一个层级结构。在这个新的社会里,分配制度也有了新的属性。奴隶主通过占有生产资料和奴隶获得生产的全部剩余,奴隶作为奴隶主的财产只能获得生存所需要的最基本生活资料。在奴隶社会中,还有一部分属于平民,他们拥有人身自由,并从事着自给自足的生产活动。这部分人抗风险能力比较低,因此随时可能进入奴隶的队伍。奴隶社会较原始社会还有一个变化,产生了"国家"这一政治组织形式。国家的出现,使奴隶社会的分配不只是奴隶主和奴隶之间的分配,也不只是平民的自给自足,开始有了转移收入。国家的管理者从事专门的社会管理必须有生活资料的保障,而且是不同于奴隶仅仅满足生存的生活资料保障。他们过的是上等人的生活,需要向他们提供大量的生活资料,这是需要转移收入来维持的。不仅如此,国家产生以后,一定会以不同形式介入人们的经济和社会生活。国家的产生有其必然性,也有其应该发挥的功能,不过,国家发挥作用一定是通过一部分人来实现的。于是,国家的功能性运行就有可能出现国家和个人目标不一致的情况,即国家为了维护经济社会运行秩序而实施的管制可能因管理者个人利益的介入而发生扭曲。一些管理者会利用自己行使管理权的机会,获得超出其应得的收入,这便形成了所谓的收入逆向转移。如此看来,收入逆向转移是在生产出现了剩余,且由于国家的产生而形成的一种非正常收入形式。

收入逆向转移作为一种收入分配的非正常形式,是以国家的产生并在经济社会中发挥作用为基础的。中国古代较早建立国家,这意味着收入逆向转移在中国已有很久的历史。不过,在中国古代漫长的历史进程中,收入逆向转移发生的状况与国家发挥作用的程度以及政治的清明程度相关。中国古代自秦统一之后,一直保持了一个大一统的国家。秦统一中国后建立起来的郡县制,不仅对维护国家的统一是一种有效的制度安排,而且使国家对人们经济社会生活的介入有了基础。中国古代国家对人们的经济社会生活的介入究竟有多大? 这可以用古代官员数量的多少来说明。有关资料记载,我国西汉时期,官民之比为 1∶7945;东汉时期的官民之比为 1∶7464;唐朝的官民之比为 1∶2927;元代的官民之比为 1∶2613;明朝的官民之比为 1∶2299;清朝的官民之比达 1∶911。这只是一个基于历史资料的不完全统计,不过可以反映中国古代官员数量的变化。从以上数据可以看出,从汉朝到唐朝官员数量的快速变化,可能与隋朝开始的科举制度有关,大规模的科举选士,使许多有学识的人进入中国古代的官僚体系,加强了社会的管理水平,也有效地维护了古代中国高度集权行政官僚管理制度的稳定。在分析中国的封建社会为什么能够长期保持稳定和统一时,建立在科举制基础上的古代中国官僚形成机制被认为是一个重要原因。古代中国具有相对高素质的官僚管理制度,一方面维护了社会的秩序和稳定;另一方面也为官员介入经济社会生活提供了较多的机会和较大的空间。当政治清明受到极大污染时,这种机会和空间被最大限度地释放和拓展开来,于是,社会腐败盛行,秩序混乱,以致引起社会动荡,朝代更替。

对于中国古代的腐败或收入逆向转移很难作出较为详细的梳理,但可以通过一定时期或某个朝代的腐败程度来分析中国古代收入逆向转移发生的情况。如果从官员腐败来看中国古代收入逆向转移的情况,那么在中国古代的各个朝代都一定程度地存在着。贪官从什么时候开始多起来的? 按照史学家研究的结果,在贵族制被官僚制逐步取代的过程中,贪官开始出现并逐渐多起来。从战国时期开始,中国古代贪官便多起来。中国历代到底出现了多少贪官? 对实际数据很难准确估计,如果有数据,那也只是在资料中查到的。宋朝的宋真宗在位时编修过一本《册府元龟》,其中记载了从封建社会第一个朝代秦朝到唐末五代被查处和揭发的贪官共 460 名。因为是资料记载,这只具有代表性。不过,在长达一千多年中查处的贪官只有 460 名,应该不算多。这可能是因为《册府元龟》所记载的查处官员级别比较高,如"宰辅部"中记载,五代之前被查处的官员中,宰相级别的官员共计 29 名。相对于高级文官,这个时期的高级武官的贪腐人数更多,从"将帅部"中查到的五代以前被查处的军中将领多达 74 名。也许文献的局限性难以反映长达一千多年官员的贪腐情况,不过,古代官员贪腐的一种规律性的特征表现为,一个朝代在开始时政治较为清明,贪腐官员自然比较少,但随着这个朝代的延续,官员的贪腐行为逐渐增多,到了这个朝代的末期,贪腐变得盛行,社会矛盾激化,最终决定了该朝代的灭亡。北宋末年的贪腐现象较为普遍,有记载称,北宋末年官场 90% 都是贪官。如宋代李新在《上皇帝万言书》中所讲的,"廉吏十一,贪吏十九"。不过,宋朝的贪腐逊色于明清两朝。到了明清两个朝代,贪官多如牛毛,程度达到了顶峰。据《明史·邹缉传》记载,朱棣即位后提拔的翰林侍讲邹缉,在永乐十九年上疏,称当时的官场是"贪官污吏,遍布内外,剥削及于骨髓"。而此时距明朝建朝 53 年,而且还经历了明朝开国皇帝朱元璋极严厉的反贪。在他亲自主持编订的《大明律》中,严格规定了贪赃枉法的犯罪行为及刑事责任,对贪官污吏实施极其严厉的惩处。如《大明律》中规定,受财而枉法者,一贯以下杖七十,每五贯加一等,至八十贯处以绞刑,受财而不枉法者,一贯以下杖六十,每五贯加一等,至一百二十贯杖一百,流三千里。[①] 朱元璋不仅严格立法,而且严格执法。他执法不避亲疏,不论权贵,在位期间,因贪赃枉法被杀的多达几十万人。[②] 如此严刑峻法并没有形成一个清廉的政治环境,到了明朝中后期,贪腐现象更加猖獗。朱厚照(明武宗)在位时(1506—1521 年)出现的大贪官刘瑾,因为贪得太多被凌迟处死。据明高岱《鸿猷录》"刘瑾之变"条记述,抄没刘瑾家产,得金 24 万锭又 5 万余两,元宝 500 万锭又 100 余万两,宝石 2 斗,金钩 3000 多束,另有其他珠宝无数。另一个明朝权臣严嵩也是一个大贪官。据明田艺蘅《留青日札》所载,严家被抄出金子 32960 两,银子2027090 两,其他珍宝玉器价格数百万,超过了当时的皇室珍藏,时人称"富甲天下"。清朝是中国古代社会最后一个王朝。在这个王朝走向没落的时代,官员贪腐表现出一种近乎疯狂的状态。如人们非常熟悉的清乾隆年间的大贪官和珅,当失去了乾隆这个保护伞后,他成为嘉庆皇帝的"一顿美餐",查抄和珅得到财产总计 8 亿两白银,远远超过当时清朝一年 7000 万两白银财政收入。故有"和珅跌倒,嘉庆吃饱"一说。

由此看出,中国古代社会的收入逆向转移主要以权力腐败为主,而且与专制体制下的权力高度集中有关。权力的高度集中势必给众多权力代理人提供运用权力的机会。在一个权力的金字塔结构中,处于权力结构较高层次的官员与处于权力结构较低层次的官员之间,很容易形成较低层次官员向较高层次官员的收入转移现象。中国古代社会收入逆向转移主要集中在官僚体系内,源于国家对经济干预的收入逆向转移比较少。不过,中国古代封建社会的高度集权制,与西欧封建社会的庄园制不同,还存在着一定程度的国家对公共品的供给,如国家组织大江大河的治理。在由国家官员组织这种公共品供给过程中也会出现一些腐败现象,这也属于收入逆向转移的一种形式。然而,中国古代社会的经济主体是自给自足的自然经济。这样的经济基础决定了中国

---

① 陈平其:《朱元璋反贪的历史启示》,《湖湘论坛》2004 年第 2 期。
② 陈平其:《朱元璋反贪的历史启示》,《湖湘论坛》2004 年第 2 期。

古代社会难以形成普遍的收入逆向转移。这使得人们在谈到中国古代的收入逆向转移时,想到更多的是官员的贪腐。这种现象在中国进入近代之后依然存在,不过,随着近代资本主义经济的入侵,中国的商品经济也逐步发展起来,国家对经济的干预也逐步增多,因此,收入逆向转移现象也相应地形成了一些新的形式。

二、中国近代社会的收入逆向转移

中国的近代社会自鸦片战争开始,到中华人民共和国成立为止。虽然中国近代史相对于中国古代史时间较短,但经济社会经历了剧烈变化。1840 年爆发的鸦片战争,对于中国来说,无疑是一次巨大打击。受此打击,中国的经济社会结构发生了重大变化,逐步沦为半殖民地半封建社会。

在经济方面,这个时期出现了代表新生产力的资本主义经济。首先是外国资本在鸦片战争之后逐步进入中国。外国在华的第一家工厂是 1845 年成立的修造船舶工厂——广州柯拜船坞;1862 年,外国在华内河设立了第一家船舶公司——旗昌公司;1876 年,又建了中国第一条铁路——上海吴淞铁路。外国资本不仅在中国进行实业投资,还建立银行、保险等金融机构。外国资本主义企业的入侵,刺激了中国资本主义近代企业的产生,但中国企业受外国资本主义企业的压制,发展较为缓慢。到 20 世纪 30 年代,在许多工业部门,外国资本占有压倒性的优势。1931—1936 年这一时期,外资控制的企业占有中国生铁产量的 95%以上,机械、采煤量的 65%,发电量的 55%以上,棉布产量的 65%,卷烟产量的 58%。20 世纪 30 年代之后,中国本国的资本主义经济得到较快发展,并在某些部门取得了较大的进步。如 1934 年,中国新式银行共有 170 家,资本达到 3.6 亿元,约为当时钱庄、票号等旧式金融业的 3 倍。1936 年,在交通运输业的总收入中,包括航空、水运、铁路、汽车、人力车、搬运、电信、邮政在内,属于现代企业经营的,大约占 50%。不过,就整体来看,中国近代资本主义经济发展缓慢,在国民经济中并没有占到主导地位。在近代中国资本主义经济的发展中,出现了民族资本主义和官僚资本主义的分野。国民党统治时期,官僚资本逐渐在整个国民经济中占据了垄断地位。国民党政府的政治巨头凭借权力大肆地进行资本扩张,形成了官僚资本畸形发展的局面。仅在1941—1946年,官僚资本控制的某些重要工矿业产品实现了惊人的增长,如电力增长了83倍,钢增长了55倍,汽车和煤油都增长了19倍以上,棉纱、棉布分别增长了14倍和18倍。抗战期间,官僚资本垄断了煤铁、电力、机械、化学以及有色金属等重要工矿行业。不仅在重工业,官僚资本的扩张是全方位的。轻工业也是官僚资本扩张的领域,以棉纺业为例,国民党政府设立的中纺公司在1946年独占了全国49%的纱锭、68%的织布机、39%的棉纱产量和73%的棉布产量。在金融领域,官僚资本膨胀速度很快,抗日战争之前,官僚资本在金融业建立了"四行两局一库",即中央银行、中国银行、交通银行、中国农民银行,中央信托局、邮政储金汇业局,合作金库,并实现了对金融的控制。抗日战争期间,官僚资本借机扩张,其控制的银行在金融领域处于完全垄断的地位。除了民族资本和官僚资本的发展之外,中国近代经济还有一个重要特征,就是经济的买办化和附庸化。这一时期,中国的经济结构中,无论是新生的资本主义经济,还是依旧保留的封建经济,大都呈现买办化的趋势,基本上被束缚于世界资本主义体系而成为附庸。一大批新生的、依附外国势力发展起来的买办商人和洋行买办,也成为中国经济中的一个重要力量,在一些行业和领域有着广泛的影响力,如通商口岸、出口贸易中买办商人有着比较大的势力。

在社会方面,受资本主义国家入侵的影响,中国在漫长的封建社会形成的社会结构也发生了重大改变。封建社会地主和农民的阶级关系随资本主义生产方式的出现有了变化。资产阶级作为一个新生的阶级凭借其掌握经济的成长性,在社会结构所显示出来的力量不断增强。与此相应的工人阶级也成为社会的一支重要力量。如此,近代中国的殖民地半殖民地化过程引起阶级结构和社会阶层的变迁。在近代以前,中国主要存在三大社会阶层:官僚阶层、士绅阶层与农民阶层。中央王权借助官僚阶层维持着一个庞大的统一的中华帝国;士绅阶层在底层维持着地方的治安与教化;农民阶层是主要的生产者,向整个社会提供产品。而且中国各阶层之间处于半开放的状态,通过科举制度,处于社会底层的优秀分子可以跻身社会的顶层。如此,形成了一个具有互动性并井然有序的社会结构。近代以来,这种社会结构不断地受到冲击,随着经济基础的变革,一些新的阶级和阶层出现,传统的阶级和阶层衰落。在20世纪初出现了三大新兴精英阶层:知识阶层、工商阶层与军人阶层。① 他们与原来的三大社会阶层一起,构成了左右中国现代化走向的动力群体。知识阶层是指具有现代教育背景的,进行知识创造、传播和使用的群体。在中国,近代知识分子承载了特殊的使命,他们传播先进知识,还要对社会进行启蒙。不过,这个时期的知识阶层还是一个分裂而涣散的社会群体,最终往往成为其所鼓吹的政治革命或社会改革的牺牲品,成为边缘化的社会群体。工商阶层是近代工商业发展的产物,同知识阶层一样,也是从传统士绅中分化出来的。由于工商阶层经济实力的相对优势,在社会政治生活中具有一定的发言权。从20世纪初到30年代中期,中国私人资本主义得到长足发展,工商阶层也因此快速膨胀,一度形成一股独立的政治力量。然而,到20世纪30年代中叶以后,由于抗日战争全面爆发、经济发生衰退以及国民党政府对工商社会的行政控制和经济干预,工商阶层作为一个独立的社会力量和政治功能消失了,变得更加依附于政府,到20世纪40年代受战争的严重影响和国家资本主义排斥,工商阶层出现"未老先衰",与传统绅士一样趋于没落。军人阶层是中国近代特殊的社会环境中成长起来的一个社会阶层。太平天国失败后,几个大的军事集团因与太平天国作战而迅速崛起,如曾国藩的湘军、李鸿章的淮军等。之后,随着新式军事学堂的兴办,在全国范围内按照"西式训练"编练新军,因此又崛起了一个新的军人阶层。辛亥革命之后,军人成为社会举足轻重的决定

---

① 许纪霖:《近代中国变迁中的社会群体》,《社会科学研究》1992年第3期。

性政治力量。作为军人的代表,军官大多受过现代军事教育,组织严密,社会整合能力强,因而在社会失范的环境下扮演了重建政治秩序的强有力的角色。然而,由于有着不同利益的军事集团相互之间连绵不断的战争,他们又成为社会秩序最大的破坏者。

中国近代以来的经济和社会结构变迁,打破了传统社会的收入分配格局。新的阶层崛起、官僚和军人势力的突出,增加了转移收入在收入分配中的权重,特别是收入逆向转移由于国家统一局面被打破、政治割据加强了地方政府的作用以及官员对经济社会的积极介入而变得十分普遍。尤其是官商勾结和官员权力缺乏有效约束,使得腐败这一收入逆向转移形式大行其道。

晚清的官员腐败是中国近代收入逆向转移的一个典型。清朝是中国最后的一个王朝,经历了中国从古代向近代的转型。清朝前期出现过"康乾盛世",但盛世之下却滋生了大量的腐败。晚清时期,官僚统治机构极度奢靡,官吏的腐败已渗入社会政治生活的方方面面。官吏的行贿受贿成为官场习惯,人人如此,法理和是非界限模糊,那些掌握权力的高管们,"出巡则有站规,有门包,常时则又有节礼,有生日礼,按年则又有帮贡,而升迁调补之私相馈谢者,尚不在此数也"[1]。晚清官吏在办理公务时,以权谋私现象十分普遍,如官场办事讲究"例费"。从"部议"到各种报销,通常都需要给有关官吏送上"例费",进行打点。甚至是甲午战争的战费报销,也要送"粮台报销费8万两"[2]。至于官吏在承办工程和采购时,则视克扣为当然,一项京师大工程,经勘估大臣、承修大臣、监督等人层层盘剥后,工程实际用款仅为报销额的二三成。如"颐和园工程已费至二千万金,知者以为实到工之款不及六百万金"[3]。此外,重贿求官、当官谋财形成恶性循环。晚清社会的"官本位"观念极为浓厚,而官位相对稀缺,要获得官位必须重贿。"在上者卖官鬻爵,贿赂公行,坦

---

① 刘厚生:《张謇传记》,上海书店1985年版,第345页。
② 徐珂编撰:《清稗类钞》第二册,中华书局1986年版,第332页。
③ 汪叔子编:《文廷式集》(上册),中华书局1993年版,第223页。

然无可忌惮;在下者辇金载宝,钻营奔竞,恬然绝无羞耻。"①这成为晚清官场生态的普遍现象。官员的官职既然是花重金购买,势必要以权谋私,并极度地使用权力,以获得更大的回报。如此,卖官鬻爵、横征暴敛的恶性循环充斥了晚清的政治生活。

官员极度腐败,政治一片昏暗,使晚清社会陷入了内外交困的境地。外国列强在腐败的清王朝面前耀武扬威;不堪忍受的民众揭竿而起。这成为中国进入近代以后的一幅悲惨图景。在这样的情况下,广大民众生活日益贫困。官僚、贵族、地主、富商大量兼并土地,失地无地的农民越来越多,还有大量的农民因无法忍受横征暴敛而弃田逃亡,失去生计,四处流浪。社会上流民数量急剧增加,社会不稳定因素日益增加,阶级矛盾日益尖锐,一场社会大风暴正在酝酿。②

晚清王朝以极度腐败的政治,把一个当时世界最大的经济体逐步推向一个积贫积弱的国家。近百年的中国近代史,在一个还是统一国家的清王朝统治下,官员腐败成为一种常态,如此收入逆向转移造成社会贫富差距扩大,人民生活在水深火热之中,反抗清王朝的腐败统治成为晚清一个典型的社会现象。清王朝灭亡之后,中国进入了政治和社会秩序混乱的时期。孙中山领导的辛亥革命推翻了清王朝的统治,却没有建立起他所追求的主权完整的民主主义共和国,而是因为革命果实被袁世凯窃取,并在经历了短暂的帝制后使中国陷入了军阀混战与割据的状态。随着北伐战争的胜利,国民党实现了名义上的统一,形成了一个统一的中央政府。然而,这个由国民党领导的统一中央政府并没有实现国家主权独立和稳定发展经济的目标。经济、政治和社会秩序存在着非常大的不稳定的风险。造成这种局面的一个重要原因,就是国民党政府官员腐败盛行,人民不能从饱经战乱和贫困之苦中解脱出来。国民党

① 侯宜杰:《二十世纪初中国政治改革风潮——清末立宪运动史》,人民出版社1993年版,第561页。
② 王国华:《腐败导致清朝从盛世滑向衰落》,《光明日报》2000年8月4日。

统治时期政治、经济和社会秩序混乱的原因是多方面的。当我们对中国近代收入逆向转移现象加以梳理时,很容易发现国民党统治下的中央政府存在着非常严重的腐败或收入逆向转移现象。

1949 年,国民党在大陆彻底失败,最终逃往台湾,龟缩于最后一块栖身之地。回顾 1945 年抗日战争胜利后国民党拥有的风光,这样的结果似乎是难以想象的。为什么拥有抗战胜利者的光环,并且得到美国大量人力、物力支援的国民党政权,在与共产党的较量中仅持续了四年就彻底失败了呢? 对此,无论是蒋介石的盟友美国,还是国民党政权中的高级官员,包括蒋介石父子,都认为国民党政权的腐败是失败的一个重要原因。经历了后方八年艰苦生活的国民党各级官僚,面对日本投降后留下的真空地带,充分地利用自己手中的接收权力,大肆搜刮,牟取私利,给收复区人民留下了极坏的印象,"五子登科",即房子、条子(金条)、票子、车子、女子,成为这些接收大员的标配。据当时参加湘鄂赣区接收清查团的监察委员何文总结,接收中的贪赃枉法可分四种情况。其一是抢,即接收之初公开抢占敌伪房产和金银珠宝等财产,仅上海一地的8500 多幢敌伪房产中,被抢占了 5000 多幢;其二是占,即以单位名义占有,再化公为私(如南京 2000 多幢敌伪房屋,几乎全由各单位以各种名义占据),其后发展为只要是敌伪财产,贴上封条就可据为己有;其三是偷,或是监守自盗(如汉口宝安大楼原存有价值不菲的贵重物品,最后查封时已所余无几),或是援引外人直接盗窃,不仅窃走了物资,还对财产本身造成了极大破坏(如上海流氓李兴等盗窃团伙);其四是漏,即日本人为了讨接收人员欢心,故意在移交清册中漏列若干财产,使之不经任何手续就落入接收人员私囊(如武汉日本第六方面军在移交时留下了百亿元的无清册物资),而移交物资经层层转手,加造清册,又有不少被截留。

国民党在抗战胜利后接收日伪财产过程中除了中饱私囊的腐败之外,还创造了另外一种收入逆向转移的形式,即法币和伪币兑换率的规定。根据1945 年 9 月 27 日国民党政府财政部公布的法币与汪伪中储券的兑换办法,两者比例为 1∶200,这对收复区人民来说无疑是一场灾难。如光复后的上海,其物价约是重庆的 50 倍,为整个法币使用区的 35 倍。如此,收复区的同胞,他们期盼抗日战争胜利的到来,可在经历短暂的欣喜之后,迎来的不是一个稳定的生活,而是倾家荡产。他们手上仅有的资产——法币,几乎变得一文不值。面对这样的情形,连国民党政府中的高官也看不下去,有位国民党官员曾当面对蒋介石说,像这样下去,我们虽收复了国土,但也将丧失民心。后来证明,这一判断是正确的,可国民党当局仍坚持这个兑换比例不变,使大批接收官员凭借本已不值钱的法币在收复区大发横财。如果说官员腐败是不合法的私人行为的话,那么法币兑换率的规定则几乎是国家掠夺,是用"公开合法"的方式剥夺收复区人民的财产,实现了收入的"合法"逆向转移。如国民党要员李宗仁就讲过,在下达法币兑换率"一纸命令后,收复区许多人民顿成赤贫了,而带来大批法币的接收人员则立成暴富,政府在收复区的失尽民心,莫此为甚"[1]。对此,国民党政府包括蒋介石不是没有意识,也不是没有制止,但根本性的制度根源是无法通过几个命令,甚至处分几个人等措施就能加以解决的。当时,蒋介石在陆续接到有关接收舞弊的报告后,也认识到此风会影响国民党形象,指示负责接收的何应钦,要求他对接收人员"应即严加督饬,务须恪守纪律,以维令誉。如有不法行为,准予从严究办,毋得宽假"[2]。即便如此,在巨大的利益诱惑面前,再加上制度腐败、纪律松弛,接收中的腐败及其他收入逆向转移现象层出不穷。曾任民盟中央常委及秘书长的张东荪在一次接受记者采访时讲道,中央接收人员在收复区未能得到人心,蒋主席的皇皇布告,虽然说杀无赦,但始终没有掉下一个人头来。仅仅就这一个接收舞弊事件,不仅腐蚀了国民党上下干部队伍,使其大失奋斗之心,而且更重要的是丧失民心。抗战所得的成就,仅一年就几乎丢光,这不能不说是一个沉痛的历史教训。

---

[1] 汪朝光:《国民政府对抗战胜利之初期因应》,《抗日战争研究》2003 年第 2 期。

[2] 汪朝光:《国民政府对抗战胜利之初期因应》,《抗日战争研究》2003 年第 2 期。

国民党在抗战后接收日伪财产中的腐败现象,以及法币兑换率的规定,不仅付出了极大的政治成本,而且在经济上引起严重的收入逆向转移,使社会矛盾急速恶化。这对于国民党政权来说,只开了一个头。之后的国民党官员腐败及其他收入逆向转移现象愈演愈烈,这决定了国民党政权失去了其合法性的重要基础,也表明国民党无法承担起稳定中国和复兴中华民族的重任。

抗战胜利后的国民党政府恢复了其在中央政府的地位,但并没有因此出现政治稳定、经济发展、社会和谐的局面,相反,各种腐败及收入逆向转移现象花样翻新,成为侵蚀社会机体的最重要因素。官员提升的腐败延续了古代官场腐败的作风。官员升迁,名义上通过组织层层选拔,但由于不具备一个公开公平公正的选拔或竞争机制,实际上是上级官员决定着下级官员的命运。因此,权力买卖成为官场的主要生态。贪污是国民党政府吏治腐败最明显的特征,而且渗透到基层组织。国民党统治时期,在乡村推行的是保甲制,基本处于自治的状态,国民党政府对基层组织的控制并不严密。一些传统绅士及权贵控制了基层政权。由于这个时期,社会秩序混乱,一些传统社会有效控制基层社会秩序的规范失效了,地方绅士与权贵勾结,向人民搜刮钱财,形成了收入逆向转移的基层形式。不受约束的基层权力膨胀,助长了向百姓索取的风气。名目繁杂的乡村派款,最终都及于一般贫弱农户及贫穷佃农,其中很大部分流向乡镇保长或地方权贵手中。

中国近代虽然只经历了短短的一百年,但所发生的变故是巨大的。政治、经济、社会、文化等诸方面都在这一百年间发生了重大转变。当我们把视角聚集在收入逆向转移这一分配现象时,发现这个时期的收入逆向转移相比古代社会有了更多的形式,对社会的影响也更加突出。无论是农民揭竿而起,还是政府孱弱无力,其背后都有腐败等收入逆向转移突破了人民的生存底线或引起民心尽失的原因。新中国成立以后,在推翻了"三座大山"压迫的基础上建立起一个新型的社会主义国家,从而开启了中国现代史,收入逆向转移现象在这个新的历史时期发生了根本性的转变。

三、中国现代社会的收入逆向转移

中华人民共和国成立开启了中国现代社会的历程。新中国彻底推翻了帝国主义、封建主义和官僚资本主义"三座大山"的压迫,建立了社会主义制度。新中国的历史或中国现代史是在社会主义制度建立和发展的过程中书写的。在新中国成立 70 多年的历史中,中国经济发展经历了特征鲜明的两个阶段:一个是 1978 年之前的社会主义经济建设时期;另一个是 1978 年之后的改革开放时期。这两个时期虽然都坚持了社会主义基本经济制度,但在经济运行层面上却发生了很大改变。20 世纪 50 年代,中国模仿苏联建立了高度集中的计划经济体制,改革开放之后,逐步建立起一个社会主义市场经济体制。在这两种经济体制下,收入分配制度也随之体现出不同的性质和特征。在这两种不同的收入分配制度下,收入逆向转移呈现出来的状态也完全不同。

在计划经济体制下,单一的生产资料社会主义公有制,是国家实施计划经济的基础。在生产资料社会主义公有制的基础上,国家对生产、分配、交换和消费有着很强的控制权。生产什么?生产多少?为谁生产?其决策权完全由国家来决定。在分配环节,国家也具有绝对的控制权。国家对收入分配的控制,一是建立在个人收入的按劳分配制度的基础上;二是建立在国家对再分配调节的基础上。

按劳分配是分配个人消费品的社会主义原则,即在生产资料社会主义公有制条件下,对社会总产品做了各项必要的社会扣除后,按照个人提供给社会的劳动数量和质量分配个人消费品。按劳分配是在社会生产力水平比较低,产品还没有达到极大丰富的程度,工农之间、城乡之间、脑体劳动之间还存在着差别,劳动并未成为人们生活第一需要的情况下而实行的一个分配原则。在按劳分配原则基础上个人收入分配制度采取了两种具体形式:全民所有制企业、机关和事业单位以及城镇集体企业都实行工资制度;农村集体经济实行工分制。

　　工资制度大体上是借助工资等级、工资标准、技术(业务)等级标准及岗位名称等具体形式加以规定的。工资制度中必须规定的内容包括:工资分配政策、原则、工资支付方式、工资标准、工资结构、工资等级及级差、资金、津贴、过渡办法等。尽管不同组织可以有不同的工资制度,但无论是哪种工资制度都必须遵循四个原则,即按劳取酬原则、同工同酬原则、外部平衡原则、合法保障原则。在计划经济体制时期建立的这一套坚持按劳分配原则的工资制度,其内容包括:(1)工资等级制度,指根据工作的复杂程度、繁重程度、风险程度、精确程度等因素将各类工作进行等级划分并规定相应工资标准的一种工资制度,是其他工资制度的基础,也称基本工资制度。(2)工资调整制度,即工资等级制度的补充,包括考核升级、自动增加工资、考核定级、提高工资标准,使工资制度在变动中趋向平衡和合理。(3)工资支付制度,是指计算支付职工工资的有关原则、标准和具体立法的一种制度。(4)工资基金管理制度,是国家规定的一系列工资基金审批程序和监督措施,并对各单位工资基金的使用进行监督、审计等行政管理活动。

　　工分制也称劳动日制,是以劳动工分作为计量劳动和分配个人消费品根据的分配制度。它是我国实行计划经济体制时期农村集体组织内部实行的收入分配制度。工分制是在人民公社时期农村普遍采取的一种个人收入分配制度。人民公社是1958年夏季开始的人民公社化运动中建立起来的一种新的农村政社合一的组织制度。一个人民公社要管理分散的若干生产大队和生产小队,作为一个统一的生产单位,是难以有效实施的。因此,在人民公社内部最终确立由生产小队组织农业生产,社员以生产队为劳动单位进行劳动并取得报酬。农民从事农业劳动通常是在广阔而分散的土地上进行,对劳动者努力程度缺乏有效的监督,在最终产品收获之前难以判断每一个生产环节的劳动质量。为此,生产队普遍采用了工分制,作为劳动的计量和分配依据。这种工分制以潜在劳动能力为依据,根据性别、年龄为每一个社员制定工分标准,按工作天数记录工分数,年底根据每个人的工分数进行分配。

按劳分配的工资制和工分制形式确保了每一个劳动者都能够获得一定的收入。无论是企业、机关和事业单位职工，还是农村的农民，他们在按劳分配下获得的收入，属于挣得的收入。这构成了计划经济体制时期收入分配的主体。除此之外，计划经济体制时期也存在收入获得的另外一种方式，即转移收入。这个时期的转移收入较为简单，形式也比较单一，其主要的形式就是国民收入的再分配。任何一种经济制度下的收入分配都要包括初次分配和再分配。在计划经济体制下，初次分配解决的是个人获得收入和消费品的问题；再分配是国民收入继初次分配之后在整个社会范围内进行的分配，是指国家的各级政府以社会管理者的身份、通过税收和财政支出的形式参与国民收入分配的过程。如果说初次收入分配的工资和工分是劳动者挣得的收入，那么再分配则属于一种转移收入。这种转移收入是为了实现整个社会经济顺利运行而实施的一种分配。具体说来，第一，为了满足非物质生产部门发展的需要。在计划经济体制下，中国采取的是一种物质产品平衡表体系（MPS），这也是计划经济国家所普遍采取的国民经济核算方法。该体系的基本依据是马克思主义政治经济学的再生产理论，它根据劳动的性质将国民经济划分为物质生产领域和非物质生产领域，而非物质生产领域投入的社会劳动不创造国民收入，因此，这些部门的工作人员获得的收入属于转移收入。第二，为了加强重点建设和保证国民经济按比例协调发展的需要。计划经济的核心在于实现国民经济的按比例和协调发展。但是，国民经济各部门、各地区、各企业的发展往往是不平衡的，体现在增长速度、发展程度、技术水平等互不相同。这种不平衡和不协调现象，不仅与社会主义经济发展的目标不一致，而且也不利于满足普遍提高人民物质和文化生活水平的社会主义目的。为此，在计划经济体制时期，国家从宏观调控的全局出发，有计划地将国家通过对初次收入分配扣除集中起来的收入，借助再分配的渠道，在不同部门、地区和企业之间调节使用，以加强重点建设、克服薄弱环节，保证国民经济按比例协调发展。第三，为了建立社会保障基金的需要。在计划经济体制下，劳动者的福利保障主要由所在单位承担,当然,这最终也是国家在初次分配进行扣除时考虑留给企业的部分。不过,一方面预留企业的福利费用可能不足以保证职工获得国家规定的福利标准;另一方面属于非物质生产部门的劳动者不创造国民收入但也需要保证他们获得国家规定的福利水平。为此,需要国家通过国民收入再分配,建立社会保证基金来解决这些问题。第四,为了建立社会后备基金的需要。在社会经济运行的过程中,一定会遇到一些突出事故和自然灾害,这必须通过国民收入再分配,建立社会后备基金,来应对这些意外事件的发生。要实现国民收入再分配,一般是通过如下的一些途径实现的:首先是国家预算,也就是国家制定的年度财政收支计划。它是国民收入分配的主要途径,通过把各个部门上缴的税金集中起来,形成国家预算收入,然后借助预算支出形式,用于经济建设、文教卫生、国防建设、福利设施、行政管理等各方面。其次是银行信贷,即在不改变资金所有权的条件下,把社会闲置资金集中起来,然后向单位、企业或个人发放贷款,通过改变资金使用主体、使用方向、使用时间来实现对国民收入再分配。在这个过程中,信贷机构通过差别利率获得了利润,存款者和贷款者的收入也由于差别利率得到调整,使一部分国民收入在工商企业、职工、居民之间进行了再分配。再次是劳务费用,即一种在劳务提供者和劳务享受者之间的收入转移。因为,劳务在物质产品平衡体系下也是不创造价值或国民收入的,而劳务又是人们社会经济生活中不可或缺的。因此,享受各种劳务的劳动者,用自己的收入支付劳务费用,提供劳务的单位,在得到劳务收入后,向它的职工支付工资等报酬,从而也实现了一种收入转移。最后是价格变动,即在不增加或减少国民收入总量的前提下,国家通过对价格的控制实现国民收入在国民经济各部门和各阶层居民之间的分配。价格的变化会影响到交换双方的实际收入,如提高消费品价格,会减少居民的实际收入,提高消费品生产者的实际收入。在计划经济体制下,价格变动影响收入转移最典型的现象就是工农业产品价格"剪刀差"引起城乡收入再分配。

中国计划经济体制时期收入分配的这两种形式分别属于挣得收入和转移

收入。就转移收入来说,主要是为了实现国民经济协调和有序运行,同时也是为了更好地满足最广大人民对物质和文化生活水平提高的要求。从这个角度来看,计划经济体制时期的转移收入多属于正向的,收入逆向转移的现象很少发生。形成这种局面的主要原因是,可能产生收入逆向转移的渠道大多是堵塞的。

在计划经济体制时期,国家深入而广泛地介入人们的经济和社会生活。劳动者就业由国家来分配,收入水平由国家决定,一系列的福利由单位或国家保障。人们在计划经济体制中不允许从事任何独立的经济活动,其逐利行为受到完全的抑制。即使政府官员拥有比较大的权力,但因为这种权力形不成市场,因此作为收入逆向转移的最突出形式——权力寻租难以发生。至于公共资源都由国家来提供,而且对公共资源的消费也被固化,任何人生在什么地方,就只能享受该地方政府提供的公共资源,再加上人们对公共资源的需求也比较低,因此,基于公共资源不合理分配引起的收入逆向转移也不会发生。不过,在计划经济体制下,还是有一种收入逆向转移现象,即由价格变动引起的收入逆向转移。

如前所述,在计划经济体制时期,中国的工业化是借助"以农补工"的积累方式推进的。新中国成立后,为了彻底摆脱中国贫穷落后面貌而必需的工业化就被提上日程。然而,中国工业化的紧迫性和实施工业化的薄弱基础形成了一个较大的矛盾。解决这一矛盾,一方面借助苏联的援助;另一方面采用工农业产品价格"剪刀差"的方法进行工业化所需要的积累。

"剪刀差"并不是新中国的发明,在理论上,斯大林从流通领域里的价格出发,对"剪刀差"做了如下解释:"农民除了向国家缴纳普通税即直接税和间接税以外,还要缴纳一种超额税,即在购买工业品时多付一些钱,而在出卖农产品时少得一些钱。""农民缴纳的这种超额税实际上是存在的……我们还把它叫作'剪刀差'"[1]。在实践中,在资本主义尚未高度发展的阶段,农业的发

---

① 《斯大林选集》(下卷),人民出版社 1979 年版,第 148—149 页。

展一般落后于工业的发展。农业的一定程度的发展固然是资本主义工业赖以建立和发展的基础,但资本主义工业的迅速发展又必须在进一步掠夺农业的条件下才有可能。资本主义掠夺的对象,主要是前资本主义经济,首先是出于自然经济和小商品经济发展阶段的农业。其掠夺方式,除了原始积累以外,商品交换中的"剪刀差"也是非常重要的形式之一。[①] 在旧中国,也曾有过工农业产品价格"剪刀差"现象。抗日战争期间,"剪刀差"扩大趋势较为明显,工业品换农产品的指数,1936 年为 100,1944 年扩大为 262.85。到了 1948 年,工业品换农产品的指数还保持在 165.11。[②] "剪刀差"的扩大,加深了旧中国工农之间和城乡之间的对立,造成了农业生产的严重衰退,使农民陷于贫困破产的境地。无论是理论界定,还是实际表现,工农业产品价格"剪刀差"实质是一种以工业产品的价格高于其价值和农产品价格低于其价值为内容的不等价交换关系。

新中国成立后的工业化条件不足,使我们不得不选择扩大工农业产品价格"剪刀差"的方法为工业化提供积累。"剪刀差"对于中国在一穷二白基础上实现工业化的目标来说属于不得已的选择。从事实来看,这一举措大大促进了中国的工业化进程,也体现了中国具有很强的独立自主精神,靠这一精神,我们可以战胜任何前进中的困难和险阻。不过,就这一事实本身来看,其具有的收入逆向转移性质是较为明显的。

工业化过程一定是在城乡二元结构的背景下演进的。逐步消灭城乡之间的差别不仅是消除城乡二元结构的要求,也是实现工业化的重要标志。在城乡二元结构中,农村处于相对落后的地位,随着农村劳动力向城市转移,城市劳动力增加最终会导致劳动收入边际递减,而随着农村劳动力减少,人均占有的土地等农业生产要素规模会增加,从而给农业生产带来规模效益,也提高了

---

① 陈开国:《试论工农业产品比价的剪刀差》,《中国社会科学》1982 年第 1 期。

② 雷锡禄、冶瑞祥:《关于我国工农业产品价格"剪刀差"问题的初步探讨》,《农业经济丛刊》1984 年第 2 期。

农民的收入。在这样的趋势下,城乡收入差距会缩小。从这个过程可以看出,在城乡二元结构下,农民处于弱势地位,改变这一地位是城市化和工业化应该带来的结果。然而,我国在计划经济体制时期实行的工农业产品价格"剪刀差",是农业处于弱势地位的情况下由农业或农民向工业或城市市民转移收入的形式,因此,这种转移收入具有逆向的性质。当然,在对这种收入逆向转移加以界定的情况下,还一定要给予客观的评价,因为这种收入逆向转移的目的是推进中国工业化、加快社会主义经济建设和实现民族经济复兴,也是在缺乏对外开放环境下的一种自我积累的选择。

收入逆向转移在计划经济体制下被有效抑制的情形,随着改革开放逐步发生改变。在市场化取向的渐进式改革进程中,收入逆向转移的形式越来越多样化、规模越来越大,并成为影响分配差距的一个重要因素。

在计划经济向社会主义市场经济转型的过程中,中国的经济运行和收入分配关系、分配制度都发生了改变。随着市场经济运行方式的逐步介入,国家不再像计划经济时期那样完全控制经济了,取得一定自主权的国有企业和集体企业,以及新发展起来的个体经济和私营经济,开始从市场获得生产要素,并在市场出售商品。随之,收入也不再完全由国家来分配,企业和个人开始借助市场获得收入。这种体制转型带来的经济运行方式变化和分配关系、分配制度改变,引发了收入的逆向转移现象。

企业和个人在市场化改革中可以通过自己独立的生产经营活动获得收入,且获得收入的渠道也越来越多样化。企业和个人在市场中通过出售生产要素和商品获得收入;企业特别是国有企业借助国家政策获得垄断性收入和转移收入;个人可以借助自己拥有的生产要素获得收入,也可以借助自己的地位获得转移收入,其中,少部分人借助自己的优势地位获得处于劣势地位的人向其转移的收入。如此,收入逆向转移这个在计划经济体制时期被大大抑制了的收入分配形式又开始影响分配了,并随着市场经济改革的不断扩大而变得普遍化,成为影响改革开放后中国分配格局的一个重要因素。

收入分配逆向转移随着经济体制改革发挥作用并扩大,延续至今大致经历了两个大的发展阶段:一个是增量改革时期(1979—1993 年)①的收入分配逆向转移形成和发展阶段;另一个是整体推进时期(1994 年至今)②的收入分配逆向转移扩大和升级阶段。

增量改革主要是在微观领域推行的改革。中国经济体制改革采取的是渐进式道路,也就是在保持计划经济的主导地位,通过逐步引进市场经济来开辟改革的道路。在农村,土地的集体所有性质保持不变,通过将所有权和承包权分离,推行家庭联产承包责任制,这是增量改革的最早尝试,它不仅没有触动农村基本经济制度,也没有触及国有经济的主体地位。增量改革在农村经济体制改革取得成功之后,进一步在城市的经济体制改革中推行。针对国有企业,以搞活国有企业为目标,进行扩大企业自主权的改革。国有企业改革,这是对计划经济时期围绕中央政府和地方政府分权改革的突破。国有企业活力不足是计划经济时期国民经济运行困难的一大症结。对国有企业改革应该是经济体制改革的核心或关键环节。在增量改革的安排下,对国有企业改革采取的是扩大企业自主权。所谓扩大企业自主权,就是放松政府行政机构对企业的计划管理,允许企业管理层自主作出一些过去必须由政府制定的经营决策,即向企业管理层转移部分过去由政府掌握的控制权。增量改革除了这些在体制内的放权让利改革外,还延伸到体制外,即允许非国有经济发展。个体经济、私营企业在 20 世纪 80 年代快速增长,成为国民经济中非常活跃的部分。随着对外开放的不断扩大,中外合资、中外合作、外资企业也成为中国经济的一部分,进一步增加了中国经济的多元化。在增量改革进程中,还有一项很重要的内容,就是价格改革的"双轨制"。在非公有制企业不断发展的背景下,为了使它们在资源的计划配置体系还没有被打破的前提下得以生存,中国作出了一种特殊的制度安排,即允许非公有制企业通过市场渠道取得原材料

---

① 吴敬琏:《当代中国经济改革》,上海远东出版社 2004 年版,第 55 页。
② 吴敬琏:《当代中国经济改革》,上海远东出版社 2004 年版,第 70 页。

等的供应和销售自己的产品,如此形成了中国经济体制改革后的一种特殊的价格制度,即"双轨制"。

增量改革是适应中国国情所做的改革探索。这样的改革安排虽然不能在现有经济学理论中找到直接的根据,但因为其反映中国的实际而取得了比较好的效果,应该说,中国实行经济体制改革初期,增量改革是一个最优的选择,正是因为采取了增量改革,中国的改革才能够不断推进并可持续。当然,在增量改革过程中也出现了一些问题,其中之一便是形成了收入逆向转移的现象。

在对国有企业进行扩大企业自主权的改革中,由于没有统一的方案和划一的行动,不同的国有企业在进行扩大企业自主权改革中所处的地位是不同的。这使得利益分配更多地向处于优势地位的国有企业倾斜。特别是在对国有企业进行承包制改革中,承包合同的谈判变成了一种交换,而且是承包人与掌握发包权的行政管理人员之间的交换,如此产生了两种形式的收入逆向转移:一种是发生在承包人和发包人之间的"设租"和"寻租"活动的腐败;另一种是不同企业之间的承包合同差异引起的收入转移。这两种收入转移现象都具有逆向性质。

价格"双轨制"是一项争议比较大的改革。赞成价格"双轨制",或对价格"双轨制"作出正面评价的,通常是建立在这样的理由之上,即认为价格双轨制具有帕累托改进的效果。① 一方面,计划轨保证了国有部门现有生产能力的发挥和原有计划产量的执行;另一方面,在市场轨上,通过引入非国有部门和国有部门进行竞争,既增加了产量,又逐步形成了竞争性的市场结构。这样就能避免由陷入"局部价格自由化陷阱"和"休克疗法"造成的衰退。不过,也有人对价格"双轨制"持异议,这主要基于双轨制使一些有权力背景的人能够利用自己的权力开展寻租活动,并取得很高的收益。20世纪80年代,在人们收入普遍还比较低的情况下,如果一个人有"关系",可以获得按计划价购买

---

① 张军:《中国过渡经济导论》,立信会计出版社1996年版,第59—78页。

一些紧缺品的批文,就能获得非常可观的收入。这也是改革开放后,腐败成为人们关注焦点的主要原因。[①]

整体推进改革是中国改革从微观领域转向宏观领域阶段后所采取的一种形式。增量改革和整体推进虽然没有严格的时间界限,但从改革的重点看,整体推进改革是在党的十四届三中全会后成为改革焦点的。1993年11月召开的党的十四届三中全会作出了《中共中央关于建立社会主义市场经济体制若干问题的决定》,对一些宏观领域的改革作出重要部署。第一,明确提出“整体推进、重点突破”的新的改革战略,不仅在边缘地带推动,而且要在国有部门打攻坚战,要求在20世纪末初步建立社会主义市场经济制度;第二,为财税体制、金融体制、外汇管理体制、企业体制和社会保障体系等重点方面的改革提出了目标、拟定了方案。与此同时,国务院要求按照《中华人民共和国公司法》进行建立现代企业制度的试点,以便在取得经验后全面推开。由此,中国改革进入了一个整体推进的新阶段。

整体推进的改革是中国全面建立社会主义市场经济体制的攻坚阶段,也是经济体制改革和对外开放进入深化的阶段。如果说在增量改革阶段,人们之间的利益关系呈现出帕累托改进的趋势,那么在整体推进的深化改革阶段,人们之间的利益关系则出现了严重的不平衡。引起这种利益关系不平衡的一个因素便是不断扩大的收入逆向转移。

国有企业改革在这个阶段转向整体改革阶段。之前,国有企业的改革思路是使所有国有企业通过改革焕发出活力。但是,在市场成为配置资源的基础性机制的趋势下,把所有国有企业搞活已变得不可能了。国有企业改革必须是搞活国有企业的整体,需要采取“抓大放小”的方式。1995年9月召开的党的十四届五中全会通过了《中共中央关于制定国民经济和社会发展“九五”计划和二○一○年远景目标的建议》(以下简称《建议》),对国有企业改革提

[①]　吴敬琏:《当代中国经济改革》,上海远东出版社2004年版,第66页。

出转变经济增长方式和实行"抓大放小"的改革思路。关于"抓大放小"的改革战略，《建议》提出"要着眼于搞好整个国有经济，通过存量资产的流动和重组，对国有企业实施战略性改组。这种改组要以市场和产业政策为导向，搞好大的，放活小的，把优化国有资产分布结构、企业组织结构同优化投资结构有机地结合起来，择优扶强，优胜劣汰，形成兼并破产、减员增效机制，防止国有资产流失。重点抓好一批大型企业和企业集团，以资本为纽带，连结和带动一批企业的改组和发展，形成规模经济，充分发挥它们在国民经济中的骨干作用。区别不同情况，采取改组、联合、兼并、股份合作制、租赁、承包经营和出售等形式，加快国有小企业改革改组步伐"。"抓大放小"改革是整体性地搞活国有企业的正确选择。然而，在这个过程中，由于缺乏规范和一些人搞暗箱操作，致使部分国有资产流失，流到了一部分人手里，这形成了收入分配逆向转移的新形式。

金融体制改革是整体推进改革的一个关键性环节。金融是现代经济的最重要组成部分，中国的金融体制改革决定着社会主义市场经济体制是否完善，也决定着经济运行的顺畅程度。然而，在推进金融体制改革过程中，由于我们在建立现代金融体系方面缺乏经验，而且中国金融基础相对落后，使得金融体制改革中出现了比较多的收入逆向转移现象。在国有企业股份制改造过程中，一些有权或有"关系"的人，通过获得原始股票，进一步在股票上市后获得巨额利润，这成为继价格双轨制后又一次获得分享转移收入盛宴的机会。在银行体系重构和银行经营制度改革过程中，由于缺乏严格而规范的监管制度，国有银行资金成为"唐僧肉"，使得觊觎这块"唐僧肉"的人通过从银行获得资金从事资本运作或购买国有资产，产生了一夜暴富的效果。这些从收入分配的角度讲，都属于转移收入，而且在一定程度上属于逆向转移。

财税体制改革是整体推进改革的又一项重要内容。在计划经济体制时期，全社会组织成为一个大企业，政府作为这个大企业的总管理处，不但负责公共物品的提供，而且负责私人物品的提供。因此，计划经济下的财政体制所具有的最大特点，就是公共财政与企业财务合二为一。改革开放后，随着越来越多的非公有制企业的产生和发展,计划经济下的财政体制难以适应这种新的形势,改革财政体制成为一个必然的趋势。1978—1993 年,财政体制改革围绕中央与地方政府的财政分权,政府与企业之间的"利改税"和承包制展开。这些改革难以形成一个整体而系统的财政体制,但如此推进的财税改革造成比较严重的收入转移。在中央与地方政府之间,"分灶吃饭""财政大包干",都没有一个统一的标准,结果一定是各地方政府获得的税收留成与其实现的税收收入不一定成比例,从而形成一定的收入转移。当然,这种转移收入在很大程度上是正向的,因为这种转移收入的目标就是实现地区之间的平衡。在政府与企业之间,"利改税"、承包制,也没有统一的标准,不同企业由于与政府关系的远近而获得不同的收入。这种收入的一部分建立在与政府关系远近的基础上,因此也具有转移收入的性质。不过,这种转移收入具有一定程度的逆向特征。

第三节　中国收入逆向转移的现实表现

一、权力寻租引起收入逆向转移的现实

20 世纪 80 年代中期的价格双轨制下,一些官员利用手中权力,在同种商品的国家统一定价和市场调节价的差价中获取收入。在中国渐进式改革过程中,价格双轨制不仅为经济增长创造了"制度红利",也为一些人获取差价收入提供了新的机会。20 世纪 90 年代后期推行的"抓大放小"改革,使一大批中小型国有企业通过兼并和合并、股份合作制、破产和解体、租赁承包、公开出售等形式退出了国有经济。这样的改革对于搞活国有经济整体是必要的,也是可行的。然而,在具体实施过程中,一些有权的人就利用这一机会,最终把国有资产变成自己的财产。

权力寻租是改革开放后出现的收入逆向转移形式。借助商品价格进行权

力寻租只是初级形式,之后是通过对生产要素,如土地、资金的控制来实现权力寻租,进一步地又发展到凭借对国有资产的控制权进行权力寻租。这种权力寻租产生了大量贪官,不仅污染了政治空气,而且导致收入逆向转移。

仅以党的十八大以来的强力反腐所揪出的官员看,不管是省部级高官,还是底层的普遍官员,贪腐金额都特别大。截止到 2020 年 7 月 13 日,党的十八大之后落马的省部级官员达 199 人,其中 1 名正国级,6 名副国级。这可谓是新中国成立以来最大力度的反腐,但是也反映出腐败或权力寻租达到非常严重的程度。正如习近平总书记所讲的:"腐败是社会毒瘤。如果任凭腐败问题愈演愈烈,最终必然亡党亡国。我们党把党风廉政建设和反腐败斗争提到关系党和国家生死存亡的高度来认识,是深刻总结了古今中外的历史教训的。中国历史上因为统治集团严重腐败导致人亡政息的例子比比皆是,当今世界上由于执政党腐化堕落、严重脱离群众导致失去政权的例子也不胜枚举啊!"①在这些高级干部落马的背后,都有巨额财富被挖出的事实。如一些落马的高级干部利用手中的权力,为他人在房地产开发、获取矿权、职务晋升等事项上谋利而直接或间接地非法收受他人巨额财物。不仅这些省部级高官获得了过亿元的腐败收入,而且在一些低级别的贪腐官员中也能看到巨额的腐败收入。2015 年 5 月 19 日在《中国纪检监察报》发表的一篇《"小官大贪":硕鼠不除 其恶如虎》的文章中提供了一个案例,该案例讲的是广州市白云农工商联合公司的高层管理人员,在 15 年时间里,采用"蚂蚁搬家"的方式,将公司下属公司的房地产、地块等,通过虚设债务、低估资产、主动诉讼及和解、以物抵债等手段,一步步转移到自己的私营公司。案发后核定的涉案金额达 3.8 亿元。

以上所列的只是个别的典型案例,但仅此几个案例,再加上人们对贪腐的认识,足以说明腐败或权力寻租,不仅是中国目前最大的"毒瘤",而且也使收

---

① 习近平:《在第十八届中央纪律检查委员会第二次全体会议上的讲话》,2013 年 1 月 22 日。

入逆向转移扩大。

二、公共资源不合理分配引发收入逆向转移的现实

公共资源不合理分配引发的收入逆向转移,主要集中在具有稀缺性的公共自然资源领域和存在不平衡性的公共社会资源部门。

在具有稀缺性的公共自然资源领域,发生收入逆向转移形成于掌握公共自然资源分配的官员与需要公共自然资源的开发者之间的设租和寻租活动中。随着我国经济持续高速增长,对公共自然资源的需求不断增加,这也增强了公共自然资源的稀缺性。既然是稀缺的,而且又有很大的需求,如何分配便成为一个不太好解决的问题。在现实中,公共自然资源的分配通常掌握在部分官员手中,其中一些官员在巨大的利益诱惑面前很难约束自己,因此发生了腐败。由于公共自然资源的稀缺性和需求量的不同,在有些公共自然资源领域容易滋生腐败。如发生在土地开发方面的腐败比较严重。如 2016 年 9 月 30 日,湖南省国土资源厅通报了 10 起发生在全省国土资源系统的"雁过拔毛"式腐败问题典型案件。一些地方和部门的官员在土地审批中越权越位,滥用职权违规违法审批,随意划拨土地,或将应该作为经营性的土地实际作为划拨土地出让,造成国有资产流失,而掌握相关权力的官员却从中获得部分租金。① 又如 2010 年 5 月 13 日,河北省检察院批捕的一位国土资源厅副厅长,插手土地开发整理项目等土地管理事项,为他人牟取不正当利益,收受贿赂款共计 585 万元。②

公共自然资源领域的不合理分配引发的腐败或收入逆向转移,还出现在公共社会资源领域。

公共社会资源是除自然资源之外,用于公共服务的资源,如图书馆、学校、医院、城市道路、城市公园、路灯、桥梁等。公共社会资源提供的公共服务对人

---

① 段江卫等:《国土领域缘何腐败易发》,《中国纪检监察报》2016 年 9 月 30 日。
② 《国土资源系统四类典型腐败案例警示剖析》,《中国国土资源报》2013 年 8 月 23 日。

们越来越重要,这是社会发展的一种自然结果,也是社会发展的一个标志。公共社会资源提供的是公共品,以提高人们的社会福利为目的。然而,由于公共社会资源的供给存在着不同程度的短缺,特别是优质的公共社会资源严重不足,因此,在那些供给不足的公共社会资源领域,出现掌握公共社会资源供给的人,或直接提供稀缺公共社会资源的人,利用自己的优势获取非正常收入,也就是逆向转移收入。当然,并不是所有公共社会资源领域都存在这种现象,比较突出的主要是一些较为特殊的公共社会资源领域,如医疗、教育部门等。

医疗部门,主要是医院,因为与人们的身体健康甚至生命有着非常密切的联系,所以它所提供的服务较为特殊,也具有非常大的优势。绝大多数人在涉及身体健康,尤其是生命问题时都会显得很弱势。因此,当一个人需要这样的服务时,很难像其他商品交换那样能够进行平等的讨价还价。在这样的关系下,容易发生收入逆向转移。当然,这也并非一定是一种必然现象,如果有严格的制度约束、合理的激励安排,以及良好的文化规范,这种收入逆向转移会得到较好的控制。现实中很多医生还是具有职业操守,对病人也能够做到职业关怀。但是,由于医疗体制方面的原因和医患之间的信息不对称关系,"红包"现象还是具有一定的普遍性。因此也形成了一种特殊的收入逆向转移形式。

公共社会资源领域的收入逆向转移不只在医疗部门发生,其他如教育部门,主要是一些优质的中小学,因稀缺性程度很高,也存在较为严重的供需矛盾。在这样的背景下,一些掌握优质资源的中小学管理者,甚至教师,都有利用其优势获得收入的机会,也产生收入逆向转移的现象。医疗和教育这两个部门,因为与人们的生活关系密切,又有切身体会,因此,在人们谈及公共社会资源领域的收入逆向转移现象时很容易被提及。公共社会资源在提供公共服务时,涉及的是两个方面的关系,一方面是公共社会资源的部门内部关系,体现为部门与雇佣员工的关系;另一方面是公共社会资源部门作为服务提供方与服务需求方之间的关系。由于公共社会资源部门在提供公共服务时其员工直接介入,而这些员工并不是从提供服务中直接获利。因此,只要某种公共社会资源是稀缺的,其员工就有在提供服务时再次获得收入的机会。这种收入并不属于其工作报酬,而属于转移收入。

三、行政垄断引致收入逆向转移的现实

行政垄断引发收入逆向转移,主要表现在部门垄断和行政性强制行为导致的收入逆向转移。这种收入逆向转移因为有国家的许可,属于再分配性质的转移。

部门垄断是政府或政府行业主管部门为保护某特定行业的企业及其经济利益而实施的排斥、限制或妨碍其他行业参与竞争的行为。目前,中国尽管经历了不断的市场化改革,但仍然有许多行业或部门因为受国家保护而处于垄断地位。有完全垄断部门,如自来水、邮政、烟草、食盐、铁路等,也有寡头垄断和垄断竞争的部门,如金融、电力、电信等。这些部门借助垄断获得了比较高的收益,而这些收益并不是建立在高效的生产经营基础上,而是通过垄断获得的转移收入。不同的垄断部门,在不同的发展时期所获得的垄断收入也不相同。根据国家统计局数据计算,1990—1999 年,全国职工平均工资年均增长16.5%,而邮电通信业、航空运输业职工平均工资年均分别增长 20.2% 和19.9%。1978—1998 年,全国职工平均工资增长 12.6 倍,同期的垄断性行业,如电力、煤气及水的生产和供应业,交通运输、仓储及邮电通信业和金融保险业的平均工资分别增长了 12.32 倍、14.13 倍和 17.43 倍。如此高的职工工资增长并不是因为它们的效率高,主要是垄断带来的。从许多垄断部门的经营业绩来看,其效率是很低的。如电力部门占有了 8000 亿元的存量资产,每年实现的利润只有 80 多亿元。《长江日报》2000 年 8 月 2 日的一份报道显示,中国电信所属的 31 个省、市分公司,仅有 11 家赢利,其余都处于亏损状态;铁路部门更是全行业亏损。在如此经营业绩下,这些垄断部门仍能获得较高收入,自然有转移收入的性质,而且这种转移又是借助其垄断地位实现的,因此

属于逆向转移收入。

　　行政性强制行为是政府不适当干预企业的经营自主权,强制企业购买、出售一些产品,或"拉郎配"式地安排企业合并等违反市场竞争原则的行为。除部分自然垄断企业外,在市场经济体制下,企业的经营行为都应该以提高企业竞争力为主旨。然而,在政府过多的行政性干预下,一些经营不好的企业被强行并入其他经营好的企业。在市场竞争的环境下,企业购并是一种很正常的现象。一些经营好的企业也会购并一些经营不善的企业,但这种购并通常是一种战略选择。购并企业或者看中了被购并企业的某项计划,或者看中了被购并企业的营销渠道,等等,不管如何,这都属于一种市场行为。如果发生在企业之间的购并只是反映行政部门的主观愿望,那这实际上就是行政性强制行为。除此之外,行政性强制行为还较多地表现在行政部门强制性地要求企业购买或出售某种产品。如果是这些,那么这种产品通常不是按照市场价格购买或出售,而是按照行政部门规定的价格购买或出售。这其中一定包含着收入转移,而且是逆向转移。

四、逆收入再分配造成收入逆向转移的现实

　　逆收入再分配是国民收入再分配的一种非正常操作引起的结果。作为国民收入二次分配的主要形式,国民收入再分配是以转移收入的形式实现社会平衡和社会公平的目标。在现代社会中,国民收入再分配已经成为国民收入分配的重要形式。实施国民收入再分配的途径越来越多样,承担的任务和功能也越来越多。中国的国民收入再分配在改革开放前后有所不同,所采取的途径和要实现的任务也不相同。改革开放之前,国民收入再分配是将物质生产部门的劳动者创造的价值通过国家预算、劳务费用、价格杠杆、银行信贷等形式,分配到非物质生产部门人们的分配过程。借助国民收入再分配,计划经济时期的国民经济保持了一定程度的平衡,也实现了社会公平。改革开放之后,国民收入再分配的经济基础发生了改变,国民经济不再完全由国家来控

制,生产资料所有制形式多样化,非公有制经济快速发展。经济基础的如此变化,要求国民收入再分配必须作相应的调整。改革后的国民收入再分配具有的调节收入分配的功能进一步凸显,被赋予收入分配正向转移的意义也得到进一步强化。不过,中国的收入再分配还有一项重要的功能与西方市场经济国家不同,就是通过再分配为政府投资筹集资金。中国是在改革开放之后逐步建立的社会主义市场经济体制,但政府在经济运行中仍然发挥着重要作用。政府在发挥作用的过程中,需要国民收入再分配的支持。国民收入再分配被赋予的功能越多,要求政府在国民收入再分配中发挥的作用就越大。在这种情况下,如果政府在国民收入再分配的设计上出了问题,或执行政府责任的官员甚至是工作人员进行权力寻租,那么国民收入再分配的正向转移翻转变成国民收入再分配的逆向转移。这样的现象在现实社会中多有发生。

税收是国民收入再分配最重要的手段。税收制度设计要实现为政府发挥其功能提供资金支持和调节社会收入差距有效的结合。这不仅是一个系统工程,而且对制度设计提出了非常高的要求。现实中,由于很难把二者有效地结合,致使税收制度的合理性常常被人们质疑。中国的税收制度是随着改革开放而逐步建立的,但还不够完善。税收制度运行过程中出现了一系列调节不力的现象,由此引发了一定的收入逆向转移。首先是税收的错调引发收入逆向转移。如个人所得税原本是用来调节高收入群体的;但由于税收制度设计不科学、不合理,却使工薪阶层成为其主要调节对象。在目前的个人所得税制度下,工薪阶层成为个人所得税最大的贡献群体。这并不是因为工薪阶层的收入高,所占的比重大,而是因为工薪阶层在目前个税体制下是最透明的群体,所缴纳的所得税没有遗漏。在个人收入中,有许多高收入者,或是因为收入监控困难,抑或是因为高收入者的合理避税手段多,所缴纳的税款相对其收入水平比较低。如此的个税调节结果使收入差距不是缩小,而是扩大了。在这个过程中,当许多高收入者应缴纳的税没有缴纳,实际上就是一种收入逆向转移。据专家测算,2019 年,全国税收总收入为 15.80 万亿元,其中个税达

10388亿元,占比为6.58%。这看上去并不算多,但从缴纳个税的纳税人来看,为个人所得税贡献最大的是工薪阶层所缴纳的"工薪税"。其次是税收调节能力有限引起收入逆向转移。如财产税缺失使税收对收入分配的调节功能大大地消减了。财产税主要是指遗产税和赠与税。发达国家财产税是地方政府的重要税源,也是国家调节收入分配差距的重要形式。中国在计划经济时期实行的国家对全民的完全保障,个人财产被限制在很低的水平。改革开放后,随着所有制结构调整,以及分配制度改革,个人财产快速增长。招商银行联手贝恩公司发布的《2019中国私人财富报告》显示,197万中国高净值人群共持有61万亿元可投资资产,人均持有可投资资产约为3080万元人民币。换言之,不到2‰的人群坐拥超过1/3的个人财富。如果不能通过财产税加以调节,中国财富分配的差距会更大,引起的社会割裂程度会更高。税收调节能力不足还体现在社会保障制度建设滞后方面。中国目前社会保障制度还不够完善,社会保险的覆盖率依然偏低,而且保障的水平只是基本的,保障水平不够高。特别是财政的社会保障支出不仅规模较小,而且很不平衡,体现为财政社会保障支出在城乡间分配不合理。财政的社会保障支出偏向城市,使得本来就存在的城乡居民收入差距因为社会保障的不平衡变得更大了。还有,社会保障的支出中行政事业单位离退休费用在财政保障支出中比例高达1/4,而行政事业单位的总人数不到4000万人。这无疑加剧了财政支出转移引起收入差距的程度,从而使财政支出并没有实现收入的正向转移,而发生了收入的逆向转移。最后是财政支出的不平衡导致收入逆向转移。财政支出有经济事务支出和一般公共服务支出。这是中国财政支出的一个重要特点。政府过多地介入经济活动,将大量财政收入用于经济事务支出,引起对一般公共服务支出的挤占。由于我国财政在经济事务方面的支出大、在一般公共服务方面的支出少,以致许多本应由政府承担的民生项目,因为财政支出不足而无法实施,制约了民生事业的发展,不利于民生的改善。此外,就一般公共服务支出来说,还存在着支出的不平衡问题,使公共服务本来具有的缩小收入差距的功能不能很好地发挥,甚至发生扩大居民实际收入差距的问题。在教育支出方面,城乡间财政教育支出存在着较为严重的不平衡现象。与城市相比,中国农村的义务教育条件和水平仍然落后,影响着农村的发展潜力和增长的可持续性,也对提高农民收入形成一定的制约。在医疗卫生方面,城乡间的财政性医疗卫生投入不平衡现象比较突出。城市居民人均拥有卫生费用是农村居民的4倍。

五、价格不合理导致收入逆向转移的现实

价格是用货币表示的商品价值。价格的变化受商品供需影响,当需求大于供给时,价格会偏离价值并高于价值;当需求小于供给时,价格也会偏离价值但低于价值。价格的这种变化可以发挥分配的功能。如果说收入受价格影响在不同人或群体间发生转移,那么这属于市场机制发挥作用的正常反应。然而,当价格的变化不是受供需影响,而是受到管制,并形成某种垄断价格,那么收入分配的转移就可能是逆向的,这通常发生在价格管制不合理的情况下。

从现实情况来看,价格受管制并影响收入逆向转移的现象主要发生在一些自然资源和要素的价格上。土地既是一种自然资源,也是一种要素。土地的国家和集体所有及其稀缺性,决定了土地受管制的可能性比较大。事实上,中国改革开放后价格改革不断推进,目前绝大多数商品的价格都已放开,接受市场的调节;但土地的价格一直受国家控制。随着中国住房制度的改革,房地产价格开始由市场决定。一方面原始土地的价格受国家控制;另一方面放开了部分土地开发的价格。这其中包含了巨大的、由价格差价形成的利益空间。可以获得国家控制土地开发权的人,就能够取得由土地价格差价形成的利益。在这个过程中,实际上是把全民和集体所有的土地通过这样一个土地转让机制让渡给一部分有权有势的人开发,其背后便是巨大的利益转移。1988年,《中华人民共和国宪法修正案》中规定,土地的使用权可以依照法律规定转让。这意味着长期固化了的国有或集体所有的土地可以进行有偿使用。1990

年,国务院颁布实施了《中华人民共和国城镇国有土地使用权出让和转让暂行条例》,对土地使用权出让、转让、出租、抵押等问题作出了明确规定,土地实际上已经具有商品的属性。土地的商品化属性形成了土地市场,但该市场的不完全性比较突出,土地买方是多元的,但卖方只有一家,那就是地方政府。这就是说,中国所有的土地使用权转让,必须由政府主导,才能进入土地一级市场。任何企业和个人要取得土地使用权必须通过各级政府,要么由政府行政划拨,要么通过招拍挂。这使得地方政府的权力非常大,一个省、市的主要领导就有进行土地划拨和转让的权力。不可否认的是,大部分土地划拨和转让是为了发展地方经济,但有一部分土地划拨和转让却包含了利益输送,也就是收入逆向转移。2013年1月,中华人民共和国审计署发布了《关于2011年度中央预算执行和其他财政收支审计查出问题的整改结果》。公告显示,已纠正违规征收占用土地20.1万亩,追缴收回出让收入135.05亿元。

除了土地之外,货币这个在市场经济中最活跃的因素也受到了管制。货币的价格通常被理解为利息。虽然有一个特殊的机制来决定利息的高低,但基本的决定因素还是货币的供需关系。中国在改革开放前,反映利息水平的利息率由国家来决定,这曾经被作为工业化的重要手段。改革开放后,随着商品经济的发展,货币在经济生活中的地位不断上升,被誉为"国民经济运转的血液"。然而,货币的价格却一直受政府控制,货币利率市场化还是我们改革的一个目标。对货币利率的控制是由社会主义市场经济运行的一些特性决定的,也是适应中国改革开放形势的选择。对货币利率的管制尽管有理由,但也付出了一些代价。这除了影响货币的使用效率外,对货币利息率的管制还引起收入的逆向转移。当货币的利息率被管制时,就有可能扩大利息率与利润率之差。同时,在社会主义市场经济体制下,利率的市场化一定不会被利率管制所取代,呈现出来的是一个利率双轨体制。通常的情况是,管制的利率较市场的利率低,从而形成了一定的套利空间。如此,当有机会从国有银行以管制的利率得到贷款,再以市场的利率贷出去,就可以获得一定收益。利率管制引起收入逆向转移主要是建立在这一机制的基础上。在现实中,利率管制引起收入逆向转移有两种主要形态:一种是银行管理者利用相对稀缺的银行贷款获取租金收入;另一种是与银行关系密切者利用银行贷款利率与市场利率差获得转移收入,这两种情况在现实中都较为普遍。随着持续的强力反腐,存在于国有和股份制银行中的腐败问题被揭露,查处的腐败程度令人震惊。2019年,在金融反腐中查处的银行高管有 39 人,多是因为贷款收取回扣引发的。现代金融系统非常复杂,内部关系纵横交错,因此成为收入转移的重要形式,并成为影响中国居民收入差距的一个因素。

第五章　中国收入逆向转移影响
分配差距的机制

收入逆向转移是经济社会中一种不合理的收入分配形式。无论从社会公平正义的角度讲，还是从实现社会经济效率的视角看，这种收入逆向转移都是任何一种社会制度想努力避免的。然而，在一个社会走向没落时，或者在一种社会制度转型期，通常是发生收入逆向转移的普遍时期。收入逆向转移普遍地发生，一定会加剧分配差距的扩大，给社会发展和稳定带来一定的风险。中国自改革开放后，受制度转型以及一些外在因素的影响，收入逆向转移成为中国社会中一个较为普遍的现象，进而成为影响中国分配差距的一个重要因素。收入逆向转移是如何影响分配差距的？这种影响的机制是什么？

第一节　分配主体间数量关系影响
分配差距的机制

一、分配主体间关系的相容和独立性对分配差距的影响

分配差距与初次分配的要素贡献和地位有关，也与再分配所发挥的收入调节功能有关。这是分析分配差距的出发点，也是不同收入分配理论构建的

立足点。然而,分配差距的变化,在任何社会、任何时期都与分配主体间的数量关系有关,这是收入分配理论较少涉及的一个领域。

在人类社会的不同发展阶段,分配主体间的数量关系表现出不同的状态。在人类社会早期,分配主体间是高度相容的,体现为一个生存共同体;在自给自足的自然经济条件下,分配主体具有了独立性,分配主体之间较少发生关系;在资本主义生产方式下分配主体间变得不平衡,在数量上表现为多数与少数的关系,即少数资本家与多数工人之间的关系;在社会主义生产方式下,分配主体又取得了平等地位,并实现了一种新的平衡关系。当然,这只是对分配主体关系的一种简单而线性的描述,实际的情况要更加复杂。在中国实行改革开放后,经济体制改革改变了传统社会主义制度下的分配主体关系,出现了分配主体间数量的不平衡,从而形成了影响分配差距的新机制。

分配主体间的关系与生产有着密切的关系,或者是生产与分配关系的一种反映,生产与分配是紧密联系的人类特有的经济活动。生产或物质生产是人类社会存在和发展的前提,在社会中进行生产的个人是物质生产的主动因素,并且是物质生产的目的。因此,生产的物质产品如何在个人之间进行分配就成为与生产不可分割的经济现象。

就生产来说,其历史演进呈现出一个近似循环的轨迹,表现为在人类社会初期,进行生产的个人并不独立,必须从属于一个更大的整体,或氏族,或部落,或原始公社从事生产。进入封建社会以后,进行生产的个人可以借助生产力的进步和所从事的农业生产特殊性,开始了自给自足的生产活动。到了 18 世纪,随着"市民社会"形成,"社会联系的各种形式,对个人说来,才表现为只是达到他私人目的的手段,才表现为外在的必然性"①。这个历史过程,较为清晰地显示出,在生产力水平很低的历史时期,人们生产活动的社会性非常突出,表现为一种内在的结合,人对人的依赖是其主要特征。在生产力达到一定

---

① 《马克思恩格斯文集》第 8 卷,人民出版社 1972 年版,第 6 页。

水平后,人们的生产活动具有了一定的独立性,自给自足生产成为这个时期生产的主要特征。进入商品经济社会,个人生产虽然可以保持独立性,但离开别人其生产是无法实现的。人类生产活动的这种阶段性特征,决定了人们之间的分配关系也相应地有所不同。

在人类社会初期的家庭生产阶段,以氏族、部落、原始公社形式存在的家庭不仅是组织生产的单位,而且还是一个生存共同体。在这个共同体内,人们之间的分配关系是平等的。为什么在原始社会共同体内对消费品实行平等分配的制度?已有的解释多与生产力极低相联系,认为在生产力水平极低的条件下,平等分配人们共同劳动所获得的消费品是一种生存选择。但这些解释忽视了另外一个机制,即在原始共同体内各分配主体之间是一种相互服务的关系,每个人既可以从别人那里得到消费品,也需要把自己获得的消费品与别人分享,如此形成了一种分配主体之间的平等关系。正是这种平等的分配主体关系,才使原始共同体内的平等分配得以实现。

在人类社会的自给自足生产阶段,以一家一户为单位的独立生产,成为维系人们生存的基础。这种生产形式打破了原始生存共同体,显示出人们独立生存能力有了一定的提高。自给自足的生产方式出现在农业中,形成从事小块土地经营的个体经济。它存在于奴隶社会、封建社会和资本主义社会的自耕农生产活动中。其最普遍地存在于封建社会里,不仅有自耕农,而且还有佃农,都从事着自给自足的生产活动。在自给自足的生产方式下,分配主体间的关系变得独立化了。每个生产者不一定要从别人那里得到消费品,分配成为一种自我安排。这种独立生产者之间的分配关系,在打破了原始共同体的平等分配后,以一种自我分配的形式引起个体之间的收入差距。从研究分配差距的角度看,这是分配主体间数量关系影响分配差距的一种初级形式。

自给自足生产主要依靠自己的力量来获取生存所需要的生活资料。这种独立生产方式会造成不同个体之间的收入差距,但差距不会太大。个人能力不同,占有土地不同,都可能引起收入差距。不过,在农业生产劳动中,个体间的劳动差异是有限的,所占有的土地也没有太大差距,因此,自给自足生产下的个体收入差距比较小。当然,这里只是就自给自足生产方式下的独立生产者之间的分配差距的分析,只代表分配主体间数量关系的一种状态所引起的分配差距。自给自足生产方式虽然在封建社会普遍存在,但这并不意味着封建社会的分配差距很小。事实上,在封建社会也存在较为严重的分配差距,尤其是在一个朝代走向没落时,严重的分配差距往往是导致社会矛盾激化并引发暴力革命的原因。这就是说,在自给自足生产方式下的独立生产者之间较为平衡的关系决定了其分配差距比较小,而在封建地主与农奴之间不平衡的关系下其分配差距却比较大。因此,分配主体之间是否平衡与他们之间的分配差距大小有关。

二、分配主体间数量关系不平衡对分配差距的影响

分配主体是指参与收入分配的个人和组织。但就个人这个分配主体来说,其平衡关系是指个人之间是对等的,即不存在少数人与多数人之间进行分配的情况。在人类社会初期的原始共同体内部,人们之间的分配关系是平衡的,因为他们之间既不存在少数人供养多数人的关系,也不存在多数人供养少数人的关系,所有人都是平等的。在自给自足的生产方式下,人们独立从事生产劳动,并没有形成多数人和少数人之间的分配关系。然而,分配主体的平衡关系在进入文明社会以来却是较少见的。这主要是因为生产资料私有制成为人类社会的基本经济制度以后,生产资料被少数人占有成为私有制社会的基本特征,分配主体之间再也不能保持对等或平衡的关系了。少数人占有生产资料决定了分配主体间的关系变得不平衡了。这种不平衡的分配主体间数量关系对分配差距具有怎样的影响?这却是人们讨论较少的一个问题。

亚当·斯密的分配理论向人们展示了一个收入分配的历史和逻辑的演进过程。"在土地尚未私有而资本尚未积累的原始社会状态下,劳动的全部生

产物属于劳动者,既无地主也无雇主来同他分享"①。然而,这种劳动者独享全部劳动生产物的原始状态,到了土地私有和资本积累发生后,就宣告终结了。"土地一旦成为私有财产,地主就要求劳动者从土地生产出来或采集到的几乎所有物品中分给他一定份额。因此,地主的地租,便成为要从用在土地上的劳动的生产物中扣除的第一项目"②。当资本积累进入农业后,并形成地主、农业资本家和农业工人的关系。进入这个时期,农业工人的生产物不仅要做地租项的扣除,而且还要做利润项的扣除。当然,"利润的扣除,不仅农业生产物为然,一切其他劳动的生产物亦莫不如是。在一切工艺或制造业中,大部分劳动者在作业完成以前都需要雇主给他们垫付原材料、工资与生活费。雇主分享他们的劳动生产物,换言之,分享劳动对原材料所增加的价值,而这一分享的份额便是他的利润"③。

　　亚当·斯密的分配理论指出了收入分配的一个重要根据,即生产资料的占有决定了分配的演进。而分配差距是如何决定的?对这个问题,亚当·斯密有所论述,但缺乏总体性的分析,只就收入的不同形式,即工资、利润的不均等进行了分析。"工资和利润随劳动与资本用途的不同而不同"④,这是亚当·斯密对工资和利润不相同的一个基本结论。工资的不同起因于职业本身性质的不同,具体如:"第一,职业本身有愉快的有不愉快的;第二,职业学习有难有易,学费有多有少;第三,工作有安定的有不安定的;第四,职业所须担负的责任有重有轻;第五,成功的可能性有大有小。"⑤"各种资本用途的普通

---

　　① [英]亚当·斯密:《国民财富的性质和原因的研究》(上卷),郭大力、王亚南译,商务印书馆1972年版,第58页。
　　② [英]亚当·斯密:《国民财富的性质和原因的研究》(上卷),郭大力、王亚南译,商务印书馆1972年版,第59页。
　　③ [英]亚当·斯密:《国民财富的性质和原因的研究》(上卷),郭大力、王亚南译,商务印书馆1972年版,第59—60页。
　　④ [英]亚当·斯密:《国民财富的性质和原因的研究》(上卷),郭大力、王亚南译,商务印书馆1972年版,第91页。
　　⑤ [英]亚当·斯密:《国民财富的性质和原因的研究》(上卷),郭大力、王亚南译,商务印书馆1972年版,第92页。

利润率,或多或少地随收益的确定与不确定而不同"①,这是亚当·斯密对资本收入不同的简单说明。而这两种围绕工资和利润不均等的分析并没有涉及分配差距本身。当然,在亚当·斯密的分配理论中还能找到其他的分析收入不均等的观点,如他认为欧洲政策是造成收入不均等的原因。具体说来,他认为欧洲政策在三个方面促成了收入不均等:"第一,限制某些职业中的竞争人数,使其少于原来愿意加入这些职业的人数;第二,增加另一些职业上的竞争,使其超越自然的限度;第三,不让劳动和资本自由活动,使它们不能由一职业转移到其他职业,不能由一地方转移到其他地方。"②如此,亚当·斯密把他的收入分配理论最终又回归到对自由市场的信条。如果市场是不受限制的,可以自由发挥作用,那么收入不均等会最大限度地得以消除。

亚当·斯密是现代西方经济学的创始人,其对分配的分析开创了现代分配理论。无论是往前追溯分配的思想,还是梳理现代分配理论的演进,都可以列举出许许多多的分配思想和分配理论。其中不乏关于收入分配的根据,以及收入差距的界定和形成收入差距机理的分析。对此,前文已经做了较为详尽的介绍,这里单独对亚当·斯密的分配理论再次进行更为详细的介绍,主要是想突出一个问题,亚当·斯密开创的分配理论继承了前人的分配思想,也影响了后人的分配理论,同时,他还关注的一个现象,即收入分配中的分配主体间关系对于各种收入的份额是有一定影响的。亚当·斯密在论劳动工资时提出一个观点,"劳动者的普通工资,到处都取决于劳资两方所订的契约。这两方的利害关系绝不一致。劳动者盼望多得,雇主盼望少给。劳动者都想为提高工资而结合,雇主却想为减低工资而联合"③。这里集中反映了亚当·斯密

① ［英］亚当·斯密:《国民财富的性质和原因的研究》(上卷),郭大力、王亚南译,商务印书馆1972年版,第103页。
② ［英］亚当·斯密:《国民财富的性质和原因的研究》(上卷),郭大力、王亚南译,商务印书馆1972年版,第112页。
③ ［英］亚当·斯密:《国民财富的性质和原因的研究》(上卷),郭大力、王亚南译,商务印书馆1972年版,第60页。

对分配主体间关系的一种论述,这一论述过去被我们理解为分配主体的地位差别是决定收入差距的一个因素。既然是契约,那么应该体现平等和意志自由,但正如亚当·斯密所言:"在一般的争议情况下,要预知劳资两方谁占有地位,谁能迫使对方接受自己的条件,决非难事。雇主的人数较少,团结较易。加之,他们的结合为法律所公认,至少不受法律禁止。但劳动者的结合却为法律所禁止。有许多议会的法令取缔为提高劳动价格而结合的团体,但没有一个法令取缔为减低劳动价格而结合的组织。况且,在争议当中,雇主总比劳动者较能持久。地主、农业家、制造者或商人,纵使不雇用一个劳动者,亦往往能靠既经蓄得的资本维持一两年生活;失业劳动者,能支持一星期生活的已不多见,能坚持一月的更少,能支持一年的几乎没有。就长时期来说,雇主需要劳动者的程度,也许和劳动者需要雇主的程度相同,但雇主的需要没有劳动者那样迫切。"①亚当·斯密对劳资契约中劳动者和资本家关系的分析,得出的一个结论是,资本家相对于劳动者的优势决定了劳动工资的多少。这既可以作为劳动者和资本家之间分配的一个依据,也显示出收入分配不只是生产要素发挥功能的结果,而且还受到分配主体间关系的影响。这属于收入分配的另一个层面的机制。

分配主体之间的关系可以从多个层面来考察。有地位方面的差别,也有谈判力的大小,还有受保护程度的不同,这都决定着收入份额的多少。不过,还有一个层面的关系,是已有的分配理论较少关注的,这就是分配主体在数量上不对等且相互依赖的关系。当分配主体被分成少数和多数时,如果是多数穷人向少数富人提供或转移收入,那么就容易使分配差距不断扩大。相反,如果是少数富人向多数穷人转移收入,那么就可能使分配差距得以缩小。这也就是分配主体间数量关系不平衡对分配差距影响的一种机制。

在原始社会的共同体内部,人们共同劳动,平等分配所获得的消费品。这个时期分配主体的关系是对等的,并没有分成多数和少数的关系。这也是原

---

① [英]亚当·斯密:《国民财富的性质和原因的研究》(上卷),郭大力、王亚南译,商务印书馆1972年版,第60—61页。

始共同体不存在收入差距的一个原因。在进入以生产资料私有制为基本经济制度的社会形态后,由于占有生产资料的只是少数,因此,当生产活动需要将生产资料与劳动力结合起来时,分配主体的关系就变成占有生产资料的少数人和不占有生产资料的多数人之间的关系了。在原始社会之后的三个以生产资料私有制为基础的社会形态下,分配主体的关系不同程度地呈现出少数人与多数人的关系,因而也不同程度地发生了收入分配差距。其中,在资本主义社会里,这种分配主体的关系被放大到极限。

　　资本主义社会是建立在资本主义生产方式取代封建的自给自足生产方式基础上的,也是商品经济取代自然经济的结果。资本主义生产方式的起点表现为"较多的工人在同一时间、同一空间(或者说同一劳动场所),为了生产同种商品,在同一资本家的指挥下工作"的状态。资本主义生产方式是在经历了资本主义原始积累而产生的。资本主义原始积累的实质是创造资本关系的过程,也是劳动者和他的劳动条件的所有权分离的过程,这个过程一方面使社会的生活资料和生产资料转化为资本,另一方面使直接生产者转化为雇佣工人。原始积累还引起另外一个结果,就是过去从事自给自足的自耕农逐步分化为两个阶级:一个是少数的资本家;另一个是多数的雇佣工人。马克思在分析资本主义原始积累时是以英国为典型案例的。在 15 世纪,英国绝大多数人口是自由的自耕农,"农业中的雇佣工人包括两种人,一种是利用空闲时间为大土地所有者做工的农民,一种是独立的、相对说来和绝对说来人数都不多的真正的雇佣工人阶级。甚至后者实际上也是自耕农,因为除了工资,他们还分得四英亩或更多一些的耕地和小屋"①。随着资本主义原始积累的推进,过去几乎平等的自耕农开始分化。少部分为封建主管事的农奴、独立的农民,变成了租地农场主,大多数人变成了农业工人。进一步地,随着城市工场手工业和机器大工业的兴起,许多农民离开农村进入城市,成为工业的雇佣工人。在原

---

　　① 《马克思恩格斯文集》第 5 卷,人民出版社 2009 年版,第 824 页。

始积累完成后,随着资本主义生产方式的形成,少数占有生产资料的资本家和多数失去生产资料并一无所有的雇佣工人,构成了资本主义生产和分配的基本主体。具体呈现出来的资本主义生产实际上是在同一个资本同时雇佣较多的工人,因而劳动过程扩大了自己的规模并提供了较大量的产品的时候才开始的。

撇开资本主义生产不说,我们只关注资本主义生产方式下的分配问题。资本家利用自己手中的资本,在生产资料市场购买机器设备,在劳动力市场购买工人,然后,在他的工场或工厂中组织生产。生产后获得的产品及实现的价值在不考虑税收的情况下,工人按照劳动力价格获得工资,资本家获得工人创造的剩余价值。因为资本家获得的剩余价值是工人创造的,因此,资本家获得的剩余价值多少,不仅与剩余价值率有关,而且还与其雇用的工人人数有关。这实际上就形成了一种不对等的分配主体间数量关系,这种不对等分配主体间数量关系是形成资本家和工人之间收入差距的一个重要机制。这种分配主体的不对等关系在资本主义生产方式下也经历了一个不断演进的过程。在资本主义生产初期,工厂主与工人之间的收入差距并不特别大。正如马克思所介绍的:"在机器生产出现以前,工厂主们晚上在酒店聚会时花的费用从来不会超过六便士一杯果汁酒和一便士一包烟叶。"① 随着资本主义生产的发展,通过资本积累和积聚不断扩大的生产规模,再加上相对剩余价值生产引起的剩余价值率的提高,更多的工人受雇于资本家,引起工人和资本家的收入差距迅速扩大。这使得分配主体不平衡关系影响分配差距的机制得以充分地发挥其作用。

分配主体的不平衡关系在生产资料私有制的条件下是一种常态。不过,各个私有制社会体现出来的分配主体不平衡关系并不相同。资本主义社会无疑是分配主体间数量关系不平衡最严重的社会。资本主义社会是商品经济或

---

① 《马克思恩格斯文集》第 5 卷,人民出版社 2009 年版,第 686 页。

市场经济最为发达的时期,价值规律这一商品经济基本规律在资本主义社会所发挥的作用最为充分。价值规律在私有制商品经济中自发地调节生产资料和劳动力在各社会生产部门之间的分配,或者说调节社会资源的配置;起着自发地刺激商品生产者改进生产技术、改善经营管理,促进生产力发展的作用;促使商品生产者两极分化。因此,资本主义生产的结果一定是财富越来越向少数人集中,更多的人成为工人阶级,接受资本家的剥削。在这一演进过程中,资本积累以及受价值规律支配的自由竞争促进了分配主体的不平衡关系越来越极化。这不仅导致资本主义的分配差距不断扩大,而且造成代表分配主体间关系的资产阶级和无产阶级的矛盾越来越尖锐。正如马克思在分析资本的逻辑演进时所指出的:"随着那些掠夺和垄断这一转化过程的全部利益的资本巨头不断减少,贫困、压迫、奴役、退化和剥削的程度不断加深,而日益壮大的、由资本主义生产过程本身的机制所训练、联合和组织起来的工人阶级的反抗也不断增长。资本的垄断成了与这种垄断一起并在这种垄断之下繁盛起来的生产方式的桎梏。生产资料的集中和劳动的社会化,达到了同它们的资本主义外壳不能相容的地步。这个外壳就要炸毁了。资本主义私有制的丧钟就要响了。剥夺者就要被剥夺了。"①这就是说,资本主义社会两极分化,相对于极少数富人的越来越多的穷人,即无产阶级为推翻资本主义制度积蓄了巨大的力量。资本主义社会发展到这样的程度,有两个前途可供选择:一个是用更先进的社会主义制度来代替资本主义制度,以为生产力发展提供更广阔的空间;另一个是对资本主义制度加以变革,运用国家干预等手段来缓和资本主义制度基本矛盾,以延长资本主义制度的寿命。

从现实来看,发达资本主义国家都没有选择第一个前途,而是借助国家干预等手段来缓和资本主义矛盾,从而实现了资本主义制度的延续,甚至呈现出经济再度繁荣。资本主义制度的再造在理论上得益于凯恩斯创立的宏观经济

①《马克思恩格斯文集》第5卷,人民出版社2009年版,第874页。

学。凯恩斯经济学倡导进行国家干预以弥补市场机制的不足；但在凯恩斯经济学中也能发现它企图改变资本主义分配主体间数量关系的思路，该思路的基本目标是逆转资本主义发展过程中不断极化的分配主体间数量关系所造成的分配差距，对此应采取的手段之一便是收入再分配。正如凯恩斯所讲的：“我们生存其中的经济社会，其显著缺点，乃在不能提供充分就业，以及财富与所得之分配有欠公平合理。”①如何解决财富和所得的不公问题？凯恩斯赞同自从 19 世纪末叶以来，所得税、超额所得税、遗产税等直接税，在去除财富与所得不公所发挥的作用。他还指出：“我们知道，在达到充分就业这点以前，资本之生长并不系乎消费倾向之低，反之，反因其低而遭遏制；只有在充分就业情形之下，消费倾向之低，才利于资本生长。而且，经验告诉我们，在现行情形之下，各公私机关用偿债基金等方式所作储蓄已经绰有余裕，故若现在采取步骤，重新分配所得，以提高消费倾向，则对于资本之生长大概是有利无弊。”②对收入重新分配，这是第二次世界大战以后，世界所有发达资本主义国家采取的一项旨在缓和资本主义矛盾，并重塑资本主义经济增长机制的重要政策。这样的政策调整不可能改变资本主义制度的本质，也不会动摇资本主义社会的根基，但它起到了延滞资本主义制度被代替的步伐。同时，也建立了一种分配主体的新关系。重新分配收入的一个基本取向是让从高收入者承担更多的税负，通过国家主导的社会保障机制和直接转移支付形式，向低收入者直接或间接地转移收入。由于高收入者只是少数人，而低收入者的人数众多，因此，这种收入再分配在一定程度上逆转了资本主义生产方式下分配主体不平衡、不对等的关系，在缓和分配差距方面也起到了一定的作用。

---

① ［英］凯恩斯：《就业利息和货币通论》，徐毓枬译，商务印书馆 1983 年版，第 321 页。

② ［英］凯恩斯：《就业利息和货币通论》，徐毓枬译，商务印书馆 1983 年版，第 321—322 页。

三、分配主体间数量关系调整对分配差距的影响

分配主体的关系在人类社会发展进程中经历了一个客观演进的过程。决定分配主体间数量关系的客观基础主要是生产资料所有制的性质。在原始共产主义社会,生产资料共有决定了分配主体的平等关系。随着生产资料私有制的产生,分配主体的关系开始变得不平衡或不对等,出现了少数有产者和多数无产者构成的分配关系。不过,这个时期的有产者与无产者之间的关系比较复杂,呈现出不同的形式,显示了不同的属性。在欧洲的封建社会,封建生产的特点是土地分给尽可能多的臣属。这是因为"同一切君主的权力一样,封建主的权力不是由他的地租的多少,而是由他的臣民的人数决定的,后者又取决于自耕农的人数"①。在这样的背景下,尽管有产者是少数,但他们将土地分给自耕农,使生产呈现自给自足的特征。因此,在实际上,欧洲封建社会占主体地位的分配主体间数量关系是平等的,在总体上呈现出来的分配差距也是比较小的。不过,在中国的封建社会,其生产的特点是尽可能实现土地集中,这是由中国地少人多的特征决定的。中国一直是一个人口大国,而土地相对于人口是稀缺的,因此,封建的权力不是由所属的人数决定的,而是由占有土地的数量决定的。随着土地集中,大量土地集中到少数大土地所有者手中,广大农民因失去土地而变得一贫如洗,只能做地主的雇农。在中国的封建社会,也有自给自足的小农生产,也存在类似于欧洲封建社会的独立生产者,以及由此决定的分配主体间的平等关系。但是,封建社会的各个朝代,最终都会因土地集中导致的贫富差距而引起农民起义,结果实现了改朝换代。总之,封建社会虽然是生产资料私有制,但大土地私有和小土地私有相混合,使得分配主体的关系也呈现二重性,一个是建立在小生产基础上的分配主体独立且平等性;另一个是建立在大土地所有制基础上的分配主体不平衡关系。这样的

①《马克思恩格斯文集》第 5 卷,人民出版社 2009 年版,第 824 页。

分配主体混合性到了资本主义社会逐步"纯化"了,在资本主义的生产资料私人占有制下,分配主体的关系变得越来越不平衡,收入分配变得两极化,成为资本主义经济运行的一个最大困境。正是在这样的背景下,分配主体间数量关系的客观性开始向人为调整的主观性转变。

分配主体间数量关系的调整形成了影响分配差距的另外一种机制。1929—1933 年的资本主义世界经济大危机,是发生在资本主义历史上最为严重的一次危机。这次危机给世界经济带来了非常严重的损失,也给资本主义社会提出了一个严重的警告,如果资本主义国家依然按照自由放任的原则指导其市场经济运行,那么资本主义制度将无法维持。对此,凯恩斯创立宏观经济学为资本主义脱困提出一套方案,即不能再只遵循自由市场调节经济了,而要加入国家干预的手段,来矫正市场自身无法解决的一个问题,即有效需求不足。第二次世界大战以后的资本主义国家普遍地接受了凯恩斯的经济思想,国家干预成为资本主义各国经济运行中不可缺少的环节。在国家干预中,收入再分配便是其中一个重要手段。如此意味着,过去在资本主义生产中形成的分配主体不平衡关系发生了调整。这种调整对分配差距产生了一定的影响,造成分配差距的缩小。法国经济学家托马斯·皮凯蒂在《21 世纪资本论》中提供了美国自 1910 年到 2010 年收入分配差距的数据,呈现出一条"U"形曲线的趋势。美国收入前 10% 的人群在 20 世纪前 10—20 年代拥有了 45%—50% 的国民收入,在 20 世纪 40 年代结束前该比例降到了 30%—35%。随后的 1950—1970 年,不平等程度一直稳定在该水平。到了 20 世纪 90 年代,我们看到不平等迅速增加,直到 2000 年美国的高收入阶层水平又回到占国民的45%—50% 的水平。[①]

如果把这样的结果与分配主体间数量关系的调整联系起来,那么其中包含着一种怎样的机制呢?第二次世界大战以后,资本主义国家在普遍实行的

---

① [法]托马斯·皮凯蒂:《21 世纪资本论》,巴曙松等译,中信出版社 2014 年版,第 26 页。

国家干预中引入收入再分配政策。该政策建立在国家通过加大对富人征税来为穷人提供福利的一套制度基础之上。这在一定程度上调整了过去资本主义实行自由市场经济时,占绝大多数的工人阶级向占极少数的资本家提供剩余价值的分配主体间数量关系。在实现收入再分配后,虽然已有的分配主体间数量关系还存在,资本家获得工人创造剩余价值依然在初次分配中占有支配地位,而且依然是引起资本主义社会分配差距的主要因素;但是,收入再分配使少数富裕的资本家和高级经理人员向绝大多数属于社会贫困阶层的人们转移收入。如此,资本主义社会出现了分配主体间数量关系的少数与多数间取向的变化,发生由少数人向多数人转移收入的新趋势。这种少数富人向多数穷人转移收入,就成为分配主体间数量关系影响分配差距的新机制。

分配主体间数量关系调整为由少数富人向多数穷人转移收入,这是缩小分配差距的非常有效的机制。但是,这一机制发挥作用的程度受到人们对它认识的影响,也受到国家相关政策取向的影响。分配主体间数量关系的这种调整并不容易得到广泛认同。首先,向富人征收更多的赋税,这一定会受到富人的反对,不仅如此,所有持自由主义观点的学者也认为,这是对富人的剥夺,不符合所谓帕累托均衡效率原则。其次,国家的执政者所持的观点不同也影响到这种机制发挥作用的程度。现代资本主义国家已无法回避国家干预经济的政策,但围绕国家干预经济政策始终存在着左右两种政治势力的角力,持自由主义观点的执政者倾向于较少国家干预,放松对市场的管制,并认为向富人征收重税不利于发展生产;而持凯恩斯主义观点的执政者倾向于加大国家干预,并特别注重通过税收调节贫富差别,实现对贫穷者更多的保障。这种对富人征税的不同执政者态度,极大地影响了实现由少数富人向多数穷人转移收入机制发挥作用,结果形成分配差距的不同状态。

实现分配主体间数量关系由少数富人向多数穷人转移收入机制的最充分的调整,是建立在社会主义制度基础上对少数剥削阶级剥夺和改造而实现的。在这个过程中,社会主义制度实现了人类历史上自有阶级社会以来最有效的缩小分配差距的目标。以中国为例,在社会主义制度建立之前的旧中国,长期的封建社会始终是占有土地的少数地主掌握着收入分配的主动权。无论是雇用雇农耕种土地,还是把土地租给农民耕种,在分配上形成的都是多数穷人向少数富人提供收入的分配主体间数量关系。这种分配主体间数量关系所造成的一个结果便是,分配差距随分配主体的人数变化而变化,当有更多的人为少数人提供收入,分配差距就会扩大。在中国封建社会的演进中,每一个朝代在开国时,土地的集中程度下降,分配主体间数量关系的不平衡状况有所缓解,分配差距也相对较小,社会经济开始走向繁荣。当该朝代经历了一定时期的平稳发展后,土地兼并就会在这一稳定环境下不断扩大,分配主体间数量关系的不平衡性不断恶化,越来越多的穷人向少数富人提供收入,分配差距因此扩大,社会的不稳定性不断增加。这时通常会爆发农民起义,引起新的改朝换代。新中国成立后,彻底改变了封建社会经济运行的逻辑,建立了社会主义制度,分配主体间数量关系因此也发生了根本性的改变。在中国共产党领导的新民主主义革命运动中,一直坚持"打土豪,分田地"的土地改革运动,这不仅发挥了动员农民参加革命的积极作用,而且改变了农村的土地关系,进而使围绕土地的分配主体间数量关系也发生了变化。农民通过土地改革从地主那里平等地获得土地,从而使分配主体间数量关系由多数人向少数人集中收入的格局向农民独立平等地获得收入的格局转变,如此,分配差距自然就缩小了。新中国成立后,通过新民主主义经济向社会主义经济的过渡,土地改革形成的土地一家一户所有变成了社会主义集体所有。这从根本上改变了分配主体间数量关系围绕土地产生不平衡的可能性。不仅如此,新中国成立后,特别是在经历了社会主义过渡时期后,生产资料的社会主义所有制全面建立起来了,因此形成了社会主义分配主体的平等关系,彻底改变了分配主体间数量关系不平衡引发分配差距的机制,最终实现了社会主义制度平等分配收入的新型分配关系。

分配主体间数量关系的调整,形成了影响分配差距的新机制。无论是现代资本主义采取宏观调控时进行的收入再分配,还是社会主义制度下消灭私有制后建立的由国家决定的分配制度,都是通过缓和和解决分配主体间数量关系不平衡而达到缩小分配差距的目的。如此,人类社会自进入私有制社会以来,分配主体间数量关系的自然不平衡造成了人们之间分配差距的扩大,而分配主体间数量关系的人为调整则不同程度地缓解了人们之间的分配差距。除了这两种情况外,收入逆向转移也对分配主体间数量关系产生影响,进而影响到分配差距的变化。

第二节　收入逆向转移影响分配主体间数量关系的机制

一、直接的收入逆向转移影响分配主体间数量关系的机制

收入逆向转移是转移收入的一种形式。前面分析的收入再分配也属于一种转移收入。它借助于国家干预经济的手段来实现经济平衡和社会平等的目标。收入逆向转移与再分配的收入转移不同。它所发挥的是一种对收入再分配的反向作用,引起分配差距的扩大。收入逆向转移既不合理,也不公平;但它在社会发展的历史和现实中却广泛存在,不仅影响着分配主体的关系,而且也造成分配差距的扩大。

收入逆向转移的两种最突出的表现是:第一,低收入者向高收入者转移收入;第二,地位低的人向地位高的人转移收入。之所以把这样的收入转移看作是逆向的,是因为它不利于实现社会公平和正义,甚至是加剧了社会的不公平和不正义。收入逆向转移的普遍性,体现在直接的收入逆向转移和间接的收入逆向转移这两个渠道上。收入逆向转移影响分配差距,也是通过它影响分配主体间数量关系的机制实现的。具体说来,收入逆向转移影响分配主体间数量关系,可以从其直接和间接两个渠道来分析。

　　直接的收入逆向转移是低收入者或地位相对低的人直接将自己收入的一部分向高收入者或地位相对高的人转移。这种现象在社会发展的不同阶段都一定程度地存在,并呈现出对分配主体间数量关系不同的影响。

　　在古代的自给自足社会中,直接的收入逆向转移发生得比较少。自给自足是自然经济的主要特征,它是在家庭(也包括氏族公社、封建庄园等)这样小规模的生产单位中形成的一种生产方式。自给自足的生产活动主要是为了满足家庭成员自身的需求,只有在产品出现剩余的情况下才会进行一定的交换,如此形成了一个自我循环的生产和生活系统。这样一个自给自足的生产和生活系统,造就了更多的独立生产者,人与人之间较少发生经济联系,也很少存在收入转移。不过,直接的收入逆向转移在不同社会有所发生,其发生的程度通常不是与经济体制相联系,而是与政治体制相联系。

　　在古代的封建社会,东西方出现过两种不同的封建制度,一种是以西欧为代表的封建社会;另一种是以中国为代表的封建社会。西欧的封建社会,其土地所有权属于国王,国王把土地封给贵族、功臣,贵族在自己分封的土地上建立庄园,并把土地交给农奴耕种,农奴对贵族有着很强的人身依附关系,不仅有着经济上的联系,而且还有政治上的联系。不仅如此,西欧的封建社会还有一个重要特点,就是封建主拥有很大的政治权力,对国王也有一定的制约作用。中国的封建社会与西欧的封建社会不同,自商鞅变法起,中国的封建土地所有制就具有了私有制的性质,虽然讲"普天之下莫非王土",但地主对辖内土地拥有绝对支配权,可以任意买卖。地主对自己支配的土地也不直接经营,而是把土地租佃给无地的农民,由农民自行开发与耕种,而耕种土地的农民向地主缴纳一定比例的地租。中国封建社会下的农民不同于西欧封建社会的农奴,具有一定的独立性或人身自由。东西方这种不同的封建社会,引起的收入逆向转移程度也不相同。西欧封建社会的贵族与农奴之间较为紧密的关系,特别是农奴对贵族有着人身依附关系,使得农奴与贵族的关系十分简单,而西欧贵族对国王的依附关系也不太强,具有一定程度的政治独立性。如此,虽然在西欧封建社会中也存在地位的等级和收入的高低,但很少发生地位和收入低的人向地位和收入高的人转移收入的情况,也就是说,在西欧封建社会的条件下,直接的收入逆向转移很少发生。中国封建社会的农民和地主具有一定经济上的独立性,但缺乏政治上的权力。中国高度集权的封建社会,皇帝及其官僚管理机构拥有绝对政治权力。如此的经济和政治结构,为收入逆向转移提供了一定条件,并导致分配主体间数量关系的不平衡。

　　在中国封建社会,形成了一套高度集权的行政官僚管理制度。在这一制度下,无论是拥有土地的地主,还是无地的农民,都在一定程度上受到行政官僚的管理和制约。这种由少数官僚和多数民众形成的管理和被管理结构,很可能衍生出一种多数民众向少数官僚转移收入的现象。这种转移收入显然不是为了缓解社会分配不公,而是加大了社会分配不公,因此,逆向转移的特征非常明显。由行政官僚管理制度衍生出来的收入逆向转移,以及因此造成分配主体间数量关系的不平衡,对中国封建社会的分配差距产生了怎样的影响?这是一个很少进入人们研究视野的问题。不过,在中国封建社会的官僚腐败案例中,还是可以看到许多类似"三年清知府,十万雪花银"的现象。对这种现象进行深入分析,会发现其背后包含的正是一个收入逆向转移引起分配主体的多数人向少数人集中收入的机制。在中国封建社会的集权体制下,皇帝有着至高无上的权力,"普天之下莫非王土,率土之滨莫非王臣",所表达的正是这种权力极限的内涵。皇帝拥有如此之高的权力,必须有一套完整且覆盖全国的官僚体系来支持他的集权统治。这样的一个庞大的官僚体系,控制着社会的方方面面,"人人而疑之,事事而制之",形成权力笼罩一切的局面。如此,中国的封建社会是一个"权力决定一切"的"超经济强制"的社会,不仅大事由统治者决定,甚至普通百姓穿什么样的衣服、住多大的房子,也要由统治者来具体规定。比如明朝开国之初,朱元璋就制定了一系列规章制度,对百姓生活的各个方面都进行了明确要求。他规定金绣、锦绣、绫罗这样的衣料只能由贵族和官员们使用;老百姓的衣料只限于四种,即绸、绢、素纱、布;而商人只能穿绢、布两种衣料的衣服。同时还规定,普通老百姓的靴子"不得裁制花样、金线装饰"。如此严格而细致的管制,一定会赋予官员许多的权力。在官员得到权力的同时,其得到的报酬却十分低廉。在中国历史上,薄俸制是主旋律,官员的薪酬不足以养活家人。我们在中国历史上看到的许多清官,都在过着捉襟见肘的日子。许多贪官则谙熟一条生财之道,那就是利用权力进行寻租。尽管中国古代的官僚体系比较庞大,但官员的数量还是一个小众群体。就官民比例这个指标来看,汉朝是1∶7945;唐朝是1∶2927;明朝是1∶2299;清朝是1∶911。从这个系列数据中,虽然看到的是一个官民比例不断提高的趋势,但总体来讲,官员群体依然比较小。在这样的一个官民结构下,如果普遍存在着权力寻租现象,那么一定会形成一种分配主体间数量关系的不平衡现象。多数人因为受少数官员管制而向他们转移收入,这是中国古代出现分配差距的一个原因。当一个朝代的官员腐败比较严重时,分配差距就会扩大,社会因此陷入混乱,最终导致改朝换代。

直接的收入逆向转移以及由此引起的分配主体间数量关系不平衡现象在古代东方的专制社会较为普遍。然而,进入近代以后的东西方社会,都不同程度地存在着直接的收入逆向转移引起分配主体间数量关系变化的现象。西方社会进入近代以后,发生了一个重要的变化,资本主义生产方式开始取代封建的生产方式。世界贸易和世界市场是推动资本主义生产方式转变的重要力量。在世界贸易和世界市场的扩展中,商品经济得到快速而广泛的发展,市场经济成为资本主义经济运行的主导机制。商品经济和市场经济的发展不仅彻底消灭了自给自足的自然经济,而且逐渐使人们之间的经济联系越来越普遍而紧密。在商品经济和市场经济占主导的社会里,"占统治地位的只是自由、平等、所有权和边沁。自由! 因为商品例如劳动力的买者和卖者,只取决于自己的自由意志。他们是作为自由的、在法律上平等的人缔结契约的。契约是他们的意志借以得到共同的法律表现的最后结果。平等! 因为他们彼此只是作为商品占有者发生关系,用等价物交换等价物。所有权! 因为每一个人都只支配自己的东西。边沁！因为双方都只顾自己。使他们连在一起并发生关系的唯一力量,是他们的利己心,是他们的特殊利益,是他们的私人利益。正因为人人只顾自己,谁也不管别人,所以大家都是在事物的前定和谐下,或者说,在全能的神的保佑下,完成着互惠互利、共同有益、全体有利的事业"①。这是马克思对古典经济学家推崇的自由市场经济的一种描述,虽然这没有反映资本主义的实质,但却是资本主义经济运行的一个突出特征。资本主义的实质是由资本追求剩余价值这一绝对规律决定的,但资本在实现其利益时却一刻也离不开商品经济和市场经济。资本主义生产是在同一个资本家同时雇用较多工人,因而劳动过程扩大了自己的规模并提供了较大量产品的时候开始的。这种资本主义生产把分配主体间数量关系的不平衡限定在工场(或工厂)内部,在工场(或工厂)的外部,盛行的是受价值规律支配的商品交换,在这个领域,作为商品生产者是平等的,由此形成的分配主体间数量关系也是平衡的。从资本主义经济运行的这两个层面来看,似乎也没有直接的收入逆向转移发生的基础。不过,随着资本主义经济的发展,经济运行的复杂程度不断加深,自由市场经济越来越难以实现自我循环、需要国家干预不仅仅是一个理论问题,而且也是一个现实需求。在经历了 1929—1933 年的经济危机之后,资本主义国家的政府及其学者都意识到,要想继续维持资本主义制度,必须让国家干预经济,也就是进行宏观调控。如此,资本主义经济运行变成了两个层面的互动运动。国家干预经济,一方面是为了弥补市场失灵,恢复经济平衡,使宏观经济达到稳定;另一方面也会导致经济寻租活动,引起直接的收入逆向转移,使分配主体间数量关系发生转变。20 世纪 70 年代,一些美国经济学家,如 J.布坎南、A.克鲁格关注并研究了这种经济寻租现象。他们认为,当政府运用行政权力对企业和个人的经济活动加以干预和管制时,会为少数有特权者创造获取超额收入的机会。进行经济管制确实是现代市场经济运行不可

---

① 《马克思恩格斯文集》第 5 卷,人民出版社 2009 年版,第 204—205 页。

缺少的一个环节,但是,实施管制的范围并不完全是内生的,也不会自然地形成一个目录。如此,经济管制的人为因素是无法克服的。在这样的环境下,许多人为了通过管制来垄断社会资源和维持垄断地位,进一步获得垄断利润,而从事一些非生产性寻租活动。寻租活动有合法和非法之分。合法的活动如企业向政府争取优惠待遇,利用特殊政策维护自身的垄断地位;非法的行为表现为行贿受贿活动。寻租活动又可以分为三个层次,包括对政府活动所产生的额外收益的寻租;对政府肥缺的寻租;对政府活动所获得的公共收入的寻租。无论是哪一种形式、哪一个层次,只要发生寻租行为,一定是多数想获得垄断利润的人和想获得有利岗位的人向少数可以设租的人进行行贿,从而发生直接的收入逆向转移。寻租活动不仅造成资源浪费和配置低效,而且也会引起收入的重新分配。由于寻租活动往往是多数人对少数人转移收入的行为,因此,这种重新分配收入或逆向转移收入,会一定程度地促使分配差距的扩大。

西方社会进入近代以来,特别是在国家干预经济的时期,直接的收入逆向转移以寻租的形式大量存在。美国《外交》杂志在 2017 年 7 月 19 日发表了萨米·卡拉姆(Sami J.Karam)题为《资本主义没有赢得冷战的胜利——为什么裙带主义是真正的胜利者》的文章。他认为,苏联解体后的一个普遍的说法——西方赢得了冷战的胜利,只表达了部分事实。在那以后,西方的经济活动中越来越突出的是裙带资本主义,西方的民主制度正在被裙带资本主义所吞噬。裙带资本主义引起各种各样的腐败寻租行为,对收入分配产生了较为明显的影响。自 20 世纪 90 年代中期以来,美国的裙带资本主义和不平等现象同步发展,这种不平等在很大程度上来源于在能源、金融、法律和房地产领域的从业人员捞取好处。正如经济学家托马斯·皮凯蒂所讲的,财富的集中自 1980 年以来不断加剧。在 1950 年到 1980 年,最富裕的 10% 的人们掌握的财富比重保持在 30% 左右,但自 1980 年以来,该比重稳步上升,进入 21 世纪,已达到 50%。形成如此的分配差距肯定不只是受裙带资本主义的影响,科技的进步和海外市场的扩张也起到了作用,但是,在暴利行业中身居高位的人们所获得的高收入无疑也发挥了重要作用。

二、间接的收入逆向转移影响分配主体间数量关系的机制

收入逆向转移是低收入者或地位低的人向高收入者或地位高的人转移收入的现象。其表现有直接的,也有间接的。收入逆向转移的两种渠道都对分配主体间数量关系产生了一定的影响,并对分配差距的扩大起到一定的推动作用。前面分析了直接的收入逆向转移对分配主体间数量关系的影响机制,这里将进一步分析间接的收入逆向转移对分配主体间数量关系的影响机制。

间接的收入逆向转移是指低收入者或地位较低的人向高收入者或地位较高的人转移收入时要借助一定的中介进行。其中最重要的中介便是国家这一组织,当国家开始进入分配领域,并开始影响收入分配时,就可能发生收入转移的现象。当然,国家介入收入分配并进行收入转移时,其性质并不是确定的,也就是说,这种收入转移可能是正向的,也可能是逆向的。这里我们不讨论由国家主导的收入正向转移现象,只讨论由国家主导的收入逆向转移。由国家主导的收入逆向转移属于间接的收入逆向转移,它在影响分配差距时形成一种分配主体间数量关系的不平衡状态,表现为多数人向少数人转移收入的形式。这种间接的收入逆向转移影响分配主体间数量关系的机制,是有其历史特征的。在人类社会发展的不同形态下,间接的收入逆向转移影响分配主体间数量关系的机制呈现不同情形。

国家作为阶级统治的工具,是在阶级社会中形成的一种特殊的公共权力。在替代原始社会的奴隶社会中产生的国家,其行使的公共权力与原始社会中的公共权力不同,它的特殊性在于:第一,国家是实行阶级统治的社会公共权力组织,它的本质在于阶级统治;第二,国家是一种特殊的暴力机器,它是经济上占有统治地位的阶级为了维护和实现自己的阶级利益,按照区域划分原则而组织起来的、以暴力为后盾的政治统治和管理组织;第三,国家是按地区来划分其国民的,它有着保护其国民的义务,并维护其国民不受外部侵犯和内部

欺侮。国家产生之后，承担了各种各样的功能，有政治方面的功能，也有经济方面的功能，还有社会方面的功能。政治功能集中体现在维护统治阶级的统治，保证统治阶级掌握政权；经济功能主要体现在寻求经济发展方面，在国家处于上升时期，它会积极扶持生产力的进步；社会功能一般体现在维护社会稳定方面，任何统治阶级在取得政权后都希望其统治的社会是稳定的。国家在实现这些功能的过程中必须借助一个重要手段，这就是调整收入分配。国家要实现上述功能，必须具有一定的收入支持。这些收入从何而来？亚当·斯密在它的《国富论》中论述了君主或国家的一般收入或公共收入来源。他指出："一国每年支出的费用，不但有国防费，君主养尊费，而且有国家宪法未规定由何等特定收入来开支的其他必要政费。这些费用的开支，有两个来源，第一，特别属于君主或国家，而与人民收入无何等关系的资源；第二，人民的收入。"[1]在亚当·斯密论述的国家收入来源中，不仅借此使国家获得了收入，而且还包含着调节收入分配的功能。在国家获得收入的来源中，最重要的便是从人民那里取得的收入，也就是赋税。赋税是一种古老的经济现象，在国家产生以来，不同地区的国家都借助赋税获得国家机器运行所需要的费用；不过，不同的国家实施的赋税制度有所不同。

中国是实行赋税制度较早的国家。中国最早的赋税制度是"神农之时，民为赋，二十而一"的一个传说。有记载的赋税制度是随土地制度变迁而形成的。公元前685年，齐国的管仲主张"相地而衰征"，是东周时最早提出土地私有、对农业耕地实物征税的政策。公元前594年，《左传》"宣公十五年秋七月，初税亩"，则是史书记载鲁国正式实施对耕地征税的记录。中国的赋税制度经历了一个漫长的变迁过程，其中，中国封建社会的赋税制度包括：以人丁为依据的人头税，即丁税；以户为依据的财产税，即调；以田亩为依据的土地税，即田租；以成年男子为依据的徭役和兵役；以及其他的苛捐杂税。进入现

---

① ［英］亚当·斯密：《国民财富的性质和原因的研究》（下卷），郭大力、王亚南译，商务印书馆1974年版，第376页。

代以后的中国,赋税制度逐渐与国际接轨,在"统一税法、公平赋税、简化税制、合理分权"的税制原则下构建起现代税制体系。

中国古代赋税制度对分配主体间数量关系的影响随赋税制度变迁体现出不同的性质。对中国古代赋税制度做个总结,可以把不同朝代实行的各种赋税制度归结为两大类:一类是初税亩、编户制、租调制体现出来的,以人丁为主要征税标准的赋税制度;另一类是两税法、一条鞭法、地丁银体现出来的,以土地财产为征税标准的赋税制度。以人丁为主要征税标准的赋税制度,在实现收入间接转移时容易引起收入逆向转移。因为,中国封建社会最重要的经济资源便是土地,土地分配不均,特别是在每一个朝代后期,通常会出现严重的土地集中现象,如果在这样的情形下实行人丁税,不仅会直接引起收入差距的扩大,而且由于古代社会的赋税制度并不是用来解决社会公平问题,多数的税收最终都转移到少数官员和贵族手中,结果导致收入的逆向转移,在分配主体间体现为多数人向少数人转移收入的关系。而且在一个王朝进入衰退期后,这种情况更为严重。以土地财产为征税标准的赋税制度,在实现收入间接转移时缺乏应有的通道而难以形成收入的正向转移。以土地财产为征税对象,这在土地分配不均,特别是在土地集中程度较高的情况下,这种赋税制度有利于缩小收入差距,但由于缺乏一种向广大平民转移收入的制度。因此,不能实现向广大平民间接转移收入,也无法形成分配主体由少数富人向多数穷人转移收入的关系。如此表明,中国古代间接的收入逆向转移并不普遍,只有以人丁为征税标准的赋税制度,由于税收转向少数的官员和贵族,才显示出收入逆向转移的性质,并导致分配主体间数量关系的不平衡,形成多数穷人向少数富人转移收入的关系,这无疑是扩大收入差距的一个因素。在中国古代历史演进中,一个朝代的末期,地主豪强的势力不断扩大,国家的赋税更多地落在广大平民身上,由此形成的收入逆向转移增加,分配主体间多数穷人向少数富人转移收入的关系更加明显,收入差距因此扩大,社会动荡、王朝更替便成为一种宿命。

　　西方的赋税制度在民族国家形成之前并不统一。但进入现代以后,随着地理大发现、殖民贸易、殖民战争、资本主义原始积累等一系列重大事件的发生,现代税收制度作为西方国家重要的经济制度随之诞生。西方现代税收制度是国债制度的必要补充,理解西方现代税收制度必须了解西方的国债制度。国债制度,也称公共信用制度,在中世纪的热那亚和威尼斯就已经产生,到工场手工业时期流行于整个欧洲。殖民制度以及它的海外贸易和商业战争是公共信用制度的温室。它首先在荷兰确立起来。对于国债,马克思曾做过深刻的分析,他指出:"国债,即国家的让渡,不论是在专制国家,立宪国家,还是共和国家,总是给资本主义时代打下自己的烙印。在所谓国民财富中,真正为现代人民所共有的唯一部分,就是他们的国债。因此,一个国家的人民负债越多就越富这一现代学说是完全合乎逻辑的。公共信用成了资本的信条。随着国债的产生,不可饶恕的罪恶,已不再是亵渎圣灵,而是破坏国债的信用了。"①由于国债是依靠国家收入来支付年利息等等开支,因此,国债制度必须与现代税收制度相配合。"借债使政府可以应付额外的开支,而纳税人又不会立即有所感觉,但借债最终还是要求提高税收。另一方面,由于债务一笔接着一笔的积累而引起的增税,又迫使政府在遇到新的额外开支时,总是要借新债。因此,以对最必要的生活资料的课税(因而也是以它们的昂贵)为轴心的现代财政制度,本身就包含着税收自行增加的萌芽"②。西方现代税收制度和国债制度在财富的资本化和对群众的剥夺中的重大作用,反映了西方的现代税收制度包含了一个间接的收入逆向转移的事实,也形成了分配主体间大多数穷人向少数富人转移收入的关系。

　　就公债制度来说,它是资本主义原始积累的最强有力的手段之一。马克思就此指出:"它像挥动魔杖一样,使不生产的货币具有了生殖力,这样就使它转化为资本,而又用不着承担投资于工业甚至高利贷时所不可避免的劳苦

---

　　① 《马克思恩格斯文集》第5卷,人民出版社2009年版,第864—865页。
　　② 《马克思恩格斯文集》第5卷,人民出版社2009年版,第866页。

和风险。"①公债制度是资本主义原始积累时期国家获取收入的重要手段,它与现代税收制度一起形成了一种间接收入逆向转移的典型形式,并导致分配主体间大量普通民众向少数金融家转移收入。在公债制度下,国家债权人包括金融家、包税者、商人和私营工厂主,不过,最重要的是由这些人出资,并用国家的名义装饰起来的大银行。这些大银行从一产生起就只不过是私人投机家的公司,它们支持政府,购买政府发行的公债,然后用这些公债做抵押发行银行券,并贷给公众。如此,它们实际上并没有付出什么,一方面把钱贷给政府;另一方面又用银行券获得了同样的价值。不仅如此,它们还能够从政府那里获得公债的本息。当然,政府对还本的承诺是没有期限的,但需要支付公债的利息,这就需要税收制度作为公债制度的补充,以支持对公债利息的支付。现代税收制度以对最必要的生活资料的课税为轴心,因此,普遍民众成为纳税的主体。在公债制度和现代税收制度下,以国家为中介联结起了大多数的民众与少数金融家之间的转移收入机制,而且是大多数民众向少数金融家通过税收体制转移收入,有着明显的逆向转移的特征。马克思就此提供了一个典型案例,即英格兰银行创立后的一项重要生意就是向政府提供贷款。"英格兰银行开始营业的第一笔生意,就是以8%的利率贷款给政府;同时它由议会授权用同一资本铸造货币,这同一资本又以银行券的形式贷给公众。它可以用这些银行券来办理期票贴现、发放货物抵押贷款、购买贵金属。过了不久,这些由银行自己制造的信用货币又变成了铸币,英格兰银行用这些铸币贷款给国家并代国家支付公债利息。它一只手拿出去,另一只手拿更多的进来,这还不够;当它拿进来时,它仍然是国民的永远债权人,直到最后一个铜板付清为止。"②由于公债利息最终由广大民众缴纳的赋税来偿付,因此,广大民众的收入通过所谓的现代税收制度无偿地流向英格兰银行的股东手里。

---

① 《马克思恩格斯文集》第 5 卷,人民出版社 2009 年版,第 865 页。
② 《马克思恩格斯文集》第 5 卷,人民出版社 2009 年版,第 865 页。

　　资本主义原始积累时期实行的公债制度和现代税收制度把少数富人和多数穷人联系起来,其结果是几乎整个国家的国民向少数银行股东转移收入,如此呈现出来的分配主体间数量关系,极大化了多数人向少数人转移收入,使分配主体间数量关系出现严重的不平衡。这成为间接的收入逆向转移影响分配主体间数量关系的典型形式,也是资本主义制度下收入差距扩大的最早机制。

第三节　中国收入逆向转移影响分配主体间数量关系的机制

一、中国直接的收入逆向转移影响分配主体间数量关系的机制

　　在前面分析直接的收入逆向转移影响分配主体间数量关系时已就中国古代直接的收入逆向转移形式——官僚腐败引起分配主体间多数百姓向少数官僚转移收入的关系进行了分析。这里我们提出的中国直接的收入逆向转移影响分配主体间数量关系,主要是立足于当下进行的分析。如此选择,是因为在现实中,存在着直接的收入逆向转移现象,形成了分配主体间数量关系的不平衡,成为引起收入差距扩大的一个重要因素。

　　直接的收入逆向转移主要以腐败或寻租的形式表现出来。寻租会形成怎样的分配主体间数量关系? 这关系到寻租这一收入逆向转移形式对扩大分配差距影响的程度。寻租对分配主体间数量关系的影响以寻租的普遍性为前提,寻租活动越普遍,涉及的领域越多,其引起分配主体间数量关系的不平衡性就越突出。中国在实行经济体制改革后,传统的计划经济体制被逐步打破,市场介入经济的范围不断扩大、程度不断加深,这使得政府和市场的关系成为中国改革开放后经济运行最重要的关系,而且中国的强政府特征非常明显,这又使得中国的政府与市场关系不同于其他市场经济国家的政府与市场的关系。政府在经济运行中发挥积极作用,助推了中国经济增长奇迹的实现,中国

的经济实力因此大幅度提高。这已经成为一个不争的事实,不过,这种体制在带来经济快速增长的同时也引起了一些负面现象。寻租就是其中一个最让人们诟病的现象。

中国的寻租现象有其特殊的地方,集中反映在政府对经济过多的干预和较严格的管制上。这种政府对经济过多干预和较严格管制虽然不符合西方主流经济学坚持的所谓标准的市场经济,但它在中国渐进式改革的一段时间里确实起到促进经济增长的作用。当然,它也付出了一些代价,其中之一便是由此引起的寻租和腐败现象。由于政府的权力比较大,涉及的领域比较广,因此寻租活动出现在社会的许多领域,发生于社会的不同层次。不管是怎样的寻租现象,都一定是少数掌握权力或资源的人向众多没有权力和不掌握资源的人寻租。而这种现象为什么会发生?这是因为没有权力和不掌握资源的人无法仅仅依靠市场交换获得自己所需要的东西或最大化自己的利益时,就设法通过向掌握权力或资源的人转移收入来达到自己的目的。在中国改革开放后的发展历程中,这种现象比较普遍,特别是在近年来严厉反腐的形势下,所揭发出来的腐败现象更是让人震惊。掌握权力的官员把权力拿来交换,掌握公共资源的人借助公共资源的稀缺性向人索取收入。在这个过程中形成了一种特殊的分配主体不平衡关系,众多的无权无势的人将他们的收入向少数有权有势的人转移。由于这样的寻租现象都是秘密进行的,因此,很难掌握其发生的数量和规模。不过,我们从揭发出来的一些反腐案件中还是可以发现其中包含的寻租引起分配主体间数量关系变化的机制。

买官卖官是权力寻租的典型现象。随着中央反腐决心和力度的增强,一系列买官卖官的腐败案件被揭开,反映出官场中的收入逆向转移以及扭曲的分配主体间数量关系不平衡。买官卖官在不断侵蚀中国政治体系正常运行的同时,也展示了一幕幕令人震惊的权力腐败的场景。党的十八大以来,中央加大反腐力度,一些位高权重的党的高级干部在反腐中落马。一位担任过省委书记的高级官员因卖官等腐败行为落马后,在他的"忏悔录"中写道:"正常的同志关系,完全变成了商品交换关系。我家成了权钱交易所,我就是所长,老婆是收款员。"[①]他在卖官的过程中形成了一个"营销团队",他的妻子、儿子,甚至亲戚,都插手或参与其中,把一个省的官场变成自己的卖官鬻爵的大市场。类似的案件还有很多,其手法大体相似,结果都是大量金钱和财富向少数掌握官员任免权力的党的领导干部集中,不仅有高级领导干部,也有中级领导干部。在这个买官卖官的生态下形成了一种自生长的机制。高级干部把官卖给中级干部,中级干部会上行下效地把官卖给基层干部。只要这个生态不被打破,那么这种买官卖官的自生长机制就会使买官卖官的市场不断扩大。这里我们不去讨论这种买官卖官的权力寻租给中国的政治体系运行带来多大的伤害,给中国共产党的领导地位造成怎样恶劣的影响,而只就买官卖官引起的收入逆向转移借助中国政治体系、对分配主体间数量关系的扭曲和不平衡的影响进行分析。

中国的政治体系十分庞大,以中国共产党领导为核心的政治体系包括了上至中央下至地方的各级党、政、军、群团组织体系。在各个层次上,党委对各个组织具有领导权,其中干部任免权是体现党委领导的一项重要权力。由于政治体系各层级的组织都是五脏俱全,因此各层级都有一个庞大的组织系统,有相当大规模的各种干部。这些干部的任免大多掌握在同一个层级的党委领导手中,特别是一把手手中,当在这个系统中滋生起买官卖官的权力寻租行为后,就会最终形成一个由逆向转移收入导致的分配主体间不平衡的关系网。自上而下的各层级之间和同一层级的领导部门与被领导部门之间,可以卖官的少数掌权者和希望买官的多数干部之间就形成了一种隐秘的分配主体间数量关系,而且是极不平衡的。在权力集中的情况下,可以卖官的人都是极少数,而希望买官的人都是绝大多数。就以一个县的政治、行政、事业组织体系来计算,有人做过统计,包括县委人大政府政协,以及县委部委办局、县政府委

---

① 桑林峰、司晓帆:《防范商品交换原则向党内渗透》,《中国纪检监察报》2018年10月27日。

办局、人民团体、县事业单位等组织有 140 多个。如此多的部门又包含了许多大大小小的干部,而这些干部的升迁主要掌握在县委书记的手里。如果一个县的县委书记不能保持清廉、公正,那么就可能形成一个比较大的买官卖官的市场,这其中不仅有收入逆向转移,而且在较为庞大的政治体系下还会形成一种扭曲的分配主体间数量关系失衡,即许多想要升迁的干部向极少数掌握升迁权力的领导转移收入。党的十八大以来,随着反腐力度的加强,不仅有许多省部级高官被查处并在人民群众中产生广泛影响,还有很多的基层腐败干部被揭发并让人们震惊。《中国纪检监察报》2017 年 4 月 14 日的一则报道称,2015 年 6 月,在河北魏县、永年、大名三地任过县委书记的边某,因严重违纪被开除党籍、开除公职,被判处死刑、缓期二年执行。这名有着丰富阅历的老资格县委书记,竟把他管辖的县变成了自己的领地,曾叫嚣"谁敢管我、谁能管我、谁能监督我"。就是这位霸道的县委书记,在他任职的县里干起了买官卖官生意,把明码标价当作"规矩"。边某在任大名县委书记时,一名副科级干部为调整职务找到边某。边某开始几次没有明确表态,只是说会考虑,但要懂"规矩"。这名副科级干部心领神会地奉上 20 万元后,边某将其职务调整为正科级。经查,边某在永年、大名两县任职期间,共有 32 名党政机关及事业单位工作人员为职务调整给边某送钱送物。

上述案例的背后发生了较为严重的收入逆向转移,而且是自上而下逐级延伸,形成了一个金字塔式的、隐形的分配主体间多数人向少数人逆向转移收入的关系。这最终引起的一个结果便是分配差距不断扩大。由于这是隐形的,很难查到准确数据,当我们看到河南封丘县原县委书记李某某在任期间贪腐 12 亿元、受贿 1575 次时,应该可以确信权力寻租带来巨大的收入逆向转移,也形成严重的隐形分配主体间数量关系的失衡。从而成为当下中国分配差距扩大的一个重要原因。

如果说买官卖官这样的权力寻租是一种腐败,也是一种犯罪,需要加大反腐力度和制度建设来消除,那么在公共品供给中掌握或拥有稀缺和优质公共资源的人也会获得转移收入,在这些收入中,有些是利用自己掌握稀缺和优质公共资源的权力的受贿收入,有些是由于自身拥有稀缺和优质服务能力而获得转移收入。这两种情况虽然有性质上的不同,但都属于公共领域发生的逆向转移收入的现象,也都会形成分配主体的不平衡关系。

掌握稀缺和优质公共资源分配权力的人如果不能秉公办事,就会陷入贪污犯罪的泥沼,并引起较为严重的收入逆向转移。前面分析的买官卖官者,不仅会利用自己掌握的干部任免权而寻租,而且还会利用自己掌握的公共资源特别是稀缺而优质的公共资源的分配权进行寻租。买官卖官引起的收入逆向转移导致官员之间的隐形分配主体间数量关系失衡,利用自己掌握的稀缺而优质资源进行的寻租则导致官员和一些市场主体之间的隐形分配主体间数量关系失衡。在社会主义市场经济体制下,国家调控经济的特殊性是体现社会主义市场经济特色的一个方面,也是中国经济在这一体制下取得成功的一个重要因素。不过,国家在调控经济的过程中,也带来一些"副产品",其中,国家控制的经济资源特别是优势资源越多,掌握这些资源分配权的政府官员就有了更大权力。如果对这种权力不能很好地约束,就为一些官员利用这种权力寻租提供了有利的条件。在严厉反腐中被抓的贪官除了进行买官卖官外,还有一个表现就是利用自己掌握的稀缺资源进行寻租。由于稀缺资源属于众人追逐的对象,因此在这一寻租活动中很容易形成极少数掌握稀缺资源的官员与众多希望获得稀缺资源的人之间转移收入或逆向转移收入。在这一收入转移过程中,同样也会形成分配主体间的不平衡关系。

属于自身拥有稀缺和优质服务能力的人,他们在向人们提供这种服务时也会发生直接的收入逆向转移现象。当然发生这一现象一定是在一种特殊的机制中。如果拥有稀缺和优质服务能力的人直接向别人提供服务,那么他们之间便形成一种市场交换关系,而提供服务取得的收入属于挣得收入的一种形式,不存在收入转移或逆向转移的问题。如果拥有稀缺和优质服务能力的人受雇于一定机构,那么他与服务对象之间的分配关系就间接化了。中国的主要公共服务机构属于国有,许多可以提供服务的人在国有的公共服务机构工作。他们与国有公共机构形成雇用与被雇用的关系,这种情况下拥有稀缺和优质服务能力的人在提供服务时就形成了双重关系,一重是他们与雇佣机构之间的关系;另一重是他们与需要服务的人之间的关系。如果整个过程是正常的,那么这也是提供公共服务的一种机制。但是,由于拥有稀缺和优质服务能力的人在这一机制下处于优势地位,而需要公共服务的人处于劣势地位,因此在他们之间很容易形成收入逆向转移。这在中国的一些公共服务领域较为普遍地存在。由于一些公共服务领域存在着比较严重的供给不足问题,特别是优质的公共资源更是短缺,因此,在这些公共服务领域的公共服务提供者有着天然的优势,他们面对众多公共服务的需求者,具有比较大的寻租空间。当这种寻租活动普遍化时,就会形成逆向收入分配主体间数量关系的不平衡,少数的公共服务提供者面对众多的公共服务需求者,其寻租活动形成了一种收入差距扩大机制。比如,有 11 个人的收入是相同的,都是 1000 元,其中 10 个人都向某 1 个人转移 100 元,结果便是,获得转移收入的 1 个人拥有 2000 元收入,而进行收入转移的 10 个人剩下 900 元,其收入就是其他人的两倍多。如果 101 个人的收入是相同的,都是 1000 元,其中有 100 个人都向某 1 个人转移 100 元,结果是,获得转移收入的 1 个人拥有 11000 元收入,而进行收入转移的 100 个人剩下 900 元,其收入就是其他人的 12 倍之多。由此可见,收入逆向转移在引发分配差距方面有着非常明显的作用。如果这一机制所发挥的作用具有普遍性,那么收入逆向转移势必成为影响分配差距的重要因素。中国在改革开放之前,由于人们之间建立了较为平等的关系,分配是在国家统一安排下进行,很少有交换渗透,收入逆向转移基本上被消灭了。改革开放之后,人们之间的关系特别是经济关系变得不平衡了,分配也不再受国家的完全控制,市场化取向改革使交换向各领域渗透,人们之间的不平衡关系也变成了交换的基础,收入逆向转移因此形成并不断扩大。

二、中国间接的收入逆向转移影响分配主体间数量关系的机制

收入逆向转移被分为直接的收入逆向转移和间接的收入逆向转移。直接的收入逆向转移因为会引起分配主体间数量关系不平衡而对分配差距扩大具有一定的影响。其影响程度受到收入逆向转移的普遍性影响。中国改革开放后,一方面收入逆向转移随一系列制度改革成为现实;另一方面收入逆向转移具有普遍化趋势,因而引起分配主体间数量关系的极不平衡。分配主体间数量关系不平衡势必导致分配差距的扩大,这不仅是一个现实,而且也是历史。除了直接的收入逆向转移之外,间接的收入逆向转移也会引起分配主体间数量关系不平衡,同样也会影响分配差距。

中国的间接收入逆向转移也是改革开放后出现的新现象。在改革开放之前,中国实行的计划经济体制,国家成为经济运行的主导者。生产资料公有制是计划经济体制的基础,其中,生产资料全民所有制采取的是国家占有和国家控制的形式,也就是国有制形式。集体所有制虽然是集体占有和集体经营,但也间接地受到国家的控制。如此,计划经济体制时期的中国经济几乎都是由国家控制的,人们之间的分配关系并不是直接的,都是通过国家来实现分配的。国有企业创造的价值全部上缴国家,国家再按照计划向国有企业下拨投资、购买原材料和发放工人工资所需要的经费。国家的这种中介作用使得分配关系呈现出的一个重要特性是,国家作为分配的主导者,它是全体人民的代表,全体人民相对于国家来说是分配接受者,但他们之间是平等的。因此,在计划经济体制时期,人们之间的分配关系是平等的,分配差距也是比较小的。一项统计所得数据表明,1978年,中国收入分配差距的基尼系数为0.2。国家主导国民经济运行,并承担了几乎全部分配的中介职能。虽然这种分配制度采取的是间接分配形式,但由于国家以实现收入分配平等为目标,并没有造成过大的收入差距。国家在采取的分配形式中尽管有转移收入的具体形式,但这种转移收入是正向的,因此,计划经济体制时期由国家主导的间接分配制度

并没有导致分配主体间数量关系的不平衡,也没有造成收入分配差距。

改革开放之后,随着经济体制改革的推进,分配制度改革作为一项重要内容不仅在推进经济体制改革方面发挥了作用,而且其本身也发生了深刻的变化。按劳分配制度逐步变成了按劳分配为主体,多种分配方式并存的适应社会主义初级阶段的分配制度。按劳分配和按要素分配相结合的社会主义初级阶段分配形式为人们获得收入提供了多样化的途径。这在人们之间各种禀赋存在差距的前提下形成了分配上的差距。分配制度改革不仅改变了国家主导分配的地位,而且也改变了国家以实现收入分配平等为目标的单一分配职能。为了加快经济增长,国家利用自己掌握的分配权力为经济增长助力,而开始通过自己具有的分配中介职能进行一些间接的收入逆向转移。这集中体现在国家实施的财政政策和货币政策被扭曲的运用上。

中国改革开放之后,国家逐步改变了过去对经济直接管理的经济调节方式,而开始采用间接管理经济的经济调节方式。财政政策便是国家实现对经济间接调节的手段之一。党的十四大报告提出:"我国经济体制改革的目标是建立社会主义市场经济体制,以利于进一步解放和发展生产力。我们要建立的社会主义市场经济体制,就是要使市场在社会主义国家宏观调控下对资源配置起基础性作用"①。社会主义国家也要搞宏观调控,这是我们在确立了社会主义市场经济体制改革目标后提出的一个新型的宏观经济管理方式。党的十四届三中全会为贯彻党的十四大提出的建立社会主义市场经济体制目标,作出了《中共中央关于建立社会主义市场经济体制若干问题的决定》(以下简称《决定》)。《决定》提出转变政府职能,建立健全宏观经济调控体系。社会主义市场经济体制必须有健全的宏观调控体系。宏观调控主要采取经济办法,要在财税、金融、投资和计划体制改革方面迈出重大步伐,建立计划、金融、财政之间相互配合和制约的机制,加强对经济运行的综合协调。重点运用

---

① 江泽民:《加快改革开放和现代化建设步伐,夺取有中国特色社会主义事业的更大胜利》,中国共产党新闻网,1992 年 10 月 12 日。

货币政策和财政政策,调节社会总需求与总供给的基本平衡,并与产业政策相配合,促进国民经济和社会协调发展。实行财政政策,需要推进财税体制改革。改革的重点,一是把地方财政包干制改为在合理划分中央和地方事权基础上的分税制,建立中央税收和地方税收体系。二是按照"统一税法、公平赋税、简化税制和合理分权"原则,改革和完善税收制度。三是改进和规范复式预算制度,建立政府公共预算和国有资产经营预算,并可以根据需要建立社会保障预算和其他预算。财税制度改革为实施规范的财政政策提供了制度基础,而财政政策的实施为社会主义市场经济运行提供了宏观层面的重要保障。然而,财政政策在实现这一功能时并不完全是预定目标导向的,它在稳定宏观经济运行和矫正结构性失衡方面发挥了积极的作用,但也引起了一定程度的收入逆向转移。

财政政策是指政府通过改变税收和支出来影响总需求并达到增加就业和国民收入目标的政策。改变税收的主要手段是调整税率水平和税率结构;改变支出的主要途径是政府对商品与劳务的购买支出以及转移支出。就财政政策的出发点来看,是要进行需求管理,以达到扩大总需求和增加国民收入的目的。不过,由于财政政策在现实中承担了许多发展经济的任务,因此在一定情况下产生了一些收入逆向转移的现象。

中国目前的财政体制并不完全是为提供公共品所作的制度安排,还承担了许多的发展经济的任务。2008年全球金融危机爆发,给世界经济带来极大的冲击,中国因为对进出口的较强依赖,也受到比较大的影响。在这样的背景下,中国政府推出4万亿元的投资计划,以对冲全球金融危机对我国的负面效应。这4万亿元资金主要是用财政手段筹措的,包括中央财政支出和发行国债。4万亿元投资的重点是基建投资,共带动的社会投资有很大一部分流向房地产,带动房地产价格大幅提升。2008年全球金融危机爆发后,我国迅速启动了一系列扩张经济的政策,房地产市场被选中作为对冲全球金融危机冲击的有效手段。2008年12月发布的《国务院办公厅关于促进房地产市场健康发展的若干意见》提出,要加大保障房建设力度,进一步改善人民群众的居住条件,促进房地产市场健康发展。具体措施包括加大保障性住房建设力度;进一步鼓励普通住房消费,加大对自住型和改善型住房消费的信贷支持力度,对住房转让环节营业税暂定一年实行减免政策;主持房地产开发企业积极应对市场变化,引导房地产开发企业积极应对市场变化,支持房地产开发企业合理的融资需求,取消城市房地产税;加强地方人民政府稳定房地产市场职责;加强房地产市场监测。放松的房地产政策推动房地产价格大幅上涨,房地产开发商和炒房团借此获得高额回报,使一部分人进一步富起来了。这样的收入差距扩大无疑有着收入逆向转移的贡献。政府的财政资金和发行债券投入,一方面使许多人成为资金的供给者,不管是来源于税收的财政资金,还是普通民众认购的债券,都包含了一个巨大的群体;另一方面在政府推动的房地产价格上涨中获利的却是极少数人。政府的这一中介作用引起分配主体间数量关系的不平衡,形成许多人间接地向少数人转移收入的结果,从而体现了间接收入逆向转移影响分配主体间数量关系的机制。

中国的财政政策并不是按照西方市场经济标准建立一种宏观调控政策,而是一个在社会主义市场经济体制下形成的有着多重功能的宏观经济政策。在西方市场经济国家中,财政政策承担了三大职能,即资源配置、收入分配和经济稳定与发展。中国社会主义市场经济体制下实施的财政政策虽然也要体现这三大职能,但发挥作用的程度和广度有所不同,甚至还有一些基于我国国情所采取的措施。从财政政策的出发点来看,任何一项财政政策的选择都有理论根据,也是问题导向的。然而,在财政政策执行的过程中,一些执行的偏差往往会产生意想不到的后果。例如,中国的财政政策在实行收入分配职能时有着更强的力度,所采取的措施更加多样。财政政策在实行收入分配职能时主要采取税收政策和转移支付政策。税收政策主要提高对高收入的征税税率,降低或减免低收入者的税收负担。然而,在具体执行过程中,高收入者具有许多的避税手段,中低收入者则成为最守法的纳税者。截至 2016 年的个人所得税征收中,工薪阶层是最大的贡献者,其占比达到70%。[①] 这意味着我国的个人所得税调节收入分配差距的功能较弱,甚至在一定程度上扩大了高收入者与中低收入者的差距。税收转移支付是对高收入家庭征收累进所得税并对低收入家庭给予补助相配合的方法。该制度设计应该是最直接、最有效的转变分配格局的手段,然而,该政策在实施过程中被腐败渗透,结果造成大量的转移支付资金被挪用或占有。2019年,审计署发布第四季度跟踪审计结果,19个县存在资金闲置或管理不规范等问题,涉及金额4.97亿元。类似的情形并不局限于扶贫资金在基层被挪用和侵吞问题,还有一些财政转移支付被用来支持落后地区经济发展时,也有许多流失现象。如有的地方利用国家政策,用虚假项目套取国家财政专项资金。所有这些在财政政策实施中出现的扭曲和腐败现象,都达到了一个不公平的效果,为财政资金作出贡献的许多人,在财政政策被扭曲或被侵蚀的情况下,形成了向极少数人转移收入的分配关系。其中,在这些人中有大部分属于普通民众,当他们贡献的财政资金最终变成极少数人的收入,这种转移收入就具有逆向转移的性质,而且也形成了分配主体的不平衡关系,并成为助推收入分配差距扩大的一个因素。

中国财政政策及其实施所引起的收入逆向转移和导致的分配主体间数量关系不平衡,体现了间接的收入逆向转移影响分配主体间数量关系机制的一种形式。此外,中国货币政策的实施也存在着类似的机制,也形成了间接的收入逆向转移,也引起分配主体间数量关系的不平衡。

中国的货币政策也是随着社会主义市场经济体制的建立而被作为宏观调控手段得以运用的。宏观调控是现代市场经济运行中不可缺少的环节,货币政策作为宏观调控的重要手段是任何市场经济体制都需要建立和完善的一项宏观经济政策。货币政策是中央银行为实现既定目标,运用各种工具调节货币供应量进而影响利率,最终影响投资和总需求,达到促进和稳定国民经济增

---

① 张锐:《个税改革重点地带的内容重构和节奏把控》,《证券时报》2016年11月15日。

长的目标。货币政策通常采取的措施有三种,也被称为货币政策的三大工具,即法定准备金率、公开市场业务和再贴现。货币政策在实施中体现出两种不同属性的安排,一种是扩张性的货币政策;另一种是紧缩性的货币政策。前一种被称为积极的货币政策,是通过提高货币供应增长速度刺激总需求,当总需求不足时,使用扩张性货币政策被作为通常的选择;后一种被称为消极的货币政策,是通过消减货币供应增长速度来降低总需求水平,当经济出现过热或发生通货膨胀时,使用消极的货币政策被作为通常的选择。在社会主义市场经济体制运行的过程中,宏观经济运行的波动现象也变成了一种常态,货币政策因此成为中国宏观经济管理中的一个重要手段。在货币政策发挥其应有作用的同时,它具有的中介功能也在一定程度上引起间接的收入逆向转移,也会造成分配主体间数量关系的不平衡。

货币政策的实施要通过一定的中介目标来达到最终实现的目标。货币政策中介目标的选择要以最终目标为根据。如西方发达国家货币政策中介目标的选择经历了三个阶段:20世纪50—60年代,货币政策最终目标强调充分就业、经济增长,因此,货币政策以利率作为调控的中介目标;20世纪70—80年代,货币政策最终目标以稳定通货为主,因此,货币政策以货币供应量为调控的中介目标;进入20世纪90年代以后,一些西方国家将反通货膨胀作为唯一目标,货币政策放弃了以货币供应量为中介目标的调控,建立了以短期利率为主要操作手段、直接盯住通货膨胀目标的调控方式。中国的货币政策在形式上也采取了类似西方市场经济国家所实行的货币政策手段,在具体实施中也有从中介目标到最终目标的传导机制。自20世纪90年代中期开始,中国在稳定和促进宏观经济增长方面越来越多地采用货币政策。从货币政策实施的效果来看,进入21世纪之后中国宏观经济稳定而持续增长与货币政策越来越成熟运用有一定的关系。然而,在货币政策实施过程中,也发生了为实现一些目标而改变分配格局的现象。

1998年是中国房地产市场化改革元年。这一年的7月,颁发了《国务院关于进一步深化城镇住房制度改革 加快住房建设的通知》,标志着新中国延续了近半个世纪的福利分房制度开始瓦解,取消福利分房,实现居民住宅货币化、私有化成为中国居民住房制度的核心。住房市场化需要有居民购买力相配合,然而,就当时居民的收入水平来看,很难靠居民自己来支撑住房市场化改革。在这种情况下,住房信贷成为配合住宅货币化、私有化的必要的制度安排。在房地产市场改革不断推进的过程中,中国的货币政策也进入了一个长期宽松时期,1998年,中国的货币供应量(M2)为10.45万亿元,到2019年,中国的货币供应量(M2)超过198.65万亿元,增长了约19倍。中国房地产价格由此一路上涨,所有预言房地产价格下降的人,或者失去了赚钱的机会,或者为自己的预言所困,而所有预言房地产价格上涨的人,或者发了财,或者得到了人们的追捧。不管人们对房地产价格不断上涨趋势有怎样的认识,这一趋势带给中国经济发展和人民生活改善的成绩是显著的。不过,从推动房地产价格不断上涨的动力来看,宽松的货币政策以及迅速增长的货币供给无疑是其中重要的一个动力。宽松的货币政策和房地产价格不断攀升实现了一个正向的互动效应,这是人们在中国房地产发展中都能认同的一个简单道理。然而,人们很少考虑在这一机制下引起了一种导致收入逆向转移的效应。当然,这种收入逆向转移并不是在居民之间的转移,而是通过一种间接的途径实现收入逆向转移的。中国的货币政策实施有其特殊性,主要表现在增加货币供给时有大量的居民储蓄剩余转化为增长的货币。中国人勤劳节俭的品质为改革开放后的中国经济发展注入了一种特殊的动力,这其中有形成人口红利的因素,也有为投资积蓄动能的因素。在改革开放后,随着人们逐步富裕,有大量的资金源源不断地通过银行储蓄中介注入了投资,成为中国经济高速增长的主要动力。当居民储蓄集聚的银行资金流向房地产市场,再加上货币政策的放大效应,使中国的房地产价格实现了持续20年的快速增长。如果我们来盘点房地产价格高涨的受益群体,那么在各种统计中都不会是大多数人,而只是其中的少部分人。这意味着,房地产价格上涨引起的分配主体间数量关系是很不平衡的,因此导致的收入分配差距也是十分明显的,不同城市间居民的房地产收入差距,以及同一个地区由房地产引起的收入差距都是人们能够明显感到的一种差距。从本质来看,这也是间接的收入逆向转移影响分配主体间数量关系的一种机制,而且使收入或财富向少部分人集中,因而成为扩大收入分配差距的一个因素。

货币政策引起收入逆向转移不仅体现在房地产市场,还由于货币政策实施不够规范而导致收入逆向转移的现象。如国家实行宽松的货币政策,将利率下调,并放松贷款条件。由于我国长期实行的是利率管制政策,一方面在存款利率与贷款利率之间有比较大的利差;另一方面管制下的贷款利率与民间的市场利率之间也有一些差距。在这样的制度下,一定会有一些人通过合法或非法的途径获得贷款,并借助一些隐性市场取得高额回报。细分这种情况,有的属于合法的,但事实上也造成了收入分配差距;而有的属于非法的,不仅导致收入分配差距,而且很不公平。

财政政策和货币政策是实现宏观经济调控的重要手段。针对宏观经济运行的不同状态,采取相应的财政政策和货币政策,是现代经济的一种常态。财政政策和货币政策的实施,可以使经济扩张,也可以使经济紧缩。不过,在它们被用来实现宏观经济目标时,也会产生一些扭曲的现象。收入逆向转移就是这种扭曲现象的结果,而且主要是通过引起分配主体间数量关系的不平衡而形成的。

第六章　中国收入逆向转移的控制

收入逆向转移是收入分配的一种不和谐形式。然而,无论是历史,还是现实,收入逆向转移又都难以消除,总会以不同形式存在。出现这种情况的主要原因是,收入逆向转移有其客观根据,也有其主观诱因。因此,一个正常的社会都会通过各种手段来控制收入逆向转移的发生。中国在改革开放后,随着分配制度改革和市场逐步在资源配置中起决定性作用,收入逆向转移现象开始出现,并呈现一定程度的蔓延之势,推动了分配差距的扩大。在中国特色社会主义进入新时代,满足人民对美好生活的需要,以及构建和谐的社会主义现代化强国,都必须解决收入分配差距扩大的问题。缩小分配差距是一项必须要完成的任务,而控制收入逆向转移,不仅是缩小分配差距所需要的,而且也是实现公平所需要的。如何控制中国的收入逆向转移?这既需要一系列的制度安排,也需要充分借鉴别国的经验,还需要针对收入逆向转移的不同形式加以精准控制。

第一节　控制收入逆向转移的制度安排

一、控制收入逆向转移的经济制度安排

任何收入逆向转移都是由某种制度失灵引起的。因此,控制收入逆向转

移,一方面需要完善可能引起收入逆向转移的制度;另一方面需要建立补充制度来克服或减少收入逆向转移的发生。

引起收入逆向转移的制度有收入分配制度、经济管制制度。收入分配制度引起收入逆向转移主要发生于再分配制度的运行中,收入再分配引起收入逆向转移通常是由于该制度运行扭曲导致的。收入再分配是国家各级政府部门以社会管理者的身份运用税收和财政支出手段参与国民收入分配的过程,也是在完成初次分配后进行的一种再分配,表现为各机构或部门之间进行的一些收入转移。建立这种再分配制度是为了满足非物质生产部门发展的需要;为了加强重点建设和保证国民经济协调发展的需要;为了建立社会保证基金的需要;为了社会后备基金的需要。从再分配所要完成的任务看,该项制度是保证社会发展平衡和协调的重要制度安排。如果说这种再分配具有转移收入的功能,那么,其性质应该是一种正向转移。然而,任何一种制度的运行都有被扭曲的可能,因为,制度的执行者是人,而且是具有自利行为的人。这一因素决定了在再分配制度运行中,有人会利用再分配的手段来为自己谋利,从而将属于大众的利益向一些处于优势地位或掌握权力的人集中。如此,本来要实现收入正向转移的再分配制度,却引起收入逆向转移。

针对再分配制度的这一缺失,实现控制收入逆向转移的制度取向是完善再分配制度的运行。

首先,完善国家预算,消除预算收入和预算支出过程中发生的收入逆向转移。完善预算制度的核心在于完善税收制度。税收是国家公共财政最主要的来源,它在本质上是国家为了满足公共需要,借助公共权力和法律条例,参与国民收入分配的一种制度。税收具有强制性、无偿性和固定性的特征,这些特征决定了税收有组织财政收入、调节社会经济、监督经济活动的职能。通过这几种职能,税收要达到的效果包括:体现公平税负,促进平等竞争;调节经济总量,保持经济稳定;显示产业政策,促进结构调整;合理调节分配,实现共同富裕;维护国家权益,拓展对外开放。归结起来,税收发挥其职能,达到其效果,核心在于能否获得足够的资金来支持国家提供公共服务的各种活动,以及这些资金向谁征缴,这是考验各个国家的一道难题。资本主义国家特别是信奉自由市场经济的资本主义国家,最大限度地限制政府对经济的干预,并且反对向富人征缴过多的税收,甚至为税收制度开了许多"后门",有利于富人避税,结果是,国家的税收更多地落在普通人的身上,不仅难以达到调节收入分配的目的,而且还会形成更大的收入差距。如此,本来想借助税收具有的收入正向转移功能来缩小收入差距,却发生收入逆向转移,引起收入差距进一步扩大。在中国的税收制度下,通过再分配来缩小收入差距是发挥税收功能的一个重要选项。然而,在过去四十多年的改革开放过程中,为了尽快摆脱生产力水平落后的面貌,在税收制度中,国家组织的财政收入不完全是提供公共服务、调节收入分配,其中,有一部分是被用来支持经济建设,也就是投资了一些经济项目。这样的选择是基于中国现实而作出的,虽然在实现持续高速增长中发挥了一定的作用;但也抑制了税收再分配调节收入差距功能的发挥,相应地形成了收入逆向转移的现象,从而扩大了收入差距。面对税收制度中的这一问题,我们应该重新审视税收再分配功能,让实现收入调节的功能更好地发挥作用,抑制出现收入逆向转移的现象。为此,要完善税收制度,使税收成为国家提供公共服务的重要支撑,而且在提供的公共服务中更多地体现改善和保障民生的功能。为了达到这一目的,应该加快税收制度改革,完善税收制度运行的各个环节,让税收制度特别是税收的再分配成为实现收入正向转移的有效制度。

从控制收入逆向转移的角度看,税收制度改革应该突出其再分配功能。中国的税收制度建立和改革是伴随改革开放而逐步推进的。在这一进程中,税收制度设计被赋予了一些新功能,如通过税收支持经济增长成为各级政府的一种政策。这大大挤压了税收制度实现缩小收入分配差距的功能。应该说,这种税收制度安排一定程度上为中国改革开放后的经济持续高速增长作出了贡献;然而,中国经济在经历了长期高速增长后,目前所面临的更多问题表现在结构方面,因此,税收制度的进一步改革应该以推动结构调整和优化为取向。其中,通过税收制度改革来解决分配差距问题,必须突出税收制度正向的再分配功能。在税收制度改革的诸多形式和内容中,要突出税收制度的再分配功能,应该加大资本税在税收结构中的比例,增加税收结构中资本税的形式。资本税通常包含对任何来自资本的收入现金流以及任何对资本存量价值的征收,如企业所得税、房产税、遗产税或财产税。目前,我国的税收制度中有企业所得税,房产税只是试行,遗产税还没有被提上日程。如果从缩小收入差距和控制收入逆向转移的角度看,加快资本税改革和完善是一个重要方向。

税收制度改革是发挥国家预算控制收入逆向转移功能的一个方面,另一个方面便是发挥好财政支出的功能。在改革开放进程中,财政支出对于中国经济增长同样意义重大。然而,在更好地发挥以缩小分配差距为目的的转移支付功能方面却不够明显。今后,作为国家预算改革的一个方向应该是加大预算支出的民生比重,使国家预算更好地发挥正向的收入转移功能。

其次,完善银行信贷,减少不合理的利差引起的收入逆向转移。银行信贷是以银行为中介并借助信用形成的存贷款活动。银行信贷具有收入再分配性质,是因为在这一活动中资金使用的主体、使用的方向、使用的时间发生了改变,从而形成对收入的再分配。银行信贷将有资金盈余的人和组织与需要资金的人和组织联系起来,并通过信贷实现了资金的重新配置。在通常情况下,这种重新配置提高了资金的使用效率,增加了整个社会的福利。从这个意义上,银行信贷与收入逆向转移无关。不过,当银行信贷出现扭曲,在其运行中有人为的操纵,那么就会发生收入逆向转移。银行信贷实现的分配关系体现为,银行通过存贷款利差获得银行利润,存款者获得利息,贷款企业获得企业利润。在利率可以自由调节并形成均衡利率时,银行信贷实现的再分配属于正常现象。然而,当利率受管制,而且在市场上不能实现均衡利率时,银行信贷的再分配就会出现一些不正常现象。比如,在银行利率受管制的情况下,存款的利率较低,贷款的利率较高,这使得存款者应得的收入向银行转移。如果在这种情况下,还存在市场利率并且超过银行的贷款利率,那么这种利差很可能被取得银行贷款的人获得。当这一机制形成时,实际上就是众多银行存款者的收入向少数有地位或有"关系"的人转移,从而形成了收入逆向转移的机制。对此,从制度的角度看,利率的市场化是减少银行信贷引发收入逆向转移的又一制度安排。利率市场化是我国金融市场改革的一项内容,自2013年7月20日起,中国人民银行决定全面放开金融机构贷款利率管制,开启了利率市场化新的改革探索。利率市场化改革不仅是金融市场建设的一个环节,而且也是堵塞借助利差获租漏洞的有效措施。

最后,完善价格体系,降低价格扭曲导致的收入逆向转移。价格变动在不影响资源配置效率的情况下是不会增加或减少国民收入总量的。不过,价格变动的短期效应会引起国民收入在国民经济各部门和各阶层之间的再分配。比如,提高农副产品收购价格和降低农用生产资料价格,会增加农民收入;提高消费品销售价格,会使人口的实际收入减少;提高工业生产资料价格,会使工业部门的收入增加。这种价格变动导致收入转移的现象在计划的价格体系下十分明显。改革开放后,随着价格改革的不断深化,这种价格变动的收入转移效应的普遍性有所降低,但还有一些产品的价格依然受国家管制。除了之前的利率管制外,还有一些重要原材料、服务的价格属于垄断价格。这种价格垄断一般显示出来的特征是,为消费者提供的服务通常是垄断高价,而为生产者提供的原材料通常是垄断低价,如此导致的收入转移具有逆向的性质。对此,消除价格垄断或放松价格管制,是降低价格扭曲导致收入逆向转移的制度突破。

政府减少对经济管制是完善经济管制制度的方向。改革开放后,市场化取向的改革,使市场逐步成为中国经济运行的基础性机制,但计划依然是经济管理体制中一个重要元素。如此,一个绝对的、单一的计划经济体制逐步转变为社会主义市场经济体制。在社会主义市场经济体制下,如何处理政府与市场的关系始终是一个核心的问题;而如何解决这个问题是一个世界性的难题。

当政府认为由它主导经济对发展更有利时,政府对经济管制就会加强。在这一过程中,寻租性腐败难以避免。就中国来说,在实现从计划经济体制向社会主义市场经济体制转轨的过程中,渐进式改革的路径意味着市场是逐步取得配置资源的决定性作用地位的,计划或政府对经济的强有力调控作用是社会主义市场经济体制运行的重要特征。对经济较有力的干预,保证了经济运行的稳定,也是我们体制的优势。但掌握定计划、配资源和下指令的官员在缺乏严格约束下就会进行权钱交易,产生腐败,形成收入的逆向转移。对此,要控制由政府的过度管制形成的收入逆向转移,首要的一种制度选择便是减少政府对经济的管制。

政府减少对经济管制的核心在于简政放权。在中国整个改革进程中,简政放权一直都是改革的一部分并为各届政府所提倡。随着社会主义市场经济体制的建立并不断完善,市场在资源配置中的决定性作用越来越突出,政府调节经济的作用自然会下降。党的十八大以来,加快了政府转变职能和简政放权的改革。党的十八届三中全会通过的《中共中央关于全面深化改革若干重大问题的决定》提出,使市场在资源配置中起决定性作用和更好发挥政府作用。更好发挥政府作用,其基本取向就是加快转变政府职能,推动简政放权的改革。简政放权包括精简政府机构和把经营管理权下放给企业。如何精简机构? 该放哪些权力? 这是简政放权需要努力去探索的问题。目前,简政放权到了关键时期,不仅受到政府高度重视,而且成为深化经济体制改革的前提。为此,简政放权到了精准推进的阶段,具体要求中央各部委和各级政府建立权力清单制度,锁定改革和管理的底线,放权对象既包括下一级政府,也包括社会、市场。放权后必须加以规范,应及时修改法律法规,确保简政放权与相关法律、法规、规章相衔接。简政放权后还需要进行放管结合和优化服务的改革,要在“放管服”上下功夫,把该放的放到位,把该精简的精简足,把需要加强服务的服务好。“放”要做到全面彻底,一竿子插到底,使企业和基层享有充分的自主权,最大限度地激发它们的活力。当企业和基层有了自主权,它们就会到市场上找机会,而不再把注意力放到跑政府主管部门。如此,权钱交易的根基被挖掉,从而也挖掉了发生收入逆向转移的根基。"管"要做到及时有效,依法管好"看得见的手",用好"看不见的手",挡住"寻租的黑手"。放权并不意味着政府不管经济,而是要实现有效的管理,一方面要科学合理地做好监督和管理;另一方面要加快建立责任明确、任务清晰、程序规范的监管制度,主动接受社会监督,把权力寻租的空间挤压到最小。"服"要做到积极到位,最终为政府找到自己应有的位置。这是政府管理体制改革的目标,也是更好发挥政府作用的落脚点。权力取消和下放后,政府部门尤其是基层部门的服务如何更到位,如何让群众有更多的获得感,显得十分重要。为了实现这样的目的,必须加快推进政府由管理者向服务者角色转换,把更多的人力、物力、财力投入到服务民生工作中。如此,不仅权力寻租没有了,而且收入逆向转移的现象也消失了。

完善政府对经济的管制制度,是现代社会所有国家都面临的难题。它不仅是经济实现高效运行的一个前提,也是减少权力寻租或腐败的基础。因此,完善经济管制制度是控制收入逆向转移的又一重要的制度安排。

二、控制收入逆向转移的政治法律制度安排

收入逆向转移主要是由权力寻租引起的。管住权力是世界各国减少收入逆向转移普遍采取的措施。对应于收入逆向转移,权力具有的意义较通常的理解更加广泛,不仅指基于政治经济体制形成的管理权力,而且还包括由于人们的社会地位不同而产生的社会权力,这些权力在缺乏有效约束的情况下,都会引起收入逆向转移。因此,控制收入逆向转移必须把这些权力关在笼子里。而最有效的便是构建相应的政治法律制度。无论是国外,还是国内,都有这种取向,既有成功的经验,也有失败的教训。

民主制度有利于治理腐败,从而也是控制收入逆向转移的有效制度安排。1945 年黄炎培访问延安,在与毛泽东同志的交谈中提出了著名的历史周期率

（也称"腐败周期率"）命题。毛泽东同志对此给出一个答案：我们已经找到了新路，我们能跳出这个周期率。这条新路就是民主。只有让人民来监督政府，政府才不敢松懈。只有人人起来负责，才不会人亡政息。[①] 对于毛泽东同志的这个答案，无数人加以引用，它不仅凝聚了中国共产党人在革命过程中的深刻反思，也反映了当时中国和世界的先进思想。

民主制度与治理腐败之间关系比较复杂。说民主制度有利于治理腐败，并不意味着实行民主制度就可以消灭腐败。历史上许多国家自称是民主国家，其腐败问题依然很严重。"透明国际"公布的 2019 年全球各国清廉指数排行榜中，美国处于 180 个国家和地区的第 23 位。然而，就是这样一个较为清廉的国家也曾有过严重腐败史，而且其实行的就是民主的政治制度。19 世纪和 20 世纪之交的美国，腐败十分盛行。政党、政府、国会，政客、公务人员、从事司法者都在腐败的盛宴中捞取好处。典型是格兰特总统当政的八年，被公认为美国"史上最腐败的八年"。格兰特这位在南北战争中屡建奇功的英雄以其威名成功竞选为总统，被人们寄予厚望，期待他也能在政坛上再创奇迹。然而，格兰特当政后组建内阁时任人唯亲，他选拔的三任财政部部长，一任不合法，一任是贪污犯，一任是行贿受贿能手。各州的腐败现象也非常严重，权钱交易和政治欺诈成为腐败的常态。据 1905 年一份由法国人绘制的美国政治地图表明，在当时的 45 个州中，25 个州完全腐败，13 个州特别腐败，只有 6 个州政治清明。[②] 市政府更是腐败的重灾区。市民为搭建一个凉棚而想占用一部分人行道，就得向有权颁发许可证的官员行贿；有的官员将提供给救济院的食品拿回家享用；还有的官员将市里的公共资产拿去放债，并将利息装入自己的腰包。[③] 对于这样的事实描述还可以列出许多，但如此足以表明民

---

① 习近平：《摆脱贫困》，福建人民出版社 1992 年版，第 11 页。
② 资中筠：《20 世纪的美国》，生活・读书・新知三联书店 2007 年版，第 84 页。
③ 颜昌武、罗凯：《美国进步时代的腐败治理及其对中国的启示》，《学术研究》2015 年第 3 期。

主制度并不是治理腐败的充要条件。国际上有一种观点,民主化和腐败之间的关系呈现出一种倒"U"形曲线表示的趋势,即在民主化初期腐败通常更趋严重,但随着民主制度趋于巩固和成熟,腐败就会逐步减少。这是因为政治竞争对于腐败程度有重要的影响,但这种影响并不是线性的,存在一个拐点。在不充分的政治竞争下,一些民主制度国家的腐败情况可能比非民主制度国家更严重,但当政治竞争超过一定的限度,民主制度和腐败程度才成反比。这个限度就是拐点,在达到这个拐点之前竞争反而使腐败有增无减,在这个拐点之后随民主制度的完善则会使腐败受到遏制,进而减少。①

民主制度为什么会在其早期成为引发腐败的因素？任何一种制度发挥其功效都会出现阶段性特征,其设计实现的功能,在一个阶段效果较好,在另一个阶段则效果较差。其原因是所有制度在实现其功能时需要满足一定条件,但这些条件因缺乏现实基础而难以满足,从而影响到制度功效的发挥。民主化早期为什么会出现腐败增多的现象？原因之一就是在民主转型和威权崩溃的背景下,原先可能只有一个权力中心或少数人具有的腐败机会,随着权力和资源分散化而使更多人享有,致使腐败点也分散化了。与此相适应,民主化早期伴随着经济自由化和市场化的成长,创造财富的源泉增多,给权力寻租、权钱交易创造了新的机会。美国学者塞缪尔·菲利普·亨廷顿(Samuel Phillips Huntington)曾观察英、美这两个民主化国家的政治发现,18世纪和20世纪,美国的政治生活不像19世纪那样腐败;英国的政治腐败在18世纪至19世纪前叶最为猖獗。因此,英、美两个国家政治腐败的高峰期,与工业革命的冲击、新的财富和权力资源的形成以及新兴阶级的出现是同时发生的。就此,亨廷顿得出一个结论,具有新资源的新集团的兴起,以及他们在政治领域中力图产

---

① Cabriella R.Montinola, Robert W.Jackman, "Sources of Corruption: A Cross-country", *British Journal of Political Science*, Vol.32, No.1, 2002, pp.203–220.

生影响的尝试,造成了腐败的产生。①

民主制度对治理腐败的反向作用尽管是历史事实,但这并不影响它可以作为治理腐败的政治制度选择。关键是实行怎样的民主。我国在不断探索社会主义民主特别是中国特色社会主义民主,就是要找到一条通过民主治理腐败的有效途径。

毛泽东同志向黄炎培提出的"用民主解决历史周期率命题"的答案,不仅借用了民主这个概念,而且还赋予了民主的社会主义内涵,或者说,中国共产党会在社会主义民主制度下探索出一条解决历史周期率的新路。新中国成立后,我国建立了中国特色人民民主专政的政治体制。我国的人民民主专政的实质是无产阶级专政,主要表现为,以工人阶级为领导,以工农联盟为基础的国家政权;使绝大多数人享有民主权利和对极少数人实行专政的统一;担负着社会主义改造、保卫社会主义制度、进行社会主义建设的任务。我国的人民民主专政又是具有中国特色的无产阶级专政,其表现是,实现了广泛的阶级联盟和政治联盟,具有广泛的民主性;全面地表达了人民民主与人民专政两个方面的密切联系;从党派关系上实行共产党领导的多党合作。这是社会主义民主的一种设计,我国在这一民主制度下保持了社会主义稳定,也确实像毛泽东同志所指出的那样,在人民民主专政下,我国基本解决了腐败问题,为跳出历史周期率提供了一个很好的前景。然而,我国人民民主专政下虽然比较好地解决了腐败问题,但经济建设并没有取得理想的成效,主要是我国建立的集中的计划经济体制,无法调动起各经济主体的积极性,也不能很好地实现资源的有效配置,结果是国民经济的发展遭遇挫折。正是在这样的背景下,我国启动了经济体制改革和对外开放。随着改革开放的不断深入,我国经济进入了一个持续高速增长的快车道,并创造了一个增长的奇迹。我国以让世界震惊的经

---

① ［美］塞缪尔·亨廷顿:《变革社会中的政治秩序》,李盛平、杨玉生等译,华夏出版社1988年版,第59—60页。

济成就证明了中国特色社会主义道路选择的正确性。在经济体制改革的进程中,我国的政治体制并未发生根本的改变,而且,正是这种中国特色人民民主专政的政治体制以其稳定社会的独特功能为经济体制改革建立了强有力的保障,这也是中国特色社会主义道路的应有之义。不过,在坚持人民民主专政和实行改革开放相结合的中国特色社会主义探索的道路上也出现了一些不和谐的现象,其中,腐败现象便是这种不和谐的表现。如此事实,似乎表明人民民主专政的政治制度并未起到遏制腐败蔓延的作用。对此,可以作出的解释是,在计划经济体制下,权力很难与金钱相交换,权力是纵向运行的,实行人民民主专政有利于对这种纵向权力的控制。而在实行经济体制改革后逐步建立的市场经济体制下,权力获得了与金钱交换的机会,这意味着权力运行有了横向形式,过去实行的人民民主专政无法有效地对这种权力加以控制,也就是不能把这种权力很好地关在制度的笼子里。因此,腐败问题成为改革开放后逐步滋生的最大"毒瘤"。如何彻底地治理腐败?我们还是要遵从毛泽东同志的指示,通过民主,即让人民来监督政府这样的路径治理腐败。不过,在新的历史时期,社会主义民主也需要有新的形式,以适应发展的现实。

建立适应新形势的中国特色社会主义民主制度,需要在三个层面展开:一是坚持党的领导;二是全面依法治国;三是建立一系列具体的社会主义民主实现形式。坚持党的领导是社会主义民主的重要特征。在社会主义革命、建设和改革的长期实践经验总结基础上,中国建立了具有鲜明特征的社会主义民主政治。中国的社会主义民主是建立在中国特殊的历史传统之上的,并在长期的历史经验教训中逐步凝练总结的选择。特别是在新中国成立后的社会主义实践中逐渐形成了坚持党的领导、人民当家作主、全面依法治国有机统一的社会主义民主政治。党的领导是人民当家作主和依法治国的根本保证,人民当家作主是社会主义民主政治的本质特征,依法治国是党领导人民治理国家的基本方式,三者统一于我国社会主义民主政治的伟大实践。全面依法治国是社会主义民主政治的重要保障。法治是人类政治文明的重要成果,是现代社会的一个基本框架。在我国的社会主义建设和改革历程中,对法治的认识不断加深,对法治的意义越来越坚信,全面依法治国成为当下中国的一大共识。实施依法治国基本方略和建设社会主义法治国家,既是经济和社会文明的标志,也是巩固党的执政地位和确保国家长治久安的根本保障。社会主义民主政治除了党的领导和依法治国的重要特征和根本保障外,还需要有使社会主义民主高效运行的具体形式。社会主义民主政治运行的本质在于使人民当家作主。为此,还需要有一些具体的民主形式,如扩大人民有序政治参与,保证人民依法实行民主选举、民主协商、民主决策、民主管理、民主监督;完善基层民主制度,保障人民知情权、参与权、表达权、监督权;各级领导干部要增强民主意识、发扬民主作风、接受人民监督、当好人民公仆。

中国特色社会主义民主在以上三个层面坚持和建设好,一定可以在治理腐败方面走出一条中国的路子来。坚持党的领导不仅是社会主义民主政治的重要特征,也是治理腐败、清明政治的有力保障。党的领导是中国特色社会主义的最本质特征,党的建设是显示这一特征的必要前提。如果不能把我们的党建设好,那么中国特色社会主义事业的所有目标都很难实现。治理腐败的关键在于管住党员干部,因而必须从严治党。党的建设和从严治党不可分割,对于治理腐败十分关键。全面推进党的政治建设、思想建设、组织建设、作风建设、纪律建设,把制度建设贯穿其中,真正把权力关在制度的笼子里,治理腐败才会有坚实的基础。

法治是现代社会国家治理的有效途径。全面依法治国是中国特色社会主义的本质要求和重要保障。坚定不移走中国特色社会主义法治道路,完善以宪法为核心的中国特色社会主义法律体系,建设中国特色社会主义法治体系,建设社会主义法治国家,坚持依法治国、依法执政、依法行政共同推进。全面依法治国的建设和实施可以成为中国国家治理的有效途径,也是治理腐败的制度保障。用法治治理腐败的重点在于建立反腐的立法、司法和执法体系。

从严治党是治理腐败的关键,法治建设是治理腐败的保障。腐败是制度

的产物,制度则是反腐的基础。中国已经进入了制度反腐的阶段,加快反腐的
法律制度建设是目前严厉反腐得以延续的重要保障。立法是制度构建的基
础,确立科学立法战略,明确有效立法路径,避免以往立法无序化、低效化现
象,是加快推进中国反腐败立法的前提。反腐立法是世界主要国家为建立反
腐制度的基本取向。从反腐立法的模式来看,主要有两种基本类型:一是集中
化模式;二是分散化模式。集中化模式是指国家制定专门的反腐败法,以此统
领其他具有反腐功能的立法,形成多层次的反腐立法体系。分散化模式则是
指国家并未制定专门的反腐败法,而是由不同的法律共同承担反腐功能的反
腐立法体系。我国目前的反腐立法属于分散化模式。然而,随着反腐力度的
加大和反腐成果的扩大,对反腐立法提出新的要求。制定一部专门的反腐败
法,形成以此为核心,其他法律相配合的多层次、综合性的反腐立法体系势在
必行。反腐败国家立法是一个综合的系统工程,涉及许多法律法规。制定反
腐败法是国家治理腐败的基本方法,应当集中体现出国家治理腐败的基本理
念、原则、政策和框架性制度,以此统领和指导更为具体的立法。对于制定反
腐败法,已经在全国人大代表范围内提出了立法建议和议案。在 1999 年九届
全国人大二次会议上,全国人大代表张仲礼提交了《建议制定国家"反腐败
法"的议案》,这份议案被确定为九届全国人大二次会议的"一号议案"。其
后,又有代表在之后的全国人民代表大会上继续就反腐败立法提出建议和议
案。党的十八大之后,反腐败立法更是被列入全国人大工作计划之中,这表明
制定反腐败法的条件已经成熟。反腐败法作为基本法,在腐败治理原则、概
念、预防措施、国际合作等方面的规定更多具有导向性、指引性功能,而整个反
腐立法体系还需要其他具体立法支撑。党的十九大报告提出要"夺取反腐败
斗争压倒性胜利。……腐败是我们党面临的最大威胁。只有以反腐败永远在
路上的坚韧和执着,深化标本兼治,保证干部清正、政府清廉、政治清明,才能
跳出历史周期率……推进反腐败国家立法,建设覆盖纪检监察系统的检举举
报平台。强化不敢腐的震慑,扎牢不能腐的笼子,增强不想腐的自觉,通过不

懈努力换来海晏河清、郎朗乾坤"①。按照这一战略部署,反腐败立法要制定如下的立法清单:(1)"不敢腐"的立法清单。"不敢腐"立法的目的是,通过构建严密的惩治体系,提高腐败成本,加强惩治的威慑效果。要实现这一目的,"不敢腐"的立法应该包括:腐败后果惩治立法,如《刑法典》《公职人员政务处分法》等;腐败后果追诉性立法,如《犯罪收益追缴法》《举报法》《反洗钱法》等;反腐败组织法,如《行政监察法》等。这些法律有的已颁布,有的需新增,而其作为"不敢腐"的立法并不是专门的,只是包含了反腐的条款。(2)"不能腐"的立法清单。"不能腐"立法的意义在于将公共权力和公共权力人置于阳光下,使权力运行透明化,消灭腐败机会。为了实现此目的,"不能腐"的立法应该包括:监督公共财政权的立法,如《预算法》《审计法》《政府采购法》《招投标法》等;监督公共行政权的立法,如《政务公开法》《公共听证法》《各级人民代表大会常务委员会监督法》《行政许可法》《行政程序法》《新闻法》等;监督公共权力人的立法,如《公务员法》《选举法》《公职人员财产申报法》《防止利益冲突法》等。同样,这些法律有的已颁布,有的要新增,而且它们也不是反腐的专门立法,但其中包含了反腐的相关条款。(3)"不愿腐"的立法清单。"不愿腐"立法的作用体现为通过道德教育或必要的经济与社会保障,提高公职人员自觉抵制腐败的自觉性。能够达到此目的,"不愿腐"的立法应该包括:《公务员法》《公共职务保障法》《社会公共道德教育法》等。在这一方面的立法诉求中,除了《公务员法》已颁布外,其他立法还需加快推进。

　　法治是治腐的长效机制。历史和现实都证明,将治理腐败纳入社会公共治理系统,构建完备而科学的反腐立法体系,是根治腐败的关键。我国目前正处于治理腐败的严查严打阶段,遏制的效果已十分明显;制定完备的反腐国家立法体系,确立严格的党内法规,发挥不同立法法规的治理功能,就能够形成治理腐败的新局面,最终建立一个海晏河清、朗朗乾坤的政治社会环境。

---

　　①　习近平:《决胜全面建成小康社会　夺取新时代中国特色社会主义伟大胜利——在中国共产党第十九次全国代表大会上的报告》,人民出版社 2017 年版,第66—67 页。

第二节　控制收入逆向转移的结构优化

一、控制收入逆向转移的经济结构优化

收入逆向转移现象的产生具有深刻的经济结构根源,如市场结构、所有制结构、地区结构,因此,对收入逆向转移的控制应该着眼于这些结构的优化。

市场结构的垄断特征可以引发收入逆向转移。我国市场结构的垄断特征主要表现为政府垄断,主要发生在国有垄断企业。政府垄断是指政府出于国家、社会公共利益需要,对某些与经济命脉、国计民生有重大关系的行业和市场实行独占性垄断。在实行计划经济体制时期,国家将社会全部可投资资源集中到自己手中,进行统一支配,形成了政府直接垄断。政府作为唯一的资源配置主体,涉及全部社会经济领域,市场的资源配置功能被取消。政府在经济上长期处于垄断地位,并通过计划主导经济资源配置和国民经济管理活动,具体体现在主要物质分配权,大型项目审批权、投资权方面。这种管理模式容易把经济管死了,也极不利于调动基层的积极性,影响了国民经济发展。为了摆脱国民经济发展的困境,中国实行了经济体制改革。经济体制改革就是要打破计划经济的集中控制,为国民经济运行注入活力。由于中国的经济体制改革所走的是一条渐进式道路,因此在刚开始改革时,计划或政府在经济运行中依然发挥着主导作用。政府在发挥这种作用过程中形成政府垄断,因此,一些人借助自己在政府中的特殊地位从其管理的企业或个人获得转移收入。这种转移收入体现为相对弱势企业或人群向相对强势企业或人群转移收入,显示出逆向转移收入的特征。针对政府垄断引发收入逆向转移的机制,可以采取如下方式来控制收入逆向转移。

解决政府垄断,一直是经济和政治体制改革的重要命题。党的十六届三中全会作出的《中共中央关于完善社会主义市场经济体制若干问题的决定》

部署了对垄断行业改革的任务,具体表述为:"对垄断行业要放宽市场准入,引入竞争机制。有条件的企业要积极推行投资主体多元化。继续推进和完善电信、电力、民航等行业的改革重组。加快推进铁道、邮政和城市公用事业等改革,实行政企分开、政资分开、政事分开。对自然垄断业务要进行有效监督。"2005 年,国务院出台的"非公 36 条",允许非公有资本进入法律法规未限制进入的行业和领域,参与电力、电信、铁路、民航、邮政、公用、石油、军工等垄断行业竞争。对垄断行业的国有企业进行改革,始终是国有企业改革的重点,也是一个难点。垄断企业改革必须保持国有经济的支配地位。党的十五大报告和十七大报告分别指出,对关系国民经济命脉的重要行业和关键领域,国有经济必须占有支配地位……要增强国有经济活力、控制力、影响力,深化垄断行业改革,引入竞争机制,加强政府监管和社会监督。在这些重要行业和关键领域中引入竞争,推进投资多元化,目的是推进企业转变经营机制,打掉官商习气,增强活力,做强做大,从而增进人民福利,增强国家竞争力,而不是要国有经济退出这些领域。在保持国有经济支配地位的前提下深化垄断企业改革,这确实面临不少挑战,而通过垄断国有企业改革控制由其引起的收入逆向转移,更是有着特殊要求的改革。这一改革需要解决巨额垄断利润的问题,因为有垄断利润就会有人在此寻租。控制或减少寻租,一是要减少政府的管制;二是要引入市场。如土地是国家垄断的最重要的资源,也是发生寻租或腐败最严重的领域之一。2018 年 1 月 15 日,原中华人民共和国国土资源部部长姜大明宣布了两项重大土地改革思路:一是政府将不再是居住用地的唯一提供者;二是我国将探索宅基地所有权、资格权、使用权"三权分置"。政府不再作为居住用地的唯一提供者,这意味着在保持土地权属不变和符合规划条件的前提下,非房地产企业依法取得使用权的土地可以作为住宅用地。农村集体经营性建设用地可以进入建设租赁住房市场。落实宅基地集体所有权、保障宅基地农户资格权、适度放活宅基地使用权,在此"三权分置"的前提下,通过限制使用权的使用方向,让农户的宅基地也可以进入市场。这种打破土地国有垄断供应的改革,有利于降低土地供应中的垄断利润,也可以减少在此的寻租机会,一定程度上控制收入逆向转移。

深化国有企业改革,特别是国有垄断企业改革,对于控制在此领域产生的收入逆向转移现象是有利的。不过,只要国有企业或国有垄断企业存在,就会有人借此寻租,产生收入逆向转移。对此,加强国有企业党的建设和领导,可以为控制国有企业内部人员的寻租提供一个新的机制。在 2016 年 10 月 10 日召开的全国国有企业党的建设工作会议上,习近平总书记发表讲话时指出:"坚持党的领导、加强党的建设,是我国国有企业的光荣传统,是国有企业的'根'和'魂',是我国国有企业的独特优势。新形势下,国有企业坚持党的领导、加强党的建设,总的要求是:坚持党要管党、从严治党,紧紧围绕全面解决党的领导、党的建设弱化、淡化、虚化、边缘化问题,坚持党对国有企业的领导不动摇,发挥企业党组织的领导核心和政治核心作用,保证党和国家方针政策、重大部署在国有企业贯彻执行;坚持服务生产经营不偏离,把提高企业效益、增强企业竞争实力、实现国有资产保值增值作为国有企业党组织工作的出发点和落脚点,以企业改革发展成果检验党组织的工作和战斗力;坚持党组织对国有企业选人用人的领导和把关作用不能变,着力培养一支宏大的高素质企业领导人员队伍;坚持建强国有企业基层党组织不放松,确保企业发展到哪里、党的建设就跟进到哪里、党支部的战斗堡垒作用就体现在哪里,为做强做优做大国有企业提供坚强组织保证。"①坚持党的建设和党的领导,不仅是要保证国有企业的发展方向,而且要把从严治党的有效方法运用到国有企业中,让任何试图在国有企业寻租的人都受到严格的约束。如果能够在国有企业中把党建设好,把党的领导作用发挥好,那么这确实可以成为控制国有企业内部引发收入逆向转移的有效途径。

地区结构或者地区差距也是引发收入逆向转移的因素。地区结构对收入

---

① 《习近平谈治国理政》第二卷,外文出版社 2017 年版,第 176 页。

逆向转移的影响是一个在宏观层面上体现出来的收入逆向转移形成机理。改革开放以来,中国经济发展的地区不平衡性越来越突出。随着地区差距的不断显现,发展较快地区的优势越来越明显,发展缓慢地区的劣势越来越显著。伴随着这一趋势,国民收入出现整体性的由落后地区向发达地区转移的现象。这一点在前面没有做具体分析,但其性质也属于收入的逆向转移。目前,这种收入逆向转移随人口流动,以及发达地区与落后地区生活成本的差异,变得更加突出。改革开放的人口流动有着较为明显的阶段性特征。最早的是农村劳动力向城镇转移,他们到城镇打工,但把打工挣得的收入寄回农村,这在一定程度上带动了农村经济发展。随着城镇越来越开放,农民工可以在城里购买房产甚至落户,这时农民工的收入就不会再寄回农村了,而且还要把自己在农村的所有收入拿出来到城镇买房和生活。由此出现了国民收入在城乡之间逆向转移的现象。随着地区差距的不断扩大,出现了落后地区人口向发达地区转移的现象,而且,这种转移并不是到发达地区挣钱补贴家用,而是到发达地区定居。在这部分人群中又有许多属于年轻人,他们多数是独生子女,在发达地区的大城市就业安家,是需要巨额投入的。如在北上广深买房,目前的价格是每一个来这里就业的年轻人无法承担的,于是,举全家之力为其买房成为一个十分普遍的现象。这是收入逆向转移的衍生形式。来自落后地区或中小城市的人到发达地区或大城市买房,带动了发达地区和大城市的高房价,从而更加大了地区间人们收入的差距。

　　控制城乡之间和地区之间的收入逆向转移,其出路也在于优化城乡和地区结构。城乡结构优化是城市化发展的结果。农村人口不断向城镇转移,虽然带来收入向城镇转移,但这个过程为农村发展留出更大的发展空间。留在农村的人口占有了更多的农业资源,有利于提高他们的收入。这是城市化发展的规律,但是,在我国的城市化发展中,这一规律受人口因素的影响,并没有充分体现。我国作为第一人口大国,尽管城市化发展速度较快,但农村人口的绝对数量依然十分庞大。这使得农村人口的人均资源占有量难以大幅度地提高,因此,城市化并不能自发实现我国城乡之间的平衡。为此,国家推动农村发展计划是十分必要的。党的十九大提出实施乡村振兴战略,这是实行农村经济体制改革以来不断探索农村发展道路的最新成果,也是缩小城乡差距的最后冲刺。实施乡村振兴战略是解决"三农"问题的新思路。农业、农村、农民问题是关系国计民生的根本性问题,这是对"三农"问题的新定位,因此要把解决好"三农"问题作为全党工作的重中之重。为落实好这一工作,要坚持农业、农村优先发展,并按照产业兴旺、生态宜居、乡风文明、治理有效、生活富裕的总要求,建立健全城乡融合发展体制机制和政策体系,加快推进农业、农村现代化。为了实现乡村振兴,要巩固和完善农村基本经营制度,深化农村土地制度改革,完善承包地"三权"分置制度;要保持土地承包关系稳定并长久不变,第二轮土地承包到期后再延长三十年;要深化农村集体产权制度改革,保障农民财产权益,壮大集体经济;要构建现代农业产业体系、生产体系、经营体系,完善农业支持保护制度,发展多种形式适度规模经营,培育新型农业经营主体,健全农业社会化服务体系,实现小农户与现代农业发展的有机衔接;要促进农村一二三产业融合发展,支持和鼓励农民就业创业,拓宽增收渠道。实施乡村振兴战略是要从根本上改变我国城乡之间的不平衡关系,当城乡关系得以改变,城乡之间不平衡得以解决,这意味着城乡结构实现了优化,城乡之间的收入逆向转移现象就能得到控制。

地区结构优化是一个较城乡结构优化更为困难的问题。发达国家都已解决了城乡之间的不平衡问题,实现了城乡一体化,但它们内部依然存在着地区之间发展不平衡问题,特别是在 2008 年全球金融危机之后,发达国家内部的不平衡问题越来越突出。我国的地区差距受地理、自然、文化、战略、政策等影响而不断扩大,这成为我国经济结构的一种常态。同样地,在一系列新的科技革命推动下,地区差距又取得了新的经济基础。如在互联网经济下,网络经济的特征容易导致垄断,进而形成极化效应,这会进一步扩大地区差距。要优化我国的地区结构,进而改变国民收入在地区间的逆向转移,必须发挥好国家的调控功能,以及实施区域协调发展战略。要从根本上改变地区间的不平衡局面,这在短期内难以做到,因为这种不平衡有着内在根据,甚至可以说是具有规律性的。发挥国家的调控功能来解决地区不平衡,并不是要通过"劫富济贫"来扭转地区不平衡的局面,而是要通过适当的转移支付,以及有效实施区域协调发展战略,来遏制地区差距扩大对国民经济的不利影响。地区不平衡既是经济发展的结果,也是推动经济发展的动力。世界许多国家在实现经济发展过程中都有过这样的经历,因而也可以说是一种经验。然而,当地区差距过大,一定会引发经济、政治和社会问题。因此,世界各国政府在地区差距不断扩大时都会采取一些调控手段来缓解地区差距进一步扩大。经过四十多年的改革开放,我国国民经济得到巨大发展,但也带来地区差距不断扩大的问题。对此,党和国家都在积极探索缩小地区差距的战略和措施。自 2000 年起,党和国家启动了旨在实现地区平衡的发展战略,开始是西部大开发,接着是东北等老工业基地振兴,之后又是中部崛起。这些战略的实施,不仅发挥了积极的作用,也积累了一些经验,为持续推进的区域协调发展奠定了基础。习近平总书记在中国共产党第十九次全国代表大会上所作的报告中提出:"实施区域协调发展战略。加大力度支持革命老区、民族地区、边疆地区、贫困地区加快发展,强化举措推进西部大开发形成新格局,深化改革加快东北等老工业基地振兴,发挥优势推动中部地区崛起,创新引领率先实现东部地区优化发展,建立更加有效的区域协调发展新机制。"[1]实施区域协调发展是一个大战略,对于缩小地区差距是必要的,对于实现地区结构优化也是必需的。而实现地区结构优化被用来控制地区间收入逆向转移,主要是降低地区间人口流动的成本。人口在地区间流动本来是缩小地区差距的一种途径,但在我国目前的人口流动中带动了收入的相应转移,而且这种收入转移是由落后地区向发达地区转移,因此具有逆向的

---

① 习近平:《决胜全面建成小康社会　夺取新时代中国特色社会主义伟大胜利——在中国共产党第十九次全国代表大会上的报告》,人民出版社 2017 年版,第 32—33 页。

特征。降低人口流动的成本,主要是控制人口集中流向的大城市房价;为进入大城市的人口提供更多的就业机会,尤其是降低大学生在这些城市就业和生活的成本。

二、控制收入逆向转移的社会结构优化

收入逆向转移与人们所处的社会地位有关,也与社会地位对人们的影响有关。社会地位不同是收入逆向转移形成的一个基础。社会地位不同虽然可能引起收入逆向转移,但其程度要受到人们对社会地位差别认识的影响。当人们对社会地位的认同倾向于高低差别,就会引导人们为获取更高的社会地位而努力。如果一个社会的地位升迁是开放的,那么人们会通过自身努力来改变自己的地位;如果一个社会的地位升迁不够开放,那么人们要获得更高的地位就会采取购买的方式。这便产生了收入逆向转移。

社会地位不同源于社会分工。社会分工是人类社会发展的一种状态,也是生产力发展水平的标志。人类社会的群体存在方式决定了分工成为一种自然状态。在人类社会初期,分工在家庭内部,随后在氏族内部,由于性别和年龄的差别而产生,也就是在纯生理的基础上产生的一种自然的分工。随着公社的扩大,人口的增长,特别是各氏族间的冲突,以及氏族间的交流,产品交换在不同家庭、氏族、公社互相接触的地方产生了,如此引起了人类社会早期的三次大分工,这也是真正意义上的社会分工。农业和畜牧业的分工,形成了专门从事农业或畜牧业的劳动者;手工业和农业的分工,出现了专门从事手工业的劳动者;商业从农业、畜牧业和手工业中分离出来,产生了最早的商人。人类社会早期的这三次大分工,构建了一个社会分工的基本框架。不同历史时代的人们在这个基本框架下劳动、收获、交换,推动着社会经济的运行。一直到资本主义生产方式产生之后,社会分工出现了微观化倾向,随工场手工业产生而形成了工场内部分工,也可以称为个别的分工。正如马克思所讲的:"整个社会内的分工,不论是否以商品交换为中介,是各种经济的社会形态所共有

的,而工场手工业分工却完全是资本主义生产方式的独特创造。"①资本主义生产方式的特殊性使得工场内部的分工不断发展,机器大工业的分工,带动了社会分工的进一步发展。分工在社会分工和工厂内部分工相互促进中向广度和深度拓展,且越来越复杂。分工的发展引起生产力水平不断提高,推动社会不断进步。

分工在促进生产力发展和社会进步的同时,对个人也产生了越来越大的影响。在分工不甚发达的社会里,每一个人尽量使自己变得全能,以维持自己及家庭的生存。然而,分工的发展推动了生产力的发展和社会的进步,但人的全面性被严重侵袭。资本主义工场手工业把工人变成畸形物,它压抑了工人多种多样的生产志趣和生产才能,人为地培植了工人片面的技巧。工人在工场手工业内部的畸形化大大地影响了他们在社会分工的自由转化。一个工人一旦进入资本主义的工场或工厂,必然要适应被畸形化的环境,当完成了这一转化后,就很难适应社会分工的环境。如此,无论是个别分工,还是社会分工,都造成人们之间的差别,进而形成不平等的社会结构。

这一分工发展的历史并不以社会性质不同而有本质上的差别。任何一个社会在其追求生产力发展的过程中都要经历这种分工的演进。有所不同的是,有的社会可以通过社会结构的优化来降低分工带给人们不平等的影响。

我国在工业化的过程中分工越来越发达,生产力水平因此不断提高。在计划经济体制下,分工仅仅是生产力发展的标志。随着分工越来越复杂,我国的生产力得到相应发展。但分工造成人们的工作不同并未引起社会地位的较大差别,从这个时期实行的工资制度可以看出,人们虽然从事的工作不同,但只要所评定的级别相同,工资也相同。在计划经济时期,城市职工分为工人和干部,工人不管在哪个行业工作,适用的都是八级工资制,也就是说,只要是同一工资级别的工人,不管在哪个企业或哪个行业,他们的工资都是相同的。干

---

① 《马克思恩格斯文集》第5卷,人民出版社2009年版,第415—416页。

部无论在哪个岗位工作,适用的都是二十四级工资制,这意味着,只要是同一工资级别的干部,无论在哪个部门或担任什么职务,他们的工资都是一样的。如果再考虑到我国的社会主义制度,那么属于人民的政治地位又是平等的。我国在计划经济体制下的分工带来人们之间的差别,但并没有因此演变为社会地位的差别。如此构造起来的社会结构大大地减少了因社会地位不同而引发的收入逆向转移。

我国在改革开放后,逐步完成了从计划经济向市场经济的转变,最终建立了社会主义市场经济体制。在这一转变过程中,商品经济得到快速发展,商品交换成为经济关系中的基本活动。商品经济和商品交换在经济运行中起到越来越广泛的作用,使分工或社会分工对人们的意义变得不同了。在计划经济体制下,人们在哪个企业或哪个行业工作没有太大差别。但在市场经济体制下,人们所从事的工作或进入的行业不同,其差别越来越明显。在效益好的企业工作的人比在效益不好的企业工作的人,不仅经济地位高,而且社会地位也显得优越。在成长性好的行业工作的人相较于在成长性差的行业工作的人,不仅可以获得更高的收入,而且也更受人们尊重。对于这种因体制转变带给人们的影响,我们必须有正确的认识。从计划经济体制向市场经济体制转变,这是由我国生产力水平决定的,也是我国对社会主义经济建设经验总结和反思所作出的选择。因此,我国经济在改革开放过程中,通过形成一条中国特色社会主义道路,取得了增长的奇迹和实力的大幅提升。这就是说,我们选择市场化取向的改革,并且建立社会主义市场经济体制是正确的、成功的。至于在这个过程中改变了人们在计划经济体制下获得的平等社会地位,则需要辩证地对待。实际上,这是效率与平等的一种现实反映。面对我国生产力水平低下、经济十分落后的形势,追求经济增长、提高生产力自然地成为我国首要考虑的问题。既然在计划经济体制下优先实现平等不能同时带来高效的经济增长,那么重新调整对效率与平等关系的认识,就成为现实的选择。在这样的背景下,我国在实行改革开放后坚持效率优先、兼顾公平就是自然的选择。按照这一选择,我国取得了经济持续高速增长的成就。随着经济持续高速增长,我国对效率与平等的认识也逐步改变,从坚持效率优先、兼顾公平,到现在坚持效率与公平并重,且更加注重公平。这表明,在关注社会分工对社会结构的影响时,不仅要看到社会分工决定社会结构客观性的一面,而且要看到社会结构自身也可以优化。通过社会结构优化可以削减社会分工以及商品经济带来的社会地位不平衡和它对人们的影响。其中,社会结构优化可以控制由社会地位不同引发的收入逆向转移。当然,这也是需要努力才能实现的一个目标。

实现我国社会结构的优化,需要从以下几方面入手。

第一,抑制社会分工对社会地位的放大效应。社会分工作为社会结构形成的客观基础,进而影响到人们的社会地位,这是社会分工影响人们社会地位的简单机制。社会分工能够在多大程度上影响人们的社会地位的差距,不同的社会会有不同结果。如前面提到的,我国在计划经济体制时期社会分工对人们的社会地位的影响并不大,不同岗位工作的人,他们的社会地位基本上是相同的。改革开放之后,由社会分工引起的不同岗位和职业所显示出来的社会地位开始有差别,这主要是引入商品交换和市场经济的结果。引入商品交换和市场经济并没有问题,但不能因此过于放大社会地位的差别。对此,要采取一定的抑制措施,使人们的社会地位不会有很大差别。具体地讲,这些抑制措施要做到矫正社会结构不平衡的格局。如社会地位高并不是在社会分工中处于重要的位置,而是由于稀缺才造成其优势地位。在公共领域,一些掌握优质而稀缺公共资源的人有着特殊的地位,成为人们向其转移收入的对象。对于这样的结构性问题,政府要寻求有效办法,来矫正这种不平衡。

第二,实现政府的管理职能向服务职能转变。在我国的社会结构中,政府及其官员一直都处于最高层的位置,这主要决定于它(他)们是社会的管理部门或管理者。在计划经济体制下,政府属于全能型政府,政府扮演了生产者、监督者、控制者的多重角色,并通过指令性计划和行政手段进行经济管理和社会管理。随着我国社会主义市场经济的建立和完善,政府在经济运行的地位需要转变。社会主义市场经济的完善,要求政府把对微观主体经济活动的调节权交给市场。政府随之由过去对微观主体的管理者变为服务者,同时,政府的工作转换到为企业生产经营创造良好的发展环境上来。转变政府职能,不仅是完善社会主义市场经济体制的要求,而且也是优化社会结构的重要抓手。使政府职能发生根本性转换,使政府成为真正的服务型政府,这对于社会结构优化来说是一个重要的保证。

第三,加快社会保障制度的全覆盖和公平化。在市场经济体制下,建立在社会分工基础上的社会结构一定会存在差别。这种社会差别又决定了人们所获取的经济、政治、社会资源不同。这不仅形成了人们不同的社会地位,而且产生了人们之间不同的地位优势。之所以发生收入逆向转移,这种社会地位的优势差便是重要原因。要解决这一问题,一个有效的措施就是建立覆盖全面且公平合理的社会保障制度。目前,我国的社会保障制度建设尽管在不断加快,但保障的不全面和不公平问题依然突出,这是无法达到公民平等的目标的。现代社会实现保障性平等的有效手段就是社会保障制度,而且是一个全面而公平的社会保障制度。如果能够建立一个完善的社会保障制度,并可以实现对公民合理而公平的保障,那么社会结构尽管存在差别,但也是优化的。

第四,加强宏观调控政策对不合理差距的调节。社会地位的差别是一客观现实,这在任何社会都难以彻底解决。不过,对社会地位差别做一些矫正却是任何社会都可以选择的一种做法。我国实行社会主义市场经济体制,一方面会引起社会结构中不同社会地位的差别;另一方面发挥社会主义优势可以减少社会地位差别带给人们的影响。发挥社会主义优势不在于对经济社会的完全控制,而主要体现在宏观调控的强度和广度上。要发挥好宏观调控的财政政策、货币政策、收入政策等手段,来调节由市场经济运行产生的差距。如果能够使社会变得更加公平,那么社会结构就得以优化,从而减弱由于社会地位差别而引起的收入逆向转移。

第三节　控制收入逆向转移的文化转型

一、文化对收入逆向转移的影响

收入逆向转移是人们行为僭越的一种结果。掌握公权力的人利用公权力进行寻租;拥有特殊资源的人借助这种资源带来的社会优势获取转移收入。据此,人们一般认为收入逆向转移有着经济、政治、社会因素的根据。不过,从更为深入的角度分析,收入逆向转移也有着文化因素的影响,转变人们长期形成的一些消极文化,是控制收入逆向转移的一条根本性的途径,当然,转变人们长期形成的文化是一件十分困难的事情。

文化是一个非常广泛和最具人文意味的社会现象。文化可以是人类生活的各种形态,有物质层面的,也有精神层面的。给文化下一个准确或精准的定义,是一件比较困难的事情。通常是不同人基于不同的研究视角对文化下一个自己理解的定义。我们这里提出文化对收入逆向转移的影响,并要转变这种影响收入逆向转移的文化,主要是指对人们的行为产生影响的某种文化。即使就这个角度来看,也有不同表述的文化。如文化是约束社会行为、塑造社会规范的意义、符号、价值观以及是非判断的综合体系。文化是多种意义的交融,人类以此阐释自身的存在与经历,驱使自身行动,即文化是人类行为的导向,是阐释自身行为意义的符号体系。① 文化对人的行为影响是一个共识,人类的进化历史中文化发挥了重要作用。文化是人类适应共同生活的需要创造出来的,为此,整合是文化首要的功能。文化整合功能是协调群体成员行动所发挥的一种作用,社会群体中不同的成员都有其独立行动的能力,文化是实现他们之间沟通的桥梁,如果人们能够共享文化,那么他们就可以有效地形成一

① ［西班牙］约瑟·阿提拉诺·派纳·洛佩兹等:《腐败的社会根源——文化与社会资本的影响》,范连颖译,《经济社会体制比较》2015 年第 4 期。

个整体。导向是文化最直接的功能,文化的导向功能是指它可以为人们的行动提供方向和方式。当人们在文化上取得共识,就可以知道自己的何种行为能够得到别人认可、引起人们积极回应。这有利于人们选择最有效的行动,并把不同人导向一致的行动。传续是文化的历史功能,人类社会绵延不断,这主要得益于文化的传承。一种文明能够延续也是文化传承的结果。

对文化做这样一般性的介绍,是想说明文化的影响可以渗透到社会生活的方方面面。尽管文化具有不确定性,但作为一种潜意识的思想体系,它反映了某一特定社会的价值观、行为规范和思维方式等,并影响着人与人之间的相互关系以及个人的选择。既然文化可以影响到人们之间的关系,也会影响到人的行为选择,那么就可能产生两种结果,一种是好的文化会促进人们之间的关系和谐,并引导人们的行为更有利于社会;另一种是不好的文化会影响人们之间的有效合作,甚至使人们只考虑自己且以此作为自己行为的出发点。什么是好的文化?什么是不好的文化?这却是一个难以简单判断的问题。因为,一种文化在一定的社会背景下是有利于社会整合、社会秩序并引导人们作出正确行为选择的,而当社会背景发生了变化,同样是这种文化则会破坏社会秩序。把文化与收入逆向转移这一现象联系起来,并讨论文化对收入逆向转移的影响,虽然没有作为前面分析的我国收入逆向转移形成机制的一项内容,但要控制收入逆向转移,从文化的角度提出对策则具有导向性作用。

文化对收入逆向转移的影响,如对腐败行为的影响,有其特殊属性。我国自改革开放以来出现的腐败现象,虽然制度变化起到了根本性作用,但存在于我国文化体系中的人情文化发挥了一定的作用,或者说起到了暗中推动的作用。人情是中国社会的一个核心概念,蕴含着丰富的内涵。人情文化对于中国传统社会的秩序维护和实现和谐起到了积极的作用,而且大大地降低了中国传统社会实现稳定的成本。我国的人情文化首先体现为人与人之间的情感;其次体现为人与人之间的相互馈赠;最后是一套社会规范和道德义务。要求个体通过拜访、礼物、宴请等方式与关系网中其他个体维持关系,如果一个人不能很好地处理并维系这种关系,便被说成是不懂人情或不近人情,于是就会被一定关系网边缘化。① 这种人情文化对所有中国人在社会生活实践中的行为选择有着非常深刻的影响。腐败这种收入逆向转移形式就与这种人情文化有关。腐败的主要表现是权钱交易,这与建立在人情文化基础上人们的思维方式和行为方式相关,因为许多人把权钱交易当作是一种人情往来,这使得腐败深深嵌入到人情的社会生活实践之中。人情往来与权钱交易的划分只存在于法律规范之中,而在社会实践中是不严格区分二者的。有人对人情关系做了三个维度的界定:有义务地回报;有义务地接受;有义务地给予。② 这三个维度的人情关系都使得腐败的寻租活动变成一种正常的人际关系。

在这种人情关系下,腐败或寻租成为一种副产品。在中国传统社会中,人情关系是社会运行中一种极为重要的关系。农业社会的人们从事着自给自足的生产活动,商品经济并不发达,社会关系多建立在一些礼尚往来的基础上,由此培养起人们之间的人情关系,并形成社会关系的主要形式。中国传统社会中的个体在其日常生活实践中,通过拜访、宴请、礼物等方式与他人建立和维持的密切的人情关系,使今天发生的腐败或寻租现象具有社会内生的特征。

在一个人情文化渗透的社会里,个体在以人情为媒介建立起的双方关系中始终承担着回报的“义务”,任何人试图不实践这种回报“义务”就会被视为“没人情”,进而被歧视和排斥。现代社会运行的秩序化要求与传统社会有很大不同,在政治层面上通行的是科层制。科层制是依据普遍主义原则而构建的,按此要求,应该一视同仁,公私分清。在科层制下从事管理的人员通常要面对一个两难选择,一方面要遵守所在科层制的普遍主义要求;另一方面又要受社会关系的人情约束,这便产生了一种角色上的冲突。在这种角色冲突下,有的人倾向于人情,主动拿自己掌握的权力做交易;有的人则为人情所困,被动地接受人情的回报。在现实中,许多掌握权力的人也会采取一些人情规避

---

① 柯珠军、岳磊:《人情视角下我国腐败行为的文化透视》,《开放时代》2014 年第 2 期。
② 柯珠军、岳磊:《人情视角下我国腐败行为的文化透视》,《开放时代》2014 年第 2 期。

的方法和策略,拒绝别人给自己的各种好处,但如何拒绝则是一个难题。当面拒绝好像不近人情,因为自己也不希望与对方建立起来的人情关系断裂。在这样的情境下很容易产生"义务"接受的人情。在现实中,许多官员就是如此陷入腐败的。

在人情关系普遍存在的社会里,尽管受贿者采取各种策略以图规避人情,避免使自己陷入普遍主义原则与人情关系的矛盾中。然而,行贿者却会想尽办法与受贿者建立起人情关系。以行贿者的出发点来看,他通常有理性的考虑,最终是想通过向受贿者行贿来达到自己的某种目的。但是,行贿者在进行贿赂时通常不会表达出自己的目的,而是采取将自己的行为道德化的策略,如掩饰为日常的人情往来,这意味着,行贿者的贿赂行为一般不被赋予理性的目的,而仅仅是维持和发展双方的私人关系。如此看来,行贿者向受贿者行贿尽管有着理性目的的考虑,但为了实现这一目的,他并不会直接将这一目的及时地表达出来,而是隐藏起来极力表现出一种基于人情的情感性目的。由于人们之间通过礼尚往来维持双方关系的和谐,因而礼尚往来在很大程度上是"义务"性的。这表明,行贿者通过自我道德化掩饰策略,将贿赂行为在逻辑上变成与日常礼尚往来一致的行为,成为一种"义务"性的馈赠行为。因此,行贿者只有通过"义务"性的人情给予形式来维持与受贿者的私人关系,才能最终达到自己追求的目的。

人情文化在我国有着深厚的沉淀。这种文化在传统社会有其积极意义。然而,在现代社会,这种人情文化向遵循着普遍主义原则的科层制运行渗透,便形成了不合理现象。在这种现象中有着侵蚀国家利益或其他人利益的倾向,因此,变成了腐败或寻租,并导致收入逆向转移。人情文化是中国文化的特质,在中国的传统社会里,这导致私人领域和公共领域融为一体,或其边界非常模糊。一旦以私人关系为导向的行为渗透到公共领域时,一些个体就会依据是否欠了人情、是否有私人关系而采取基于特殊主义的行为,从而引起腐败或寻租,产生收入逆向转移。在中国传统社会里,有的朝代进行了严厉反腐,但始终没有根治腐败。究其原因时,仅从制度上来解释并不彻底,深厚的人情文化基因使腐败行为具有一定的传承性。新中国成立后,我国建立的社会主义制度以及实行的集中计划经济体制,从制度上极大地抑制了人情文化对腐败或寻租影响机制发挥作用。改革开放后,随着市场化取向改革的不断深化,逐步形成了市场交换与人情文化的扭曲性结合,因此不断地滋生出腐败现象。当然,这并不是要反对市场化取向的改革,但这是市场化改革在人情文化影响下带来的副产品。因此,改变人情文化对腐败或寻租现象的影响必须有新的举措。

文化是一个极为丰富的概念。文化对收入逆向转移的影响也有着不同的实现机制。虽然我们没有把它放在前文中相应部分加以分析,但这并不影响它作为收入逆向转移形成机制的意义。由于这里分析文化对收入逆向转移影响仅限于人情文化的视角,因此,控制收入逆向转移的文化转型也集中从这一角度展开分析。

二、控制收入逆向转移的文化转型途径

文化转型历来都是一个困难的事情。因为文化是人们在长期的生产和生活实践中取得的某种共识,而且沉淀在人们心理结构的底层。实现文化转型是人类社会变迁中的一个重要组成部分。生产力的发展是人类社会变迁最根本的动力。生产力的不断进步推动了人类社会从低级到高级的演进。不过,生产力发展推动人类社会演进是一个非常复杂的过程。按照马克思主义基本理论,这个过程包括生产力—经济基础—上层建筑(政治的上层建筑和思想的上层建筑)的相互作用的机制。文化转型是包含在这个作用机制中的一个环节。文化属于思想上层建筑的内容,它的转型虽然受到经济基础的影响,但其呈现出鲜明的特性,具有很强的独立性,也就是说,文化的转型并不是完全受经济基础左右,也不是随上层建筑的变化而很快发生变化。文化转型可以分不同层次,有属于社会主导性文化的转型,有属于社会特定文化的转型。前

者是指一种新的文化形态替代旧的文化形态,表现为文化的变革、进步的过程。

文化转型如此复杂和困难,使得任何社会在实现这一目标时都要进行系统性的改造。根据前面的分析,文化或人情文化对于我国的收入逆向转移具有一定的影响。实现人情文化转型是控制收入逆向转移的必要途径。然而,要实现人情文化的转型却较为困难,需要加强制度建设、健全市场经济体制、坚持强力反腐不动摇等等。

人情文化是在源远流长、博大精深的中华文化中演变出来的一种独特文化。在中华文化的发展和创新中,儒家思想在更长的历史时期占据着主流,以致古代社会主流文化包含了许多儒家文化的基因。儒家文化崇尚礼制,讲究礼尚往来,但这种文化在现实中产生了变异。在旧式官场上将"礼"变异为敬畏或孝敬权势。秦汉以来,官场上一直流行"礼"尚往来,清代送礼的名目更是繁多,"别敬、冰敬、炭敬、门敬、文敬、年敬、节敬、喜敬、妆敬"等等。这些五花八门的"送礼"实际上是借人情文化之名行贿赂之实。进入现代社会,这种"送礼"文化并未随旧式官场的消失而消亡,而是盛行于社会的各个领域、各个阶层,演化为越来越严重的腐败或寻租问题。要改变我国社会中长期形成的这种人情文化、"送礼"文化,首先应该从制度上加以规范,最大限度地抑制人情文化向权力渗透。

人情文化之所以能够向权力渗透,一方面是没有把权力关进制度的笼子里;另一方面是没有给人情的实施划定边界。把权力关进制度的笼子里,这是治理腐败问题的根本性途径,给人情实施划定边界,也需要制度的保障。这里所说的制度主要是法律制度和民主制度。人情文化的转型是一种功能性转型,并不是要我们的社会没有人情,而是要把人情限制在人与人的感情交流这一目的中,超出这个限制,使人情关系中包含了过多的利益诉求,那么人情关系便成为腐败或寻租的温床。把人情限制在人与人的感情交流,需要实现一种替代,就是把人们在社会生活中的正式交往都纳入依法依规范围。法律制度是人类社会演进中形成的一种旨在规范人们行为和维护社会秩序的制度安排。法律制度的诞生和逐步完善大大节约了人们进行社会交往的成本。良好的法律制度为人们的行为提供了正确方向,什么该做? 什么不该做? 怎样做是正确的? 怎样做是错误的? 法律可以提供一种指引。在任何一种社会形态下,人们之间的交往是十分复杂的。社会的演进为人们之间的交往提供了各种各样的制度或文化,以将这些交往引向秩序化的状态。然而,现实中的人们当遵循法律的成本太高,或高于人们找关系、找门子的成本时,建立和运用人情就成为一种正常的行为。为什么人们在遇到问题或需要实现某种目的时愿意找关系、找熟人? 这一定是因为他认为这样做的成本较低,或者相对于按照法律要求去做的成本要低。如何实现法律对人情的替代? 一是要降低遵循法律的成本;二是要加强对违法行为的民主监督。目前,我国的法律执行的成本比较高,老百姓遇事都不愿意诉诸法律,而是设法找关系、找熟人"摆平""搞定"。这无疑成为人情关系盛行的温床。相应地,通过人情关系"摆平""搞定"某些问题的成本也比较低的时候,一方面人们会对此更加趋之若鹜;另一方面人们会极力规避法律。因此,要转变我国盛行的人情文化,进而减少腐败或寻租,控制收入逆向转移,必须构建一个良好的法治环境,并加强民主监督。如果法治环境改善了,民主监督加强了,人们就不会更多地陷入到人情关系中,遇事也不再是去找关系、找熟人,而是按照规则去办事,寻求法律解决方案。

实现人情文化的转型还需要健全社会主义市场经济体制的前提。之所以要对人情文化加以转型,不在于其自身存在什么严重问题,而是它向经济、政治等领域渗透,影响或干扰了这些领域的正常运行。如果这些领域本身能够良性运行,那么就使得人情文化的渗透没有了空间。我国目前在经济领域中的腐败或寻租活动盛行,一个关键性的原因是,在向市场经济转型过程中,市场应该在资源配置中的决定性作用并未充分显现。这种市场经济的不健全,在某种程度上是人情文化得以渗透的重要背景。因此,深化经济体制改革,健全社会主义市场经济体制,让市场在资源配置中起决定性作用,是推动人情文化转型的一个必要前提。

健全社会主义市场经济体制是我国确定了社会主义市场经济体制改革目标后经济工作的中心。1992年,党的十四大是我国改革开放后对经济体制改革探索的重要节点,正式确定我国经济体制改革目标是建立社会主义市场经济体制。1993年,党的十四届三中全会通过的《中共中央关于建立社会主义市场经济体制若干问题的决定》,设计了社会主义市场经济体制的基本框架。在这样的改革目标和设计方案下,我国的经济体制改革不断深化,且逐步走向完善。2013年,党的十八届三中全会通过的《中共中央关于全面深化改革若干重大问题的决定》指出,经济体制改革是全面深化改革的重点,核心问题是处理好政府与市场的关系,使市场在资源配置中起决定性作用和更好发挥政府作用。市场决定资源配置是市场经济的一般规律,健全社会主义市场经济体制必须遵循这条规律,着力解决市场体系不完善、政府干预过多和监管不到位问题。

健全社会主义市场经济体制主要需解决两个层面的问题,一个是要完善社会主义市场经济的主体秩序和交易秩序;另一个是要创新和完善宏观调控和发挥国家发展规划的战略导向作用,健全财政、货币、产业、区域等经济政策协调机制。社会主义市场经济的主体秩序回答"谁在竞争?"其核心是企业产权制度,是对企业激励和约束的制度安排;交易秩序回答"怎样竞争?"其核心是要素市场价格制度,是市场竞争中等价交换、平等竞争原则的贯彻。创新和完善宏观调控需要把总量调控和结构改革、短期增长和长期发展有机统一起来。

健全社会主义市场经济体制作为实现人情文化转型的前提,主要体现为市场经济充分而公平的运行是以平等的市场主体、公平的市场环境、客观而公正的宏观调控为基础的。如此的市场经济可以在很大程度上排斥人情文化的渗透。当市场主体实现了平等,并且可以在市场上获得自己生产经营所需要的各种资源,那么它们就不会去找政府,也就不需要找关系、找熟人,人情关系也就在经济活动中失去了价值。相反,我国目前经济运行中缺乏一个健全而完备的市场经济环境,因此,各个市场主体自然会托关系、找门路搭上政府相关管理部门。在这里,不仅人情关系盛行,而且寻租活动猖獗。同样地,当宏观调控客观而公正,能够建立现代财政体制,合理安排中央与地方财政关系,实现预算制度和税收制度科学化;能够形成现代金融体制,促进资本市场健康发展,健全货币政策和宏观审慎政策双支柱调控框架,深化利率和汇率市场改革,那么政府经济管制和宏观调控的租金空间则会大大压缩,人情关系向该领域渗透的机会也将大大减少。

借助于完善社会主义市场经济体制来推动人情文化转型,主要是削减人情文化可能引发腐败或寻租的经济基础。当所有的人或组织都可以借助正常的经济秩序获得自己希望的利益,还有谁会没有尊严地去拉关系、走后门呢?

推动人情文化转型也需要保持反腐的力度和加强党的建设。在人情文化严重侵蚀经济社会运行的形势下,通过加大反腐力度,保持反腐高压态势,并加强党的领导和建设,可以在很大程度扭转人情文化的负面效应扩张。

在人情关系下逐步形成的腐败或寻租行为,久而久之便成为一种人人都要去适应的生活方式,甚至开始成为社会中一种被人们接受或默认的价值。我国改革开放后出现的腐败现象,与这种人情关系导致的价值观有很大关系。对此,进行强力而普遍的反腐是一种必要的手段。党的十八大以来,以习近平同志为核心的党中央全面加强党的领导和建设,坚决改变管党治党宽、松、软的状况,开启了以加强党的建设为目的的教育实践和学习活动。着力解决人民群众反映最强烈、对党的执政基础威胁最大的突出问题。其中,强力反腐是最受老百姓欢迎的举措。党的十八大以来,坚持反腐无禁区、全覆盖、零容忍,坚定不移"打虎""拍蝇""猎狐",不敢腐的目标初步实现,不能腐的笼子越扎越牢,不想腐的堤坝正在构筑,反腐败斗争压倒性态势已经形成并巩固发展。强力反腐并坚持不懈,这是惩治腐败的必要手段,并且已经取得巨大的效果。

然而,要彻底改变人情关系或人情文化助推腐败发生的状况,还需要把党建设好,因为作为一个执政党,而且是有着9000多万名党员的大党,如果能够实现风清气正,那么就会引导社会风气转变,从而抑制人情关系或人情文化向政治、经济领域渗透,减少腐败现象发生,进而控制收入逆向转移。

强力反腐、从严治党已经形成了良好的态势,这对于转变我国社会风气来说,是一个非常好的开端。不过,要使这样的形势可持续,必须把党建设好。强力反腐尽管取得了很好的效果,但要把这一效果维持下去,前提是加强党的建设。中国共产党自成立以来,在领导中国革命、建设和改革的经历中取得了巨大的成就,也留下了许多深刻的教训。中国共产党在不断发展的实践中保持了很好的"弹性",体现出来的一个重要特点是善于总结经验,勇于修正错误,敢于改革创新,从而保持了自己的生命力。中国共产党的这一特征或优势,将会在反腐的实践中开辟出一条新路。在这样的形势下,如果能够把我们的党建设好,并保持其先进性和纯洁性,那么就可能形成反腐的压倒性态势,最大限度地抑制人情文化对腐败现象发生的影响,推动实现人情文化的功能性转型。

文化是收入逆向转移形成的一个因素。其发生机理在于通过影响人们的行为产生收入逆向转移现象。在我国,这种文化影响收入逆向转移集中体现在人情文化对腐败或寻租行为的影响上。人情文化在我国根深蒂固,而且深深地影响着人们的日常行为。要在人情文化影响人们日常行为和工作行为之间划一个清晰的边界,并实现人情文化的功能转型,这是控制收入逆向转移的一个必要的手段。

结　　论

收入分配是人类社会生产方式演进中始终相伴相生的一种经济活动。生产方式包括四个环节，分别是生产、分配、交换和消费，其中，生产表现为起点，消费表现为终点，分配和交换表现为中间环节。分配被规定为从社会出发的要素，社会以一般的、居于支配地位的规定的形式，担任生产和消费之间的媒介。人类社会的生产是以社会的形式进行的，共同生产获得的产品，如何最终成为个人的消费品，需要一定的分配形式来实现。分配不仅使人们获得消费品，而且会造成人们之间的收入差距。在人类社会初期，分配多采取平均的形式，因此，人们把这称为原始共产主义社会。在人类社会进入阶级社会以后，分配开始变得不平等了，因此，人们对于分配的关注在多数情况下集中于收入分配差距问题。

是什么因素引起或决定了收入分配的差距呢？回答这个问题远没有想象的那么简单，因为分配的社会性特征总是随社会发展产生一些新的因素，对收入差距形成新的影响。翻开任何一本关于经济思想史的书籍，都会看到有关于收入分配的论述。在实践中，人们对于收入分配也是十分关切的，当收入差距不断扩大时，人们会表达自己的不满；在发生严重的两极分化时，社会因此会发生动荡，甚至是革命。在中国的历史上，也同样经历了这种收入分配变迁的过程。新中国成立后，随着社会主义制度建立，缩小收入分配差距有了制度上的保障,因此,收入均等化成为一个重要特征。然而,收入分配不仅有体现人们平等的功能,而且也包含了一种对人们激励的功能。中国在实行计划经济体制时期一定程度地实现了收入分配的均等化,但也产生了一些消解人们积极性的现象。这一点随改革开放发生了变化,自1978年起,经济体制改革及其内含的分配制度改革,再加上一系列新的发展机会的产生,人们之间的收入分配又出现了差距。中国改革开放后为什么收入分配差距不断扩大? 在本书进行的文献梳理中,我们可以发现,几乎在经济学理论中能够找到的原因都被用来解释中国收入分配为什么出现差距这一问题。而本书提出的一个新的解释便是,收入逆向转移在中国收入分配差距形成并扩大的过程中起到了一定的作用。在研究收入逆向转移影响分配差距的机制,以及如何控制收入逆向转移现象的过程中,我们得出如下的一些结论。

第一,中国收入分配差距产生的原因是综合性的。中国分配差距在改革开放后不断扩大,如此形成改革开放前后分配差距不同的表现。改革开放后之所以收入分配差距不断扩大,其原因可以从微观、宏观、对外经济关系等角度加以归纳。在微观领域,影响中国分配差距的因素有市场化改革、分配制度改革、分工发展等;在宏观领域,影响中国分配差距的因素有经济增长、通货膨胀、就业等;在对外经济关系领域,影响中国分配差距的因素有对外贸易、技术引进、国际资本流动等。

第二,收入逆向转移具有影响分配差距的特殊机制。收入逆向转移的性质决定了其内生着一种扩大分配差距的机制。因为无论是低收入者向高收入者转移收入,还是地位低的人向地位高的人转移收入,都一定会引起分配差距扩大。不过,收入逆向转移影响分配差距还有一个更特殊的机制,这一机制便是分配主体间数量关系影响分配差距的机制。这一机制的简单形式是,当分配主体间呈现多数人向少数人集中收入时,就一定会引发分配差距的扩大,不管是在挣得收入方面,还是在转移收入方面,都是如此。区别在于,逆向转移收入更容易形成多数人向少数人集中收入的趋势,因而,更可能导致分配差距的扩大。

　　第三,控制收入逆向转移需要综合施策。收入逆向转移具有共生性,也就是说,只要人类社会是不均衡、不平等的,就一定会引发收入逆向转移。这似乎是收入逆向转移的客观根据,对此,可选择的控制方式便是尽量解决社会的不平衡问题,尽量缩小社会不平等。不过,收入逆向转移也有主观方面的原因,主要是人们的逐利动机,对此,必须建立一套严格的约束机制来控制人们的这种行为。这需要有一些制度安排,也需要实现结构优化,还需要推动文化转型,它们相互配合才可能把收入逆向转移控制在一个较少发生的状态下。

参考文献

一、中文文献

1.《邓小平文选》第三卷,人民出版社 1993 年版。

2.《列宁选集》第 1—4 卷,人民出版社 2012 年版。

3.《马克思恩格斯文集》第 3、5、8 卷,人民出版社 2009 年版。

4.[苏联]斯大林:《苏联社会主义经济问题》,人民出版社 1953 年版。

5.《习近平谈治国理政》,外文出版社 2014 年版。

6.[英]安东尼·B.阿特金森、[法]弗兰科伊斯·布吉尼翁主编:《收入分配经济学手册》第 1 卷,蔡继明等校译,经济科学出版社 2009 年版。

7.[英]安格斯·麦迪森:《世界经济千年史》,伍晓鹰等译,北京大学出版社 2003 年版。

8.[英]安格斯·麦迪森:《中国经济的长期表现——公元 960—2030 年》(第二版),伍晓鹰、马德斌译,上海人民出版社 2008 年版。

9.白重恩、钱震杰、武康平:《中国工业部门要素分配份额决定因素研究》,《经济研究》2008 年第 8 期。

10.白重恩、钱震杰:《国民收入的要素分配:统计数据背后的故事》,《经济研究》2009 年第 3 期。

11.白重恩、钱震杰:《劳动收入份额决定因素:来自中国省际面板数据的证据》,《世界经济》2010 年第 12 期。

12.白重恩、唐燕华、张琼:《基于微观方法估计隐性经济的研究进展》,《经济学动态》2015 年第 1 期。

13. 白重恩、唐燕华、张琼:《中国隐性收入规模估计——基于扩展消费支出模型及数据的解读》,《经济研究》2015 年第 6 期。

14. 蔡昉、林毅夫:《中国经济》,中国财政经济出版社 2003 年版。

15. 常进雄、王丹枫、叶正茂:《要素贡献与我国初次分配中的劳动报酬占比》,《财经研究》2011 年第 5 期。

16. 常进雄、王丹枫:《就业增长、投资与初次分配中的劳动报酬占比》,《经济管理》2011 年第 3 期。

17. 钞小静、沈坤荣:《城乡收入差距、劳动力质量与中国经济增长》,《经济研究》2014 年第 6 期。

18. 陈斌开、林毅夫:《发展战略、城市化和中国城乡收入差距》,《中国社会科学》2013 年第 4 期。

19. 陈斌开、张鹏飞、杨汝岱:《政府教育投入、人力资本投资与中国城乡收入差距》,《管理世界》2010 年第 1 期。

20. 陈刚、李树、尹希果:《腐败与中国经济增长——实证主义的视角》,《经济社会体制比较》2008 年第 3 期。

21. 陈刚:《腐败与收入不平等——来自中国的经验证据》,《南开经济研究》2011 年第 5 期。

22. 陈建东、马骁、秦芹:《最低生活保障制度是否缩小了居民收入差距》,《财经研究》2010 年第 4 期。

23. 陈建东、杨雯、冯瑛:《最低生活保障与个人所得税的收入分配效应实证研究》,《经济体制改革》2011 年第 1 期。

24. 陈丽华、许云霄、辛奕:《城市化进程中以财政制度创新缩小城乡收入差距》,《财政研究》2012 年第 1 期。

25. 陈卫东主编:《腐败控制论》,中国方正出版社 2000 年版。

26. 陈彦斌、陈伟泽、陈军、邱哲圣:《中国通货膨胀对财产不平等的影响》,《经济研究》2013 年第 8 期。

27. 陈宗胜、文雯、任重:《城镇低保政策的再分配效应——基于中国家庭收入调查的实证分析》,《经济学动态》2016 年第 3 期。

28. 陈宗胜、周云波:《非法非正常收入对居民收入差别的影响及其经济学解释》,《经济研究》2001 年第 4 期。

29. 陈宗胜、周云波:《再论改革与发展中的收入分配——中国发生两极分化了吗?》,经济科学出版社 2002 年版。

30. 陈宗胜:《经济发展中的收入分配》,上海三联书店 1991 年版。

31. 陈宗胜等:《中国居民收入分配通论:由贫穷迈向共同富裕的中国道路与经验——三论发展与改革中的收入差别变动》,格致出版社、上海三联书店、上海人民出版社 2018 年版。

32. 程恩富、胡靖春:《论我国劳动收入份额提升的可能性、迫切性与途径》,《经济学动态》2010 年第 11 期。

33. 程名望、盖庆恩、Jin Yanhong、史清华:《人力资本积累与农户收入增长》,《经济研究》2016 年第 1 期。

34. 程名望、史清华、Jin Yanhong:《农户收入水平、结构及其影响因素——基于全国农村固定观察点微观数据的实证分析》,《数量经济技术经济研究》2014 年第 5 期。

35. 程永宏:《改革以来全国总体基尼系数的演变及其城乡分解》,《中国社会科学》2007 年第 4 期。

36. 丛树海等:《收入分配与财政支出结构》,人民出版社 2014 年版。

37. [英]大卫·李嘉图:《政治经济学及赋税原理》,丰俊功译,光明日报出版社 2009 年版。

38. 邓大松、仙蜜花:《社会保障转移支付对收入分配差距的调节效应——基于东部 12 个省市的实证研究》,《社会保障研究》2013 年第 6 期。

39. 范从来、张中锦:《提升总体劳动收入份额过程中的结构优化问题研究——基于产业与部门的视角》,《中国工业经济》2012 年第 1 期。

40. 范剑勇、张雁:《经济地理与地区间工资差异》,《经济研究》2009 年第 8 期。

41. 范剑勇:《产业集聚与中国地区差距研究》,格致出版社、上海三联书店、上海人民出版社 2008 年版。

42. 范子英:《转移支付、基础设施投资与腐败》,《经济社会体制比较》2013 年第 2 期。

43. 方军雄:《劳动收入比重,真的一致下降吗?——来自中国上市公司的发现》,《管理世界》2011 年第 7 期。

44. 付钦太:《近年国民收入分配中劳动报酬比重下降问题研究综述》,《中共中央党校学报》2010 年第 4 期。

45. 高德步、王珏:《世界经济史》(第二版),中国人民大学出版社 2005 年版。

46. 高培勇:《论完善税收制度的新阶段》,《经济研究》2015 年第 2 期。

47. 高志仁:《农民财产性收入与城乡差距》,《经济科学》2008 年第 4 期。

48. 高志仁:《新中国个人收入分配制度变迁研究》,湖南师范大学出版社 2009

年版。

49.［美］戈登·图洛克:《收入再分配的经济学》(第二版),范飞等译,上海人民出版社 2017 年版。

50. 宫希魁、金红炜:《中国隐性经济问题研究》,大连理工大学出版社 1995 年版。

51. 龚锋、李智、雷欣:《努力对机会不平等的影响:测度与比较》,《经济研究》2017 年第 3 期。

52. 龚刚、杨光:《从功能性收入看中国收入分配的不平等》,《中国社会科学》2010 年第 2 期。

53. 龚刚、杨光:《论工资性收入占国民收入比例的演变》,《管理世界》2010 年第 5 期。

54. 关永强:《近代中国的收入分配:一个定量的研究》,人民出版社 2012 年版。

55. 郭庆旺、吕冰洋:《论税收对要素收入分配的影响》,《经济研究》2011 年第 6 期。

56. 郭庆旺等:《税收对国民收入分配调控作用研究》,经济科学出版社 2014 年版。

57. 郭晓丽:《中国税收调节居民收入分配效应研究》,社会科学文献出版社 2017 年版。

58. 国务院研究室课题组:《关于城镇居民个人收入差距的分析和建议》,《经济研究》1997 年第 8 期。

59. 韩金华、李忠华、白子芳:《改革开放以来劳动报酬占初次分配比重演变轨迹、原因及对策研究》,《中央财经大学学报》2009 年第 12 期。

60. 郝枫:《中国要素收入分配研究进展述评》,《经济学动态》2013 年第 8 期。

61. 何其春:《税收、收入不平等和内生经济增长》,《经济研究》2012 年第 2 期。

62.［苏联］E.赫尔普曼:《经济增长的秘密》,王世华、吴筱译,中国人民大学出版社 2007 年版。

63. 洪银兴:《兼顾公平与效率的收入分配制度改革 40 年》,《经济学动态》2018 年第 4 期。

64. 侯家驹:《中国经济史》,新星出版社 2008 年版。

65. 胡兵、胡宝娣、赖景生:《经济增长、收入分配对农村贫困变动的影响》,《财经研究》2005 年第 8 期。

66. 胡兵、赖景生、胡宝娣:《经济增长、收入分配与贫困缓解——基于中国农村贫困变动的实证分析》,《数量经济技术经济研究》2007 年第 5 期。

67. 胡怀国:《功能性收入分配与规模性收入分配:一种解说》,《经济学动态》2013

年第 8 期。

68.胡秋阳:《产业分工与劳动报酬份额》,《经济研究》2016 年第 2 期。

69.黄乾、魏下海:《中国劳动收入比重下降的宏观经济效应——基于省级面板数据的实证分析》,《财贸经济》2010 年第 4 期。

70.黄泰岩等:《初次收入分配理论与经验的国际研究》,经济科学出版社 2011 年版。

71.黄先海、徐圣:《中国劳动收入比重下降成因分析——基于劳动节约型技术进步的视角》,《经济研究》2009 年第 7 期。

72.姜磊:《我国劳动分配比例的变动趋势与影响因素——基于中国省级面板数据的分析》,《当代经济科学》2008 年第 4 期。

73.焦斌龙等:《人力资本差异与收入分配差距》,商务印书馆 2011 年版。

74.[美]金伯利・A.艾略特主编:《腐败与全球经济》,刘勇、李宪等译,北京出版社 2000 年版。

75.金太军等:《行政腐败解读与治理》,广东人民出版社 2002 年版。

76.[美]龙多・卡梅伦等:《世界经济简史——从旧石器时代到 20 世纪末》(第四版),潘宁等译,上海译文出版社 2012 年版。

77.[英]凯恩斯:《就业利息和货币通论》,徐毓枬译,商务印书馆 1983 年版。

78.雷根强、蔡翔:《初次分配扭曲、财政支出城市偏向与城乡收入差距——来自中国省级面板数据的经验证据》,《数量经济技术经济研究》2012 年第 3 期。

79.李稻葵、刘霖林、王红领:《GDP 中劳动份额演变的 U 型规律》,《经济研究》2009 年第 1 期。

80.李稻葵等:《我国现阶段初次分配中劳动收入下降分析》,《经济理论与经济管理》2010 年第 2 期。

81.李飞龙、赖小琼:《人的发展与中国城乡收入差距——基于马克思城乡交换理论的分析》,《经济学动态》2016 年第 7 期。

82.李琦:《中国劳动份额再估计》,《统计研究》2012 年第 10 期。

83.李绍荣、耿莹:《中国的税收结构、经济增长与收入分配》,《经济研究》2005 年第 5 期。

84.李实、赖德胜、罗楚亮等:《中国收入分配研究报告》,社会科学文献出版社 2013 年版。

85.国家发展和改革委员会就业和收入分配司等编著:《中国居民收入分配年度报告(2017)》,社会科学文献出版社 2018 年版。

86. 李文溥、谢攀、刘榆:《两税合并的要素收入份额影响研究》,《南开经济研究》2012 年第 1 期。

87. 李子顺:《收入分配与社会腐败》,中国长安出版社 2013 年版。

88. 梁向东:《中国收入分配与经济增长的理论与实证研究》,中国财政经济出版社 2012 年版。

89. 林毅夫、蔡昉、李周:《中国经济转型时期的地区差距分析》,《经济研究》1998 年第 6 期。

90. 林喆:《权力腐败与权力制约》(修订本),山东人民出版社 2009 年版。

91. 刘成龙:《基于收入分配目标的税制优化研究》,中国财政经济出版社 2017 年版。

92. 刘华、徐建斌、周琦深:《税制结构与收入不平等:基于世界银行 WDI 数据的分析》,《中国软科学》2012 年第 7 期。

93. 刘华、徐建斌:《转型背景下的居民主观收入不平等与再分配偏好——基于 CGSS 数据的经验分析》,《经济学动态》2014 年第 3 期。

94. 刘伟、蔡志洲:《完善国民收入分配结构与深化供给侧结构性改革》,《经济研究》2017 年第 8 期。

95. 刘欣:《当前中国社会阶层分化的多元动力基础——一种权力衍生论的解释》,《中国社会科学》2005 年第 4 期。

96. 刘欣:《当前中国社会阶层分化的制度基础》,《社会学研究》2005 年第 5 期。

97. 刘扬、冉美丽、王忠丽:《个人所得税、居民收入分配与公平——基于中美个人所得税实证比较》,《经济学动态》2014 年第 1 期。

98. 陆铭、陈钊、万广华:《因患寡,而患不均——中国的收入差距、投资、教育和增长的相互影响》,《经济研究》2005 年第 12 期。

99. [美]路易斯·亨利·摩尔根:《古代社会》(上册),杨东莼、马雍、马巨译,商务印书馆 2009 年版。

100. 罗楚亮、倪青山:《资本深化与劳动收入比重——基于工业企业数据的经验研究》,《经济学动态》2015 年第 8 期。

101. 罗楚亮:《经济增长、收入差距与农村贫困》,《经济研究》2012 年第 2 期。

102. [德]罗兰·贝格等:《破解收入分配难题:欧美政治、商业、工会领袖解析国民收入差距》,何卫宁译,新华出版社 2012 年版。

103. 罗长远、张军:《经济发展中的劳动收入占比:基于中国产业数据的实证研究》,《中国社会科学》2009 年第 4 期。

104. 罗长远、张军:《劳动收入占比下降的经济学解释——基于中国省级面板数据的分析》,《管理世界》2009 年第 5 期。

105. 吕冰洋:《我国税收制度与三类收入分配的关系分析》,《税务研究》2010 年第 3 期。

106. [美]马丁·布朗芬布伦纳:《收入分配理论》,方敏、李翱等译,华夏出版社 2009 年版。

107. [德]马克斯·韦伯:《世界经济简史》,李慧泉译,立信会计出版社 2018 年版。

108. 马拴友、于红霞:《转移支付与地区经济收敛》,《经济研究》2003 年第 3 期。

109. [法]米歇尔·波德:《资本主义的历史——从 1500 年至 2010 年》,郑方磊、任轶译,上海辞书出版社 2011 年版。

110. 潘胜文:《垄断行业收入分配状况分析及规制改革研究》,中国社会科学出版社 2009 年版。

111. 彭海艳:《国外税收累进性及再分配效应研究综述》,《南京社会科学》2008 年第 3 期。

112. 钱穆讲授,叶龙记录整理:《中国经济史》,北京联合出版公司、后浪出版公司 2014 年版。

113. 乔榛、曹利战:《我国初次收入分配结构变迁:一个马克思经济学视角的经验分析》,《经济学动态》2012 年第 10 期。

114. 乔榛、曹利战:《中国居民收入增长的需求结构变迁效应分析》,《学习与探索》2015 年第 4 期。

115. 乔榛、褚文雅:《收入分配的历史事实与理论演进》,《求是学刊》2015 年第 2 期。

116. 乔榛、孙菲菲:《经济增长促进收入分配转型的中国式路径》,《学习与探索》2011 年第 3 期。

117. 乔榛、徐龙:《马克思收入分配理论及现代启示》,《河北经贸大学学报》2014 年第 2 期。

118. 乔榛:《经济增长影响收入分配的机制:一个历时视角的分析》,《当代经济研究》2008 年第 3 期。

119. 乔榛:《收入分配的逆向转移:中国收入差距扩大的特殊机理》,《学习与探索》2013 年第 6 期。

120. 乔榛:《我国初次收入分配结构变迁的探讨》,《经济学动态》2011 年第 9 期。

121. 乔榛:《我国收入分配的逆向转移现象及其控制》,《经济学家》2013 年第

10 期。

122. 乔榛:《效率与公平视角下的和谐社会构建》,《求是学刊》2007 年第 5 期。

123. 权衡、李凌等:《国民收入分配结构:形成机理与调整思路》,上海社会科学院出版社 2015 年版。

124. 权衡、徐玎:《收入分配差距的增长效应分析:转型期中国经验》,《管理世界》2002 年第 5 期。

125. 权衡等:《收入分配经济学》,上海人民出版社 2017 年版。

126. 全国人大财经委专题调研组编:《国民收入分配若干问题研究》,中国财政经济出版社 2010 年版。

127. 邵敏、黄玖立:《外资与我国劳动收入份额——基于工业行业的经验研究》,《经济学(季刊)》2010 年第 4 期。

128. 石涛、张磊:《劳动报酬占比变动的产业结构调整效应分析》,《中国工业经济》2012 年第 8 期。

129. [美]斯坦利·L.布鲁、兰迪·R.格兰特:《经济思想史》(第 7 版),邸晓燕等译,北京大学出版社 2008 年版。

130. 孙玉栋:《收入分配差距与税收政策研究》,经济科学出版社 2008 年版。

131. [美]汤普逊:《中世纪经济社会史》(上、下册),耿淡如译,商务印书馆 1984 年版。

132. 唐东波、王洁华:《贸易扩张、危机与劳动收入份额下降——基于中国工业行业的实证研究》,《金融研究》2011 年第 9 期。

133. 田心铭主编:《反腐败论》,四川教育出版社 1997 年版。

134. [法]托马斯·皮凯蒂:《21 世纪资本论》,巴曙松等译,中信出版社 2014 年版。

135. 万广华、吴一平:《制度建设与反腐败成效:基于跨期腐败程度变化的研究》,《管理世界》2012 年第 4 期。

136. 万广华:《解释中国农村区域间的收入不平等:一种基于回归方程的分解方法》,《经济研究》2004 年第 8 期。

137. 王丹枫:《产业升级、资本深化下的异质性要素分配》,《中国工业经济》2011 年第 8 期。

138. 王德祥、刘中虎:《美国的个人所得税制度及其启示》,《世界经济研究》2011 年第 2 期。

139. 王沪宁:《反腐败——中国的实验》,三环出版社 1990 年版。

140. 王沪宁编:《腐败与反腐败——当代国外腐败问题研究》,上海人民出版社1990年版。

141. 王健:《新凯恩斯主义经济学》,经济科学出版社1997年版。

142. 王磊:《民营经济崛起背后的腐败:现状与成因分析》,《经济体制改革》2006年第5期。

143. 王少平、欧阳志刚:《我国城乡差距的度量及其对经济增长的效应》,《经济研究》2007年第10期。

144. 王小鲁、樊纲:《中国收入差距的走势和影响因素分析》,《经济研究》2005年第10期。

145. 王小鲁:《国民收入分配战略》,学习出版社2013年版。

146. 王小鲁:《灰色收入与发展陷阱》,中信出版社2012年版。

147. 王小鲁:《我国的灰色收入与居民收入差距》,《比较》2007年第7期。

148. 王晓霞、白重恩:《劳动收入份额格局及其影响因素研究进展》,《经济学动态》2014年第3期。

149. 王延中等:《中国社会保障收入再分配效应研究——以社会保险为例》,《经济研究》2016年第2期。

150. 王艺明:《经济增长与马克思主义视角下的收入和财富分配》,《经济研究》2017年第11期。

151. 王玉茹主编:《中国经济史》,高等教育出版社2008年版。

152. 王原君、游士兵:《收入不平等问题最新研究热点分析》,《经济学动态》2014年第5期。

153. 王震:《新农村建设的收入再分配效应》,《经济研究》2010年第6期。

154. [英]威廉·汤普逊:《最能促进人类幸福的财富分配原理的研究》,何慕李译,商务印书馆1997年版。

155. 卫兴华、张宇:《构建效率与公平相统一的收入分配体制研究》,《现代财经(天津财经大学学报)》2008年第4期。

156. 魏众、王琼:《按劳分配原则中国化的探索历程——经济思想史视角的分析》,《经济研究》2016年第11期。

157. 魏众、王震、邓曲恒等:《中国收入分配及其政策思考》,广东经济出版社2015年版。

158. 魏众:《2000—2011年中国宏观分配格局中的问题分析——基于资金流量表的分析》,《经济学动态》2014年第11期。

159. 翁杰：《经济发展中的要素收入分配动态研究》，科学出版社 2018 年版。

160. 翁杰、周礼：《中国工业部门劳动收入份额的变动研究：1997—2008 年》，《中国人口科学》2010 年第 4 期。

161. 吴承明：《经济史：历史观与方法论》，上海财经大学出版社 2006 年版。

162. 吴敬琏：《当代中国经济改革》，上海远东出版社 2004 年版。

163. 伍山林：《收入分配格局演变的微观基础——兼论中国税收持续超速增长》，《经济研究》2014 年第 4 期。

164. 伍晓鹰等编：《经济增长、生产率与收入分配——转型经济的宏观与微观测算问题》，北京大学出版社 2011 年版。

165. 武鹏：《行业垄断对中国行业收入差距的影响》，《中国工业经济》2011 年第 10 期。

166. 肖红叶、郝枫：《中国收入初次分配结构及其国际比较》，《财贸经济》2009 年第 2 期。

167. 肖文、周明海：《劳动收入份额变动的结构因素——收入法 GDP 和资金流量表的比较分析》，《当代经济科学》2010 年第 3 期。

168. 许宪春：《准确理解收入分配核算》，《经济学动态》2014 年第 3 期。

169. ［英］亚当·斯密：《国民财富的性质和原因的研究》，郭大力、王亚南译，商务印书馆 1972 年版。

170. 严中平主编：《中国近代经济史：1840—1894》，人民出版社 1989 年版。

171. 杨灿明、詹新宇：《土地财政的再分配效应——来自中国省际面板数据的经验证据》，《经济学动态》2015 年第 11 期。

172. 杨灿明、赵福军：《行政腐败的宏观经济学分析》，《经济研究》2004 年第 9 期。

173. 杨灿明：《警惕税收对个人收入分配的逆向调节》，《中国社会科学报》2010 年 7 月 1 日。

174. 杨春洗主编：《腐败治理论衡》，群众出版社 1999 年版。

175. 杨春学：《如何压缩贫富差距？——美国百年历史的经验与教训》，《经济学动态》2013 年第 8 期。

176. 杨俊、黄潇、李晓羽：《教育不平等与收入分配差距：中国的实证分析》，《管理世界》2008 年第 1 期。

177. 杨俊、邵汉华：《资本深化、技术进步与全球化下的劳动报酬份额》，《上海经济研究》2009 年第 9 期。

178. 杨汝岱、朱诗娥：《公平与效率不可兼得吗？——基于居民边际消费倾向的研究》，《经济研究》2007 年第 12 期。

179. 杨天宇：《中国居民收入再分配过程中的"逆向转移"问题研究》，《统计研究》2009 年第 4 期。

180. 杨宜勇等：《公平与效率——当代中国的收入分配问题》，今日中国出版社1997 年版。

181. 杨钟馗编著：《中国收入分配变迁解读》，重庆大学出版社 2014 年版。

182. 姚耀军：《金融发展与城乡收入差距关系的经验分析》，《财经研究》2005 年第2 期。

183. 尹恒、龚六堂、邹恒甫：《收入分配不平等与经济增长：回到库兹涅茨假说》，《经济研究》2005 年第 4 期。

184. 尹恒：《公共财政与收入分配》，经济科学出版社 2017 年版。

185. 尹志超、甘犁：《公共部门和非公共部门工资差异的实证研究》，《经济研究》2009 年第 4 期。

186. 于国安、曲永义等：《收入分配问题研究》，经济科学出版社 2008 年版。

187. 于祖尧：《转型时期暴富群体的政治经济学分析》，《经济研究》1998 年第2 期。

188. 袁志刚：《再谈收入分配中的效率与公平》，《探索与争鸣》2006 年第 9 期。

189. [美] 约翰·罗尔斯：《正义论》，何怀宏、何包钢、廖申白译，中国社会科学出版社 1988 年版。

190. [德] 约翰纳·伯爵·兰斯多夫：《腐败与改革的制度经济学：理论、证据与政策》，清华大学公共管理学院廉政与治理研究中心译，中国方正出版社 2007 年版。

191. 岳树民、卢艺：《世界主要经济体个人所得税课税模式及对我国的启示》，《中国税务》2010 年第 11 期。

192. 曾国安、胡晶晶：《国民收入分配中的公平与效率：政策演进与理论发展》，人民出版社 2013 年版。

193. [英] 詹姆斯·E. 米德：《效率、公平与产权》，施仁译，北京经济学院出版社1992 年版。

194. 詹鹏、李实：《我国居民房产税与收入不平等》，《经济学动态》2015 年第 7 期。

195. 张车伟、张士斌：《中国初次收入分配格局的变动与问题——以劳动报酬占GDP 份额为视角》，《中国人口科学》2010 年第 5 期。

196. 张建辉、靳涛：《转型式经济增长与城乡收入差距：中国的经验（1978—2008）》，《学术月刊》2011 年第 7 期。

197. 张士斌:《工业化过程中劳动报酬比重变动的国际比较》,《经济社会体制比较》2012 年第 6 期。

198. 张伟、陶士贵:《人力资本与城乡收入差距的实证分析与改善的路径选择》,《中国经济问题》2014 年第 1 期。

199. 张文春:《个人所得税与收入再分配》,《税务研究》2005 年第 11 期。

200. 张旭昆编:《西方经济思想史 18 讲》,上海人民出版社 2007 年版。

201. 张义博、付明卫:《市场化改革对居民收入差距的影响:基于社会阶层视角的分析》,《世界经济》2011 年第 3 期。

202. 张义博:《公共部门与非公共部门收入差异的变迁》,《经济研究》2012 年第 4 期。

203. 张云鹏:《反腐败经济学》,社会科学文献出版社 2009 年版。

204. 张车伟:《中国劳动报酬份额变动与总体工资水平估算及分析》,《经济学动态》2012 年第 9 期。

205. 赵人伟等主编:《中国居民收入分配研究》,中国社会科学出版社 1994 年版。

206. 赵人伟等主编:《中国居民收入分配再研究——经济改革和发展中的收入分配》,中国财政经济出版社 1999 年版。

207. 赵颖:《腐败与企业成长:中国的经验证据》,《经济学动态》2015 年第 7 期。

208. 赵志君:《分配不平等与再分配的最优税率结构》,《经济学动态》2016 年第 10 期。

209. 赵志君:《收入分配与社会福利函数》,《数量经济技术经济研究》2011 年第 9 期。

210. 郑利平:《腐败的经济学分析》,中共中央党校出版社 2000 年版。

211. 中国发展研究基金会:《转折期的中国收入分配:中国收入分配相关政策的影响评估》,中国发展出版社 2012 年版。

212. 周黎安、陈烨:《中国农村税费改革的政策效果:基于双重差分模型的估计》,《经济研究》2005 年第 8 期。

213. 周伟贤:《寻租与腐败的经济学分析》,《特区经济》2006 年第 12 期。

214. 周云波、[美]覃晏:《中国居民收入分配差距实证分析》,南开大学出版社 2008 年版。

二、外文文献

1. Apergis N., Dincer O.C., Payne J.E., "The Relationship between Corruption and In-

come Inequality in U. S. States: Evidence from a Panel Cointegration and Error Correction Model", *Public Choice*, Vol. 14, No. 2, 2010.

2. Atkinson A. B., "On the Measurement of Inequality", *Journal of Economic Theory*, Vol. 2, 1970.

3. Blackburn K., G. F. Forgues-Puccio, "Distribution and Development in a Model of Misgovernance", *European Economic Review*, Vol. 56, No. 6, 2007.

4. Cabriella R. Montinola, Robert W. Jackman, "Sources of Corruption: A Crosscountry", *British Journal of Political Science*, Vol. 32, No. 1, 2002.

5. A. Chong, C. Calderón, "Institutional Quality and Income Distribution", *Economic Development and Cultural Change*, Vol. 48, 2000.

6. Cowell F. A., K. Kuga, "Additivity and the Entropy Concept: An Axiomatic Approach to Inequality Measurement", *Journal of Economic Theory*, Vol. 25, No. 1, 1980.

7. Deininger, Klaus, Lyn Squire, "New Ways of Looking at Old Issues: Inequality and Growth", *Journal of Development Economics*, Vol. 57, No. 2, December 1998.

8. Dincer O. C., B. Gunalp Corruption, "Income Inequality, and Poverty in United States", FEEM Working Paper, No. 54, September 2008.

9. Glaeser E. L., R. E. Saks, "Corruption in America", *Journal of Public Economics*, Vol. 90, No. 6, 2006.

策划编辑：郑海燕
责任编辑：李甜甜　张　蕾
封面设计：石笑梦
版式设计：胡欣欣

图书在版编目（CIP）数据

我国收入逆向转移影响分配差距的机制及控制研究/乔榛 著. —北京：
人民出版社,2020.11
ISBN 978－7－01－022526－5

Ⅰ.①我…　Ⅱ.①乔…　Ⅲ.①居民收入-收入差距-研究-中国
Ⅳ.①F126.2

中国版本图书馆 CIP 数据核字（2020）第 188993 号

我国收入逆向转移影响分配差距的机制及控制研究

WOGUO SHOURU NIXIANG ZHUANYI YINGXIANG FENPEI CHAJU DE JIZHI JI KONGZHI YANJIU

乔 榛 著

人民出版社 出版发行
（100706　北京市东城区隆福寺街 99 号）

中煤（北京）印务有限公司印刷　新华书店经销

2020 年 11 月第 1 版　2020 年 11 月北京第 1 次印刷
开本：710 毫米×1000 毫米 1/16　印张：21.5
字数：276 千字

ISBN 978－7－01－022526－5　定价：90.00 元

邮购地址 100706　北京市东城区隆福寺街 99 号
人民东方图书销售中心　电话（010）65250042　65289539